本书获闽南师范大学教材建设立项资助

初中级商务谈判案例教材

主　编　司延安
副主编　韩建林　胡水清　卢水林

图书在版编目(CIP)数据

初中级商务谈判案例教材/司延安主编.— 重庆：重庆出版社,2022.1
ISBN 978-7-229-16517-8

Ⅰ.①初… Ⅱ.①司… Ⅲ.①商务谈判—案例—教材 Ⅳ.① F715.4

中国版本图书馆 CIP 数据核字(2022)第 000748 号

初中级商务谈判案例教材
CHU ZHONG JI SHANGWU TANPAN ANLI JIAOCAI
司延安　主编

责任编辑：袁婷婷
责任校对：刘小燕
装帧设计：优盛文化

重庆出版集团
重庆出版社　出版

重庆市南岸区南滨路162号1幢　邮编：400061　http://www.cqph.com
三河市华晨印务有限公司
重庆出版集团图书发行有限公司发行
E-MAIL：fxchu@cqph.com　邮购电话：023-61520646
全国新华书店经销

开本：787mm×1092mm　1/16　印张：18.25　字数：370 千
2023 年 4 月第 1 版　2023 年 4 月第 1 次印刷
ISBN 978-7-229-16517-8
定价：98.00 元

如有印装质量问题，请向本集团图书发行有限公司调换：023-61520417

版权所有　侵权必究

前　言

　　谈判在现实生活中发生的频率要远比想象的高，它在我们的生活中几乎随时随地可见。有的人感觉不到自己身边的谈判的存在，是因为在他们的脑海里，谈判被理解为一群身着西装革履、表情严肃的人正襟危坐在一个会议桌的两边，唇枪舌剑，你来我往。但在我们的生活中，这只是浩如烟海的谈判的一种。虽然不同的谈判专家赋予谈判不同的定义，甚至有学者认为使用高压攻势迫使对方同意自己提出的协议不是真正意义上的谈判，就像强扭的瓜不甜一样，然而这种谈判却真实存在。谈判并不总是温情脉脉，莺声燕语，也有可能是针锋相对，火药味十足。毕竟，看不见硝烟的商场也是一种战场。不能否认的是，所有的谈判都是通过一方或者双方的让步解决了一件既有共同的利益又有矛盾的事情，这就使得谈判和普通的聊天有所区别。至于双方对谈判的结果是否满意，并不是一个必要条件。这一点从各个国家政治谈判当中，可见一斑。毕竟弱国无外交，有时候退让实属无奈之举。

　　谈判的种类丰富，常见的谈判有一般性谈判，比如旅游时你想去泰山体验一下诗中一览众山小的感觉，而你的家人却对三亚情有独钟，想看一下传说中的天涯海角，那么，你们需要来一场充满了爱和火药味的一般谈判。至于大家看到的诸如在阿拉斯加举行的让世界瞩目的中美谈判，则是外交谈判，它包含了国与国之间的政治、经济、军事、文化等谈判。最后一类是专门性谈判，如果你是一名警匪片的爱好者，这样的电视场面对你并不陌生。一个惊恐万分又强装淡定的劫匪手持利器劫持了一名人质，正声嘶力竭地对着警方派出的谈判专家提出各种要求，这名谈判专家巧妙地与劫匪周旋，最后成功地将人质解救并将劫匪绳之以法。当然，现实生活中此类的谈判并不总是以成功结局，但是其惊险程度并不亚于电视电影中那样。这就是专业谈判中的人质解救谈判。专业谈判是个庞大的家族，在这个大家族里面，商务谈判的地位举足轻重。天下熙熙，皆为利来，天下攘攘，皆为利往。如何解决利字，如何使己方的利润最大化，如何通过谈判语言的魅力带给企业最大的利润，商务谈判的教学势在必行。

　　失败的商务谈判千篇一律，成功的商务谈判万里挑一。说服别人接受自己的观点已属不易，让对方心悦诚服地在合同上签字更是难上加难。如何进行一个成功的商务谈判？商务谈判归根到底，是人与人之间的谈判。一个合格的商务谈判家在成功的商务谈判中起着举足轻重的作用。这个优秀的谈判家有可能是天生的，毕竟，我们不能否认有的人生来就能说会道，长大后更是左右逢源。但是，更多的优秀谈判人员是可以被培养出来的。那么如何培养一个合格甚至于优秀的谈判家呢？我们可以采用反推的方法，从一场不成功的商务谈判寻找原因。在一场进度缓慢的商务谈判中，你动之以情，晓之以理，可是对方却顾左右而言他，无比沮丧的你生气、不解，觉得对方在无理取闹。这是为什么呢？我们可以从图1关于中美谈判人员的对比更为直观地看到原因。

图1　中美两国谈判人员谈判分歧的背后原因

从上图我们不难发现，两个谈判团队人员的文化、习俗、教育、价值观和思维方式都不一样。在这样巨大的差异下，两个团队只有缓慢地克服这些困难，才能在合作的道路上相向而行。这些都是基于人是理性的基础上要考虑的因素，然而，人是复杂的，是理性和非理性的集合。如果不考虑非理性的因素，诸如疯狂、冲动、愤怒等，谈判失败的可能性将会极大地增加。我们搞清楚了影响谈判的因素后，才能对症下药，建构一个有效的商务谈判培训和教学体系。

一个有效的教学体系必然是建立在合理的教材的基础之上的，商务谈判教学也不例外。来自于世界各地的谈判专家和谈判学者围绕着谈判的各个因素从多个角度开发了商务谈判书籍和教材。这些书籍和教材对商务谈判的理论、文化、礼仪、心理学、策略和技巧、各个国家的谈判风格做出了详细而充分的论述，其中，哈佛大学在这方面做出了开创性的贡献。那么，这些商务谈判的各个要素是平等的关系吗？它们之间的关系是如图2所示的那样，商务谈判案例只是整个谈判的一个环节，还是如图3所示，各个要素要依托于案例才能被更好地掌握？

我们经过分析发现这些商务谈判的各个因素无论是文化还是技巧都要依托于案例，单纯地讲解不同国家的文化只能让学生掌握一些皮毛知识。然而，商务谈判案例的教材却是凤毛麟角，我们有很多的分析方法技巧，却没有足够的案例来练习，来检验我们的技巧，而且这些教材中的凤毛麟角的案例和网上搜到的案例有着一个惊人的共同点，那就是缺乏足够有效的信息，因此老师和学生在教学和训练的时候困惑不已，无从下手，学生经常因为信息的混乱而产生各种不必要的疑问。因此，编写一本尽可能接近现实的商务谈判案例教材尤为迫切。

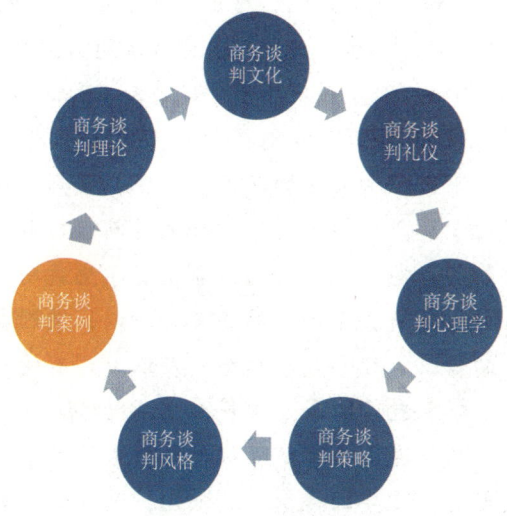

图2　商务谈判研究的各个角度

图3　商务谈判案例是商务谈判研究的基础

商务谈判案例教材想要训练学生，把学生从一个谈判的小白变成未来的专家，所编写的案例就要尽可能地接近现实。不能把学校的谈判课堂和现实生活中的谈判变成两个联系甚少甚至不相联系的孤岛，给学生造成"学校里学到的东西社会上用不到，社会上用到的东西学校学不到"的困境。那么，把教材的案例无限靠近现实生活的商务谈判案例的方法是什么呢？第一个方法是案例种类要全面，教材的页数是有限的，但是现实生活中的案例是无限的，如何把无限的案例选入有限的教材页数，唯一的破解方法就是总结生活中的商务谈判类型，然后把这些类型全部编入教材。少一种类型，学生在未来的生活谈判中，就会缺失一种谈判类型的知识和方法。这绝不是危言耸听，国际商品买卖谈判所需的知识与方法和国际融资租赁谈判所需要的知识和方法大不相同。如果你碰巧要进行一个国际商品买卖谈判，那你需要挑灯夜战努力复习你的国际贸易的相关知识。如果你要面对的是国际融资租赁谈判，恐怕你首先要看看如何确定融资租赁租金的那些复杂且折磨人的公式。只有熟悉了这些来自于现实商务谈判中的类型，你才能举一反三，用教材中学到的案例一，来反现实生活中的案例二和三乃至无穷。

教材的案例和现实生活的案例无缝衔接的第二个方法是尽可能地靠近博弈论中提出的完全信息。试想一下，一个专业的卖家，出现在谈判桌前，必然对自己公司的产品的各种性能参数了然于胸。同样的道理，如果案例教材做不到对卖家的公司、产品以及其他信息进行详细的描述，我们又怎么能指望学生成功地模拟一个合格的卖家呢？那么这样的案例教材也就失去了本来的意义。所以，案例类的商务谈判教材要尽可能地给学生提供详细的信息，让学生在训练中可以做到有的放矢，而不是靠想象力去填补信息的空白。然而令人惋惜的是，很多的案例竟然使用了A公司和B公司这样笼统的信息，所给出的产品信息更是朦胧至极，比如浓缩苹果汁，完全不提及浓缩苹果汁的主要信息比如酸度这一重要的概念。这一切，都促使本教材的作者致力于编写一本新的商务谈判案例教材。

如果商务谈判案例想要真实或者最大可能地反映真实的谈判，那么就需要和中国的经济保持一致，能够展现出中国经济的发展变化。编写案例不能是为了编写案例而编写案例，这听起来似乎很拗口，但确实道出了一部分的真实想法。各个章节的案例并非孤立的毫无联系的存在，这样的案例不能在学生的心中激起丝毫的波澜。我们要用中国经济这根线，串联起光刻机、EDA、中国商飞的C919、华为的5G专利费等能够反映中国经济的案例。当然，这个名单可以罗列得无限长，不仅让学生真正做到在案例中学会谈判，在案例中了解中国经济是本书的另一个目标。

鉴于此，本商务谈判案例教材在编写的过程中，尽可能地接近现实，尽可能反映中国经济的各个方面，本教材不仅做到了案例类型丰富全面，而且每个案例都提供了公司和产品的详细的信息。在案例的类型方面，不仅包括了传统的货物买卖谈判、知识产权谈判、合资合作谈判、代理谈判，更是增添了OEM、ODM、EMS等能够反映中国经济的新变化的代工谈判，除此之外，招商引资、对外工程承包、公司并购、纠纷案例及日常商务谈判也包括其中。公司并购这个模块，也尽可能地反映中国经济的发展变化，不仅涉及国外公司并购国内公司，也会展示中国的优秀企业的海外并购过程。最后的日常商务谈判看似普通，但却是我们以后在生活中使用最广的一种商务谈判，该类型的案例在这本教材中也获得了充分的关注和展示。只有经过这样的精心编排，学生才能最终把所学的谈判知识用在生活中，真正做到学以致用。

本书由司延安任主编，韩建林、胡水清、卢水林任副主编，陈惠芬、崔哲、陈营会、高惠洪、古晓雪、梁子健、刘铭惠、蔡莹莹、黄洺洁、党殿宇、程皓参加编写。本书得到了司智林、任淑玲、司智龙的全力支持，在此衷心感谢。

除此之外，为了确保数据的真实性和权威性，大部分的数据来源于各个公司的年报或者IPO招股书，包括宝钢股份2016—2020年年报、中芯国际招股书、华润置地2016—2020年年报、星巴克2016—2020年年报、香奈儿2016—2020年年报、苹果公司2016—2020年年报、台积电2016—2020年年报、普拉达2016—2020年年报及招股书、时代集团2016—2020年年报、耐克2016—2020年年报、华利集团招股书、申洲国际2016—2020年年报、三星电子2016—2020年年报、华勤技术招股书、工业富联2016—2020年年报及招股书、华为2016—2020年年报、比亚迪2016—2020年年报、思科2016—2020年年报、哔哩哔哩2016—2020年年报、特斯拉2016—2020年年报、福耀玻璃2016—2020年年报，以及洲际矿山的报告、广发期货发展研究中心、黑色研究小组的报告和百度百科关于楚河汉街的资料，在此致以衷心的感谢。

由于编者水平有限，书中如有不足之处敬请使用本书的师生与读者批评指正，以便修订时改进。如读者在使用本书的过程中有其他意见和建议，恳请向编者（1664146377@qq.com）提出宝贵意见。

目 录

第一部分　商品买卖谈判案例 \ 1

　　第一章　中日公司关于玩具的谈判 \ 2

　　第二章　中荷公司关于光刻机的谈判 \ 11

　　第三章　中澳公司关于铁矿石的谈判 \ 28

第二部分　租赁谈判案例 \ 45

　　第四章　中美公司关于咖啡店铺租赁的谈判 \ 46

　　第五章　中法公司关于奢侈品店铺租赁的谈判 \ 62

第三部分　OEM 谈判案例 \ 71

　　第六章　中美公司关于芯片 OEM 的谈判 \ 72

　　第七章　中意公司关于奢侈品 OEM 的谈判 \ 85

　　第八章　中美公司关于运动鞋 OEM 的谈判 \ 99

　　第九章　中美公司关于运动服 OEM 的谈判 \ 120

第四部分　ODM 谈判案例 \ 131

第十章　中韩公司关于手机 ODM 的谈判 \ 132

第十一章　中日公司关于打印机 ODM 的谈判 \ 150

第五部分　EMS 谈判案例 \ 173

第十二章　中美公司关于智能手机 EMS 的谈判 \ 174

第十三章　中中公司关于智能手机 EMS 的谈判 \ 187

第十四章　中美公司关于路由器 EMS 的谈判 \ 201

第六部分　代理谈判案例 \ 215

第十五章　中法公司关于葡萄酒的代理谈判 \ 216

第十六章　中日公司关于游戏代理的谈判 \ 228

第十七章　中美公司关于运动品牌代理的谈判 \ 242

第七部分　招商引资谈判案例 \ 251

第十八章　中国地方政府对美国电动车公司的招商引资谈判 \ 252

第十九章　美国地方政府对中国玻璃公司的招商引资谈判 \ 268

第一部分
商品买卖谈判案例

第一章　中日公司关于玩具的谈判

1. 玩具行业背景

中日贸易源远流长，中国是日本的第一大出口国和进口国，日本从中国进口的产品排名前三位的分别为机电产品、纺织品及原料和家具玩具，2018年进口额分别为789.0亿美元、218.8亿美元和107.5亿美元。

我们没有因为长大而停止快乐，玩具，是我们成长的快乐的源泉之一。玩具业的飞速发展，诞生了一批世界级的玩具公司，比如丹麦的乐高（LEGO）、变形金刚之父美国的孩之宝（HASBRO）、芭比娃娃的发明者美国的美泰（MATTEL），以及日本的万代（BANDAI）和多美（TOMY）。中国的玩具产业也获得了日新月异的发展，是世界最大的玩具制造国和第二大玩具消费国。但是长期以来，我国玩具出口贸易的主要形式是"三来一补"，也就是经常说的来料加工、来样加工、来件装配和补偿贸易。加工贸易出口玩具的比重在中国玩具出口贸易中一直占有绝对优势。中国的玩具一直处于玩具产业链的下游，缺乏自己的品牌，企业多从事代工生产，附加值低。中国企业的玩具出口以毛绒玩具、木制玩具、电动及塑料玩具为主，这些传统的玩具创新品质少，极少有跨界电子数码等领域，科技含量较低。所以，中国虽然是玩具出口大国，却不是玩具制造、玩具设计、玩具智造和玩具品牌强国。

有的中国玩具公司意识到了品牌的重要性，以中国文化为源泉，设计出了能够展现中国文化，提升中国文化软实力的玩具，这些玩具备受客户的青睐。

2. 买卖双方信息

2.1 买家信息：玩具神童株式会社

日本是仅次于美国和中国的全球第三大玩具消费市场。玩具神童株式会社是日本乃至全球市场知名的玩具、游戏、休闲娱乐设施及益智类产品零售商，公司总部位于日本东京，在日本的东京等地经营逾250家实体店铺，同时也是仅次于日本最大的amiami的手办在线商城。通过整合各类品牌，向消费者提供全方位及一站式购物的体验。

玩具神童株式会社为客户和购物者精心挑选了一系列的优质本土和国际品牌、创新和独家产品，主要销售各种国际国内品牌的玩偶、模型、电动玩具、传统玩具，也有日本各种动漫、公仔、模型相关商品形象、书籍、杂志、CD、DVD、游戏、画材等动漫周边产品。玩具神童株式会社对玩具的安全和环保有着极高的要求。除此之外，该公司的玩具种类齐全，既有更多更全的玩具和婴幼儿用品品种，又有其他市场没有的独家发售的玩具品牌。

2.2 卖家信息：无限快乐玩具有限公司

在中国，广东省的玩具厂家最多，而其中又以汕头市和东莞市为主。无限快乐玩具有限公司坐落在素有"玩具之都"的东莞市。该公司从加工国外动漫玩具起步，此前曾为孩之宝、阿迪、奥飞、银辉等公司生产玩具。在积累了相关的经验后，意识到了品牌的重要性，不断地探索创新，深挖中国的文化，逐步形成了具有中国文化特色的玩具制作之路。

目前，无限快乐囊括了国内数量众多、具有广泛知名度的 IP 群，包括面向儿童及青少年领域的"喜羊羊与灰太狼、铠甲勇士、巴啦啦小魔仙、超级飞侠、爆裂飞车、火力少年王"等 IP；面向全年龄段人群的"十万个冷笑话、端脑、雏蜂、镇魂街、贝肯熊"等 IP。

除了打造培育众多知名 IP 之外，无限快乐玩具有限公司也打造了能够展示中国文化内涵的玩具，主要以中国历史传奇人物为主，比如沉鱼落雁闭月羞花的四大美女西施、王昭君、貂蝉和杨玉环。也有在日本男女老少尽人皆知的三国演义里的人物比如曹操、刘备、孙权、关羽等。无论是这些人物还是人物的服装、头饰、妆容、道具、座椅等，不仅设计精美，而且制作精良，使整个人物看起来栩栩如生。这一切都构成了无限快乐玩具有限公司的护城河，提升了公司品牌形象，让山寨公司无法复制或者复制品非常粗糙。此次的产品以古代四大美女为主，从以下的表 1-1 产品信息可以看到该公司产品的精美。

表 1-1　无限快乐玩具有限公司部分产品信息

		沉鱼之美西施		落雁之美王昭君	
		11 西施浣纱	12 西子捧心	21 昭君进宫	22 昭君出塞
头饰	种类	手工盘发、纱	簪、嵌宝石金耳坠	步摇、前额和鬓边有木花饰片、嵌宝石金耳坠	步摇、前额和鬓边有木花饰片、嵌宝石金耳坠
	材质	黄金	黄金	黄金	黄金
服饰	种类	内裙、内衣、抹胸裙、外套、岐头履、轻纱薄裙	内裙、内衣、抹胸裙、长裙	内裙、内衣、抹胸裙、外套、岐头履	内裙、内衣、抹胸裙、外套、斗篷、岐头履
	材质	织锦缎提花面料、雪纺	织锦缎提花面料、雪纺	织锦缎提花面料、雪纺	织锦缎提花面料、雪纺

续 表

		沉鱼之美西施		落雁之美王昭君	
		11 西施浣纱	12 西子捧心	21 昭君进宫	22 昭君出塞
道具	种类	古树、篮子、纱	榻、玉碗	龙凤纹玉佩、袖珍版屏风、琵琶	龙凤纹玉佩、袖珍琵琶、古树、大雁、马
	材质	红木	红木	龙凤纹玉佩，其余为红木	龙凤纹玉佩，其余为红木
价格		FOB 盐田港 500 元	FOB 盐田港 500 元	FOB 盐田港 500 元	FOB 盐田港 600 元
玩具其他信息	身高	玩具身高 30 厘米			
	唇色	嘴唇颜色为粉色，上唇点圆下唇画成梯形			
	发色	黑色、棕色、浅棕色			

		闭月之美貂蝉		羞花之美杨玉环	
		31 貂蝉拜月	32 吕布戏貂蝉	41 贵妃醉酒	42 霓裳羽衣舞
头饰	种类	步摇、嵌宝石金耳坠	步摇、嵌宝石金耳坠	凤钗步摇、簪	凤钗步摇、簪
	材质	黄金	黄金	黄金	黄金
服饰	种类	内裙、内衣、抹胸裙、外套、留仙裙	内裙、内衣、抹胸裙、留仙裙	内裙、内衣、抹胸裙、小袖长裙、蹀躞带	内裙、内衣、抹胸裙、羽衣、白裙
	材质	织锦缎提花面料、雪纺	织锦缎提花面料、雪纺	织锦缎提花面料、雪纺	织锦缎提花面料、雪纺
道具	种类	古树、月亮	吕布	酒杯、酒壶、百花亭	幡巾、璎珞珠玉
	材质	红木	红木	红木	丝绸和玉石
价格		FOB 盐田港 500 元	FOB 盐田港 550 元	FOB 盐田港 550 元	FOB 盐田港 500 元
玩具其他信息	身高	玩具身高 30 厘米			
	唇色	嘴唇颜色为粉色，上唇点圆下唇画成梯形			
	发色	黑色、棕色、浅棕色			

无限快乐玩具有限公司参加了国内的玩具展比如中国国际玩具及教育设备展览会、香港国际玩具及礼品展、广州国际玩具及教育产品展览会以及国外的玩具展比如美国纽约玩具展、英国伦敦玩具展、德国纽伦堡国际玩具展，这些具有中国特色的玩具备受欢迎，远销美国、英国、德国、俄罗斯等国。

虽然中国是一个玩具生产制造大国，比如全球约 75% 的玩具在中国制造，而且已形成了广东、山东、江苏、浙江、上海、福建等六个玩具生产基地，生产企业总数超过 12 000 家，行业从业人员达 600 万，产业集群达到 20 个，A 股上市公司 7 个，但

是玩具行业的利润普遍偏低,玩具行业无限快乐玩具有限公司近四年的财务情况如表1-2:

表1-2 无限快乐玩具有限公司2017年到2020年财务情况(单元:元)

名称	2017年	2018年	2019年	2020年
营业收入	27.55亿	28.2亿	25.94亿	17.43亿
营业总成本	27.19亿	25.82亿	22.87亿	16.76亿
营业成本	18.79亿	15.49亿	13.56亿	10.52亿
研发费用	5 481万	5 845万	6 141万	2 194万
营业利润	2.289亿	2.107亿	2.933亿	2 393万
净利润	2.475亿	2.408亿	2.604亿	2 602万

3. 谈判动因

无限快乐玩具有限公司曾派出以崔哲经理为首的人员参加了广州国际玩具及教育产品展览会,并在展览会上推出四套八款玩具,该公司的展位吸引了大量的国内国外客人。这些客人在对无限快乐有限公司的玩具赞叹之余,有的当场要求下订单,有的则要求代理。

玩具神童株式会社(以下简称"玩具神童")的采购经理木村子健对这批玩具也是赞不绝口,提出日本公司打算预订这种玩偶的四套八种款式,他的报价是每个200元人民币。听到木村子健的报价,崔经理委婉地提出让木村子健先了解以下同类产品在新加坡、韩国等国家以及欧洲的价格之后,再重新报价,同类产品在韩国新加坡等亚洲国家可以卖到800元,在欧洲市场上可以卖到700元。木村子健坚持让崔经理报价,沉思良久,崔经理报出了均价每个400元的价格。听到这个价格木村子健很惊讶,他说在考察香港的玩具市场时见过崔经理的产品,400元是香港市场的零售价格,来到东莞就是希望获得更优惠的价格。崔经理解释说香港的玩偶确实是由他们工厂唯一供货,零售价格也确实是400元,但是,这是有条件的,香港市场的产品使用的促销价格,目的是检验该玩偶的市场欢迎度,开拓香港市场,所以该促销价格必须达到一定的起批量才可以,否则起不到宣传的作用。

崔经理接着解释道，这个价格是产品的成本价，包括材料费、人工费、制造费这三块，其中材料费 150 元、人工费 100 元、制造费 50 元。崔经理进一步强调说，第一次与木村子健做生意，主要是为了开拓日本市场，为以后的合作奠定良好的基础，因此他的报价是不赚钱的。因为当天展览会快要结束了，而且开拓日本的市场也不是三言两语能解决的，所以崔经理希望木村子健第二天能到无限快乐玩具有限公司举行一次详细的谈判。木村子健表示非常期待和崔经理举行会谈，并且约定了第二天早晨九点在无限快乐玩具有限公司会议室进行谈判。

4. 谈判目标

4.1 玩具神童的谈判目标

木村子健作为玩具神童的采购经理，对玩具的质量与安全有着近乎苛刻的要求，要求玩具的涂料、用材一定要做到健康无害，能够满足日本对于玩具进口的要求。日本为了提高玩具安全性，日本厚生劳动省制定了与玩具有关的规范和标准：《食品、添加剂等的规范和标准》（被称为厚生劳动省告示第 370 号，1959），其第四节为玩具，该标准为强制性标准。日本玩具协会也编写了玩具安全标准（ST 2012），该标准为自愿性标准。木村子健希望中方的玩具能够满足这两个标准。木村子健注意到玩具的一部分是红木，红木也需要满足相关的标准。

当然，木村子健希望把玩具的出厂价控制在一个较低的水平，这不仅仅是因为玩具神童株式会社想要获得更多的利润，更是因为在日本多达 7 000 多家玩具线下零售商，竞争非常激烈。要想在激烈的竞争中脱颖而出，除了玩具的质量和特色，较低的零售价也是一个具有很大诱惑力的竞争手段。在日本，因为线上玩具零售商的无仓储成本较低而导致的低价策略，也构成了巨大的挑战。木村子健希望通过对比两款世界知名的类似玩具 SD 以及芭比娃娃来确定此次谈判的玩具价格。

SD 并不陌生，V 社在会员刊上对 SD 做出了定义，隶属"人形"一类，娃娃是孩子们的玩具，人偶是无心的孩子，而人形是灵魂的载体。SD（Super Dollfie）娃娃是风靡亚洲乃至全球的经典娃娃玩偶，是日本 volks 公司制造生产的 1/3 球型关节可动人偶。她的百变可爱的发型深受时尚达人的喜爱，以至于无数的 SD 粉丝纷纷钟情于令人惊艳的 SD 娃娃扮相。SD 主要包括儿童 SD、少年 SD、青少年 SD 和成年 SD。SD 最大的特色就是玩家可以自行改装，这都得益于 SD 的眼珠、头发、身体关节、手脚、胳膊、腿都是可以分开的，除整娃之外，官方也提供很多手、眼睛、配件，例如手的不同形态，可以通过自行挑选部件体现更多的动作。还有就是 SD 的脸部可以让玩家自行化妆，不论是眉毛、睫毛、眼线、唇彩甚至是脸部肤色胭脂等等，即使是出厂时一模一样的两只娃娃，经不同的玩家打理，都可以将自己的 SD 娃娃装扮成国色天香的美女或貌比潘安的帅哥，塑造出独一无二的宝贝。SD 部分产品信息如表 1–3：

表 1-3　SD 部分产品信息

图片	信息	价格
SDGr 男の子支倉常長 Ⅱ	ドレスデザイン：ボークス・ドール企画室 瞳：HG グラスアイ：Cadet Blue with Black line：16 mm メイク：造形村エアブラシメイク・ヘッド メイク UV コーティング済 ウィッグ：オリジナルスタイル、ミックスカラー、DD サイズ ボディ：SDGr 男の子 [13 Revival] ボディ SDGrB-L-03（SD13 男の子ロング脚、SDGrB-L-01 と同等の長さ）ピュアスキン フェア肌　UV プロテクト仕様 セット内容：ドール本体、ウィッグ、陣羽織、着物、革手袋、胴当て、補正帯、袴、袴裾用ゴム（×2）、日本刀用帯刀帯、日本刀、黒革深靴（ブーツ）、剣持手首（SDGrB-H-10・左右セット）	130 900 円（税込） 本体価格：119 000 円
SD 女の子ニコ（WIG：ランダム）	HG グラスアイ：Ash with Black line 18 mm（ボークス・オリジナルカラー） メイク：造形村エアブラシメイク・ヘッド メイク UV コーティング済 ウィッグ：オリジナルスタイル、DD サイズ（※三種よりランダム） ボディ：SD 女の子ボディ、SD-A-03（二重ひじ関節）、SD-H-01（閉じ手）仕様 ピュアスキン　フェア肌　UV プロテクト仕様 セット内容：ドール本体、ウィッグ（※三種よりランダム）、セーラーチュニック、リボン、キャミソール、ドロワーズ、スタンダードモデル認定証、オーナー様限定販売商品のご案内	74 800 円（税込） 本体価格：68 000 円
中原淳一・ぱたーん版 SDGr アリスードットワンピース―	セット内容：ドール本体、ウィッグ、ワンピース、グローブ、ブレスレット（×2）、ショーツ、サンダル、日傘、それいゆ豆本（3 種よりランダム）、オーナー様限定販売商品のご案内	137 500 円（税込）本体価格：125 000 円
SDM 女の子のあ（WIG：ランダム）	瞳：HG グラスアイ：Smoke Olive with Black line：16 mm メイク：造形村エアブラシメイク・ヘッド メイク UV コーティング済 ウィッグ：オリジナルスタイル、MSD サイズ（※三種よりランダム） ボディ：SDMidi 女の子ボディ、SDM-H-08、SDM-L-01 ピュアスキン　フェア肌　UV プロテクト仕様 セット内容：ドール本体、ウィッグ（※三種よりランダム）、セーラーチュニック、リボン、キャミソール、ドロワーズ、スタンダードモデル認定証、オーナー様限定販売商品のご案内	46 200 円（税込）本体価格：42 000 円

一般常见的 SD 高 58 cm，还有高 60 cm 的 13 岁 SD 以及高 43 cm 的 mini SD，价格都是不同的，一般都在人民币 4 500—8 000 元，mini SD 一般也在 2 000—4 000 元，而限量版一般在 9 000 元以上甚至几万元。

芭比娃娃是 20 世纪最广为人知及最畅销的玩偶，芭比娃娃及其他相关配件均以一比六的比例制作，部分芭比娃娃的信息如表 1-4：

表 1-4　芭比娃娃的部分产品信息

picture	name	datails	price
	2021 HolidayBarbie®Doll, Blonde Wavy Hair	Fashion：Gown，off-the-shoulder ruched sleeves and a metallic bodice with sculpted "gemstones." Skirt with silver shimmer tulle peplum Body Type：mode Muse Facial sculpt：Millie Package Dimensions（H/D/W）：13» x 3» x 10.5» Limit 2 per person	$40
	Barbie®@BarbieStyle™Doll	Fashion：Chiffon dress，leather jacket，classic tee and a blazer and trousers in signature pink Body Type：Made to Move Facial sculpt：Closed Mouth Milly Collector Size Package Dimensions（H/D/W）：12.75» x 2» x 13.5» Limit 3 per person	$100
	BarbieLooks™Doll（Curvy, Brunette）	Fashion：Black halter jumpsuit and metallic booties Body Type：Made to Move Curvy Facial sculpt：New -Elle Package Dimensions（H/D/W）：13» x 2.5» x 5» Limit 2 per person	$20

最后，木村子健和他的同事们考虑到日本有相当大一部分玩具消费者对游戏动漫类型的手办更加情有独钟，几近痴迷。这类玩具也就是通常的 IP 玩具，IP 英文为 "Intellectual Property"，也就是知识（财产）所有权，IP 可以是漫画作品、文学作品、原创短片，甚至只是一个概念，IP 玩具也就是 IP 授权玩具。日本的一些家长在买玩具

时，甚至唯 IP 玩具论，如果 IP 没有在电视或漫画杂志上出现过，根本不考虑，导致没有 IP 授权的原创玩具零售越来越难。然而，无限快乐玩具公司的产品却并不能满足这一条件。在这种担忧下，木村子健认为先采购不超过 50 万元的玩具进行试水，如果市场反映良好，将会采购更多的该公司的玩具，代理也会纳入下次谈判的议程。

除了基本的玩具的质量、价格，以及数量，木村子健还需要完成表 1-5 中其他条款的谈判。

表 1-5　谈判目的：小批量购进玩具，测试市场的反应

序号	谈判议程	备注
1	名称和质量	—
2	价格	—
3	数量	—
4	付款条款	—
5	违约条款	—
6	争议解决	—
7	包装	—
8	保险	—
9	发货时间	—
10	始发地与目的地	—
11	检验检疫	—
12	不可抗力	—
13	合同的成立、生效、变更、解除和终止	—

4.2　无限快乐玩具有限公司的谈判目标

崔哲作为公司的销售经理，非常重视第二天的谈判。回到公司后，和助手们经过详细的分析，认为公司此次谈判的主要目的是把这批款式新颖的玩具打入日本市场。也就是说，开拓日本市场是首要选择。在价格方面，可以做出适当的让步，但是让步幅度不能太大，毕竟每个玩偶 300 元的生产成本价是不可逾越的底线。而且日本的玩具零售商很多，比如 amiami 等。还有一批世界级的零售商，比如玩具反斗城亚洲。该公司总部位于中国香港，在中国大陆、中国香港、中国台湾、日本、新加坡、马来西亚、泰国和文莱经营逾 470 家实体店铺。如果和玩具神童公司的谈判不成功，这些公司也是不错的选择。

当然，价格的自信来源于玩具的品质。无限快乐玩具有限公司的这批玩偶满足中国已发布的强制性玩具安全标准，主要包括 GB 6675 系列安全标准、电玩具安全标准（GB 19685）、GB 14746—14749 童车产品系列标准，而且，考虑到欧盟和美国是我国玩具传统出口市场，占我国玩具出口总额的 60% 以上，因此，欧盟和美国玩具安全标准是被我国玩具企业采用最多的标准。无限快乐玩具有限公司的玩偶达到了欧盟标准化组织（CEN）、欧洲电工标准化委员会（CENELEC）、欧洲电信标准化协会（ETSI）

和美国材料与试验协会（ASTM）制定的关于玩具的标准。该公司的玩具还达到了 ISO 8214 的国际标准。但是，目前采用国际玩具安全标准的国家主要有中国、澳大利亚、新西兰、南非、东盟部分国家等，因此满足 ISO 8214 标准并不代表满足所有国家的要求。

大多数玩具进入日本的时候是没有特别条例管制的，然而一些特定的玩具需要遵守食品安全法，而一些电动玩具和由马达驱动或带电灯的游戏机则需遵守电气用品安全法的规定。

对于木制玩具要求不能有木刺，还不能有虫眼、松动的木节、树皮。无限快乐玩具有限公司的玩偶也可以满足日本对于玩具的要求。

关于玩具的数量，崔哲和他的团队认为不能低于 5 000 套，每套包括四个人物八种款式，四个人物指的是沉鱼之美的西施，落雁之美的王昭君，闭月之美的貂蝉和羞花之美的杨玉环，八款指的是每个人物又有两款，合计八种款式。崔经理和他的团队认为只有量达到一定的程度，才可能起到宣传开拓市场的作用。比如西北的客户刚刚签订了一笔每年 1 000 万元的代理合同。如果此次和日本公司的玩具买卖谈判不成功，也可以考虑约个合适的时间商谈代理的事宜。

最后，无限快乐玩具有限公司也需要完成表 1-6 中的其他条款的谈判。

表 1-6　谈判目的：开拓日本市场

序号	谈判议程	备注
1	名称和质量	—
2	数量	—
3	价格	—
4	付款条款	—
5	违约条款	—
6	争议解决	—
7	保险	—
8	包装	—
9	发货时间	—
10	始发地与目的地	—
11	检验检疫	—
12	不可抗力	—
13	合同的成立、生效、变更、解除和终止	—

5. 谈判要求

中国的无限快乐玩具有限公司派出的以崔哲经理为首的谈判团队和日本玩具神童株式会社以木村子健经理为首的队伍进行此次谈判，按照提供的背景信息，尽可能地完成国际商品买卖谈判的各个项目。

第二章　中荷公司关于光刻机的谈判

1. 芯片背景

　　芯片是现代科学的完美体现，如果说美国是一个"芯片制造大国"，全球有一半的芯片是由美国芯片企业提供的，大约占有 52%，那么中国是一个"芯片消费强国"。中国在 2018 年的进口芯片达到了 3 121 亿美元，在 2019 年进口芯片达到了 3 040 亿美元，而值得一提的是全球芯片规模大约就 4 183 亿美元，也就是中国的使用几乎达到了全球的 73% 左右。

　　提到芯片，就不得不说一下芯片、集成电路、半导体的区别。半导体是一种材料的总称，由于电子元器件普遍使用半导体材料，因此，元器件相关产业也被称为半导体产业，这是一个抽象的行业，不是一个具体的产品。集成电路是指成千上万、成万上亿个元件按照规则组合连接到一起形成的庞大电路，这种电路可以具备各种各样的功能，芯片可以看作是集成电路的载体，是指不同类型或者单一类型的集成电路形成的具体产品，由晶圆切割而成。

　　芯片按照主要的生产过程区分，芯片产业链非常复杂，但是大致可以分为上游、中游和下游：

　　上游——为芯片材料和设备。其中芯片原材料包括硅片、光刻胶、靶材；芯片设备包括光刻机、蚀刻机、薄膜沉淀设备、离子注入机、测试机、分选机、探针机。在这一领域的设备多为外国公司所把持，如高端光刻胶主要由日本的信越化学、合成橡胶、东京应化、住友化学所掌控。

　　中游——为集成电路的制造。包括半导体芯片设计环节、晶圆加工制造环节和封装测试。在芯片设计方面美国高通（毛利率 55%）和中国的海思领先全球。封测行业的进入壁垒较低，国产化率较高。

　　下游——为半导体应用领域。主要分为集成电路、光电子器件、分立器件和传感器等四大类终端应用，其中集成电路为主要应用终端，占比为 84%，其次为光电子器件，占比 9%。

　　半导体的部分流程如图 2-1：

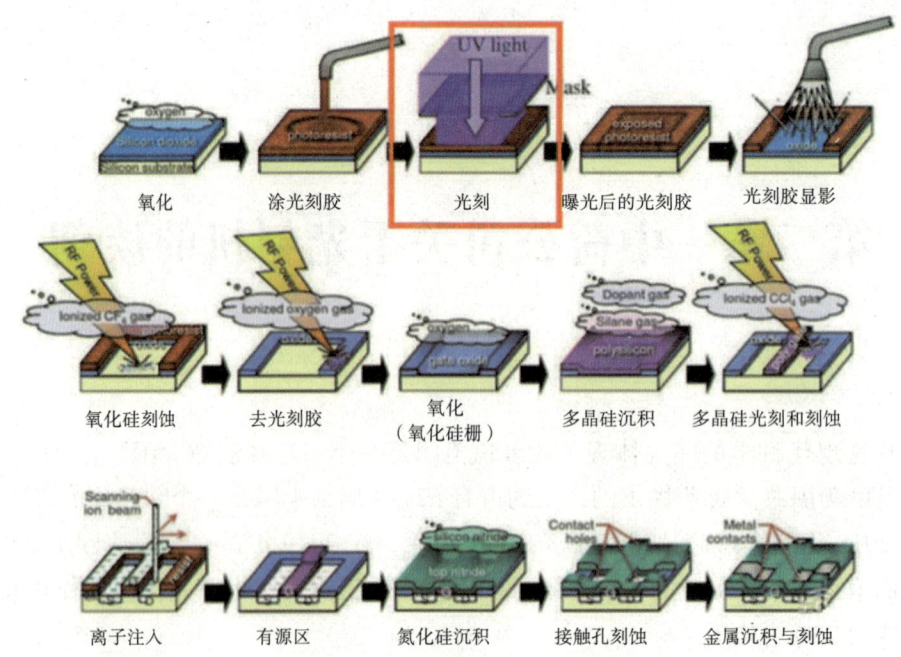

图 2-1 半导体的部分流程图

集成电路设备包括晶圆制造设备、封装设备和测试设备等，晶圆制造设备的市场规模占比超过集成电路设备整体市场规模的 80%。晶圆制造设备从类别上讲可以分为刻蚀、光刻、薄膜沉积、检测、涂胶显影等十多类，其合计投资总额通常占整个晶圆厂投资总额 75% 左右，其中刻蚀设备、光刻设备、薄膜沉积设备是集成电路前道生产工艺中最重要的三类设备，具体的信息如图 2-2：

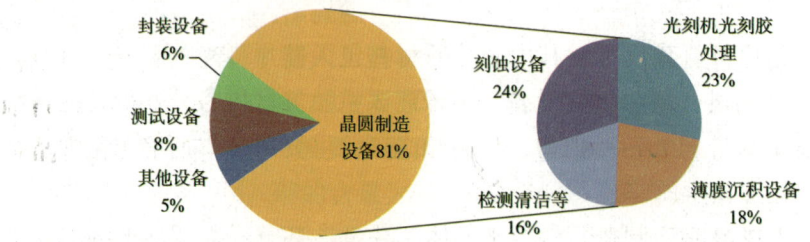

图 2-2 芯片的晶圆制造设备、封装设备、测试装备在整个设备中的占比

现在集成电路的应用非常多样化，不同产品的芯片对光刻机的需求是不同的。有的可能就需要做 5 nm，有的可能做 40 nm、28 nm 就够了，有些甚至需要做 90 nm、110 nm，不同产品类型的应用场景不同。目前，绝大部分芯片需要"成熟制程"工艺。比如现在物联网、汽车电子、轨道交通、超高压输电等"新基建"的多个方面大量需要的还是"成熟制程"的芯片。而 7 nm、5 nm、3 nm 芯片的数量在整个芯片供应链中大概只占 10%。所以不能认为 7 nm、5 nm、3 nm 芯片属于高端芯片，28 nm、40 nm 等就属于低端芯片。

2. 买卖双方资料

2.1 买方资料：中芯国际

中芯国际是一家设立于开曼群岛的红筹企业，须遵守开曼群岛相关法律的规定。公司通过境内子公司于中国境内开展经营活动，并与设立在其他国家或地区的企业存在采购、销售等往来。中芯国际是中国大陆规模最大的晶圆厂，在全球纯晶圆代工领域排名第四，在中国芯片产业链中具有举足轻重的地位。中芯国际2000年在上海张江成立，2004年公司于港交所、纽约证券交易所上市，在2019年的时候从纽约证券交易所退市，于2020年在中国上市，本次发行股票每股面值与已发行在外的股票每股面值保持一致，为0.004美元。

大唐控股（香港）投资有限公司持股17%，大唐电信是一家集成电路设计公司，其母公司大唐集团，是中国特大型发电企业集团，属于国有独资企业，大型央企。鑫芯香港投资有限公司（国家集成电路产业基金）持股15.76%，这是一家由国开金融、中国烟草、中国移动等大型企业发起的投资基金。其他投资者持股76.24%。

截至2019年12月31日，中芯国际共有子公司37家，其中境内子公司17家，境外子公司20家，分布在多个国家和地区，包括美国、欧洲、日本、中国香港等国家和地区。中芯国际的总部位于上海，在北京、天津、深圳设立了代工厂，在美国、意大利、日本、中国台湾设有市场推广办公室，在中国香港设有代表处。此外，中芯国际的100%控股中芯集电、100%控股中芯上海、中芯天津和中芯北京，公司100%控股子公司中芯控股持有中芯北方25.5%的股权、中芯南方45.67%的股权、中芯深圳81.86%的股权。中芯北方和中芯南方均为中外合资企业，中芯北方和中芯南方分红等事项需全体董事的三分之二以上批准；同时，中芯南方的分红等事项还需取得其他股东委派董事的同意。因此，公司无法单方面决定中芯北方和中芯南方分红等重大事项。

知识产权是中芯国际在集成电路行业内保持自身竞争力的关键，主要包括专利、集成电路布图设计、商业秘密等。截至2019年12月31日，登记在中芯国际及其控股子公司名下的与生产经营相关的主要专利共8 122件，其中境内专利6 527件，包括发明专利5 965件；境外专利1 595件，此外中芯国际还拥有集成电路布图设计94件。中芯国际长期以来注重自主知识产权的研发，并建立了科学完善的知识产权保护体系。

在逻辑工艺领域，中芯国际是中国大陆第一家实现14 nm FinFET量产的晶圆代工企业，代表中国大陆自主研发集成电路制造技术的最先进水平；除集成电路晶圆代工业务外，中芯国际亦致力于打造平台式的生态服务模式，为客户提供设计服务与IP支持、光掩模制造、凸块加工及测试等一站式配套服务，并促进集成电路产业链的上下游合作，与产业链各环节的合作伙伴一同为客户提供全方位的集成电路解决方案。

中芯国际曾经宣布，中芯国际第一代14 nm FinFET技术取得了突破性进展，并于2019年第四季度进入量产，良品率能够达到95%，应用多重曝光图形技术，集成

度超过 $3×10^9$ 个集体管 $/cm^2$。在上海建有一座 300 mm 晶圆厂和一座 200 mm 晶圆厂，以及一座拥有实际控制权的 300 mm 先进制程合资晶圆厂；在北京建有一座 300 mm 晶圆厂和一座控股的 300 mm 合资晶圆厂；在天津和深圳各建有一座 200 mm 晶圆厂。中芯国际的产线情况和晶圆销售情况如表 2-1 和表 2-2：

表 2-1　中芯国际的重要控股子公司的产线情况

重要控股子公司	产线情况	目前主要技术节点	工艺平台定位
中芯上海	1 条 12 英寸产线	14 nm 及以下	先进工艺研发平台
	1 条 8 英寸产线	0.35 μm—90 nm	成熟工艺平台
中芯北京	1 条 12 英寸产线	0.18 μm—55 nm	成熟工艺平台
中芯天津	1 条 8 英寸产线	0.35 μm—90 nm	成熟工艺平台
中芯深圳	1 条 8 英寸产线	0.35 μm—0.15 um	成熟工艺平台
中芯北方	1 条 12 英寸产线	66 nm—24 nm	成熟工艺平台
中芯南方	1 条 12 英寸产线	14 nm 及以下	先进工艺平台

表 2-2　中芯国际 2017 年到 2019 年晶圆的销售情况

项目	2017 年	2018 年	2019 年
产量（片）	4 586 477	4 949 261	5 153 061
销量（片）	4 310 779	4 847 663	5 028 796
产销率（%）	93.99	98.49	97.59
销售收入（万元）	2 012 943.61	2 012 814.34	1 999 379.30
均价（元/片）	4 669.56	4 129.14	3 975.86

另外，中芯国际的 12 英寸和 8 英寸晶圆的产能已经爆满。和中芯国际合作的客户以前下单都是预付半款，从 2020 年开始被要求全款。中芯国际不分开披露 8 英寸和 12 英寸晶圆的产能，一般情况下月产能折算成 8 英寸晶圆进行披露，具体情况如表 2-3：

表 2-3　中芯国际 2020 年四季度和 2021 年第一季度 8 英寸晶圆产能情况

2020 年				2021 年
第一季度	第二季度	第三季度	第四季度	第一季度
476 000 片	480 150 片	510 150 片	520 750 片	54 万片

目前，中芯国际的营收创历史新高，按照服务类型来看，晶圆代工业务占比为 88.9%，光罩制造、晶圆测试及其他方面占比为 11.1%。从某种程度上，中芯国际实现了营收多样化，2019 年台积电的产能是 12 英寸规格的晶圆 1 200 万片，月产量 100 万片左右。如图 2-3：

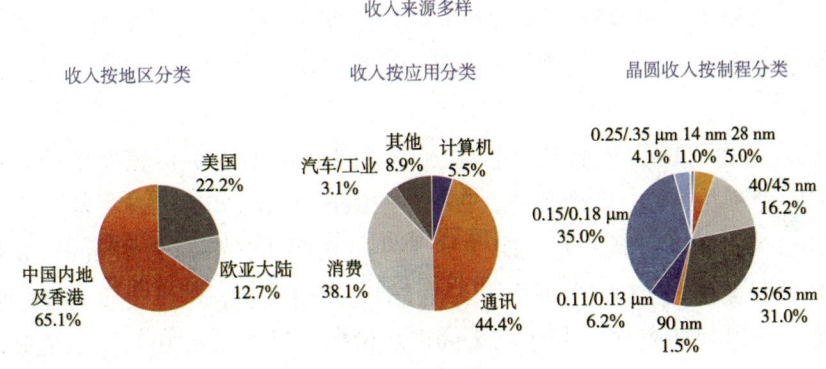

图 2-3　中芯国际的收入来源

2.2　卖方资料：阿斯麦

阿斯麦成立于 1984 年，总部设在荷兰艾恩德霍芬（Veldhoven），从 1984 年的一个名不见经传的小厂商到 2007 年击败日本的光刻机巨头尼康一跃成为全球光刻机的霸主用了 23 年，是全球最大、最先进的半导体设备制造商之一，1995 年 ASML 在纳斯达克和阿姆斯特丹交易所上市。阿斯麦主要产品就是光刻机，还提供服务于光刻系统的计量和检测设备、管理系统等。该公司提供光刻系统的集成组合，主要用于制造复杂的集成电路。该公司向亚洲、美国和欧洲的集成电路制造商供应光刻系统，也为客户提供全方位的先进工艺和产品应用知识支持服务，提供 24 小时服务支持。目前全球绝大多数半导体生产厂商，都向 ASML 采购光刻机，例如英特尔（Intel）；三星（Samsung）；海力士（Hynix）；台积电（TSMC）；中芯国际（SMIC）等。

阿斯麦在纳斯达克的总股本为 4.17 亿股，第一大股东为资本国际集团（Capital Group International，Inc），是一家美国投资管理公司，持股 6 365.88 万股，占比 15.28%；第二大股东为美国贝莱德集团（BlackRock Inc），持股 3 202.44 万股，占比 7.69%，都是美国资本。贝莱德集团总部位于美国纽约，是全球最大的上市投资管理集团，也是全球最大的资产管理公司。第三大股东是 Baillie Gifford & Co，持有 1 826.3

万股，占比 4.38%，是英格兰的一家独立投资管理公司，目前管理的资金达到 1 000 多亿美元，主要投资领域是互联网、企业服务等。

ASML（阿斯麦）有一个非常奇特的规定，那就是只有投资 ASML，才能够获得优先供货权。这样奇特的合作模式使得 ASML 获得了大量的资金。2012 年中旬，英特尔、三星和台积电向 ASML（阿斯麦）公司投资 38.5 亿欧元，合计持有 ASML 公司 23% 的股份。其中，美国英特尔公司投资 41 亿美元，持有 ASML 公司 15% 的股份；台积电投资 8.38 亿欧元及未来 5 年向 ASML 投入 2.76 亿欧元（约合 14 亿美元）获得 5% 股份；三星公司向 ASML 投资 5.03 亿欧元（约合 6.29 亿美元），获得该公司 3% 股份。此外，三星承诺在未来 5 年将向 ASML 公司投资 2.76 亿欧元（约合 3.45 亿美元），支持 ASML 研发下一代微影技术。

就这样，ASML（阿斯麦）公司和大客户之间实现了"利益捆绑"，每年生产的光刻机都优先提供给三家大客户，其中有一半都卖给了台积电，其余的被三星和英特尔买走。

光刻机被称为"现代光学工业之花"，ASML（阿斯麦）按照使用的光源不同可以分为 DUV 光刻机和 EUV 光刻机，DUV 是 Deep Ultra Violet 即深紫外光；EUV 是 Extreme Ultra Violet 即极紫外光。DUV 光刻机的极限工艺节点是 28 nm，要想开发更先进的制程就只能使用 EUV 光刻机了。在 DUV 光刻机上，阿斯麦也有竞争对手，即尼康和佳能，不过阿斯麦自己占有 85% 的市场份额，另外 15% 由日本的尼康和佳能分食，阿斯麦已经是连续 16 年稳居市场第一，如图 2-4。

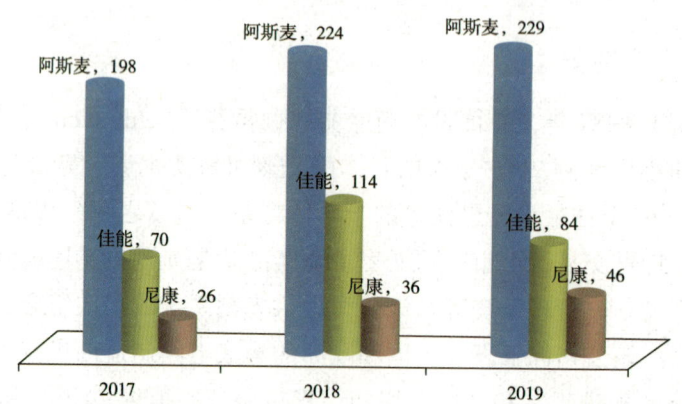

图 2-4　2017—2019 年阿斯麦、佳能、尼康半导体用光刻机出货量情况（单位：台）

光刻机的核心是拍照的曝光系统，拍照的曝光系统最核心的部件之一是紫外光源，目前全球最先进的极紫外光光刻机（EUV），能适用于 3 — 15 nm 的芯片制程工艺。2020 年 10 月传出消息称，荷兰阿斯麦公司面向 3 nm、2 nm，甚至 1 nm 工艺正开始研发下一代 EUV 光刻机，并计划于 2022 年初开始向下游客户出货。

在 EUV 光刻机上，基于极紫外（EUV）光源的新型光刻机，型号定为 NXE 系列。这是划时代的产品，可以显著提高集成电路质量。2013 年阿斯麦的 EUV 光刻机研发成功，使用的光源是 22 nm；2017 年更先进的 EUV 光刻机研发成功，使用的光源是 13 nm，使得 7 nm 线宽的制程可以实现。在更为重要的 EUV 光刻机上，ASML（阿斯麦）处于全球独占的地位，意思是该半导体设备只有 ASML 能供应，这在全球产业链中属于极度特别的状态。由此可见，作为业界龙头的阿斯麦的光刻机共分 5 代，前几代只能算是中低端，只有从 4 代开始才进入高端领域。而第 5 代光刻机最小制程可达 7 nm，被称为极紫外 EUV 光刻机。在 2018 年全年，阿斯麦的 ArF 系列设备出货量占总收入的 58%，EUV 占总收入的 23%，KrF 占总收入的 11%，I-Line 占总收入的 1%。2020 年一共卖出 258 台光刻机，其中包括 31 台 EUV 光刻机。而 31 台 EUV 贡献了 43% 的系统销售额，平均算下来，一台 EUV 光刻机的售价约为 15.23 亿元。

2015 年销售了 1 台 EUV 光刻机，售价 70 500 000 欧元，从 2016 年到 2021 年的具体销售量如表 2-4：

表 2-4　阿斯麦 2016 年到 2021 年光刻机销售情况

产品名称	销量与总价	2016 年	2017 年	2018 年	2019 年	2020 年	2021 年
EUV 光刻机	销量（套）	4	11	18	26	31	16
	总价（百万欧元）	324.9	1 010.5	1 880.1	2 799.7	4 463.8	2 456.1
ArFi	销量（套）	70	76	86	82	68	40
	总价（百万欧元）	3 518.7	4 017.4	4 806.9	4 707.7	3 917.0	2 440.4
ArF	销量（套）	6	14	16	22	22	11
	总价（百万欧元）	116.9	210.3	274.3	401.2	427.0	228.6
KrF	销量（套）	57	71	78	65	103	66
	总价（百万欧元）	532.7	683.3	860.1	679.7	1 012.3	661.6
I-Line	销量（套）	20	26	26	34	34	15
	总价（百万欧元）	78.0	84.7	88.6	123.5	123.4	58.2

续 表

产品名称	销量与总价	2016年	2017年	2018年	2019年	2020年	2021年
Metrology & Inspection	销量（套）	55	95	114	115	137	93
	总价（百万欧元）	100.8	276.5	339.1	274.4	350.1	225.5

ASML是生产和安装EUV光刻机的唯一一家公司，并且其生产和安装能力相对有限。在对制造过程进行了所有调整之后，阿斯麦可以将单台机器的周期时间缩短至20周，这将使年产能达到45至50个系统。

高端的EUV光刻机的价值自然不菲，根据2021年1月20日ASML公布的财报显示，2020年ASML全年销售额为139.8亿欧元，累计交付光刻系统258台。在销售额、净利润等方面，ASML在2020年的成绩，均创下5年来新高。其中，ASML的31台EUV占据了系统销售额的43%，带来45亿欧元的收入，也就是说每台EUV光刻机平均售价1.45亿欧元，相当于10亿元人民币。即使是天价的EUV光刻机，仍然是供不应求，每年荷兰ASML公司的EUV光刻机几乎都要被台积电、三星、英特尔、海力士等抢光。

三星仅使用EUV来制造其7LPP和5LPE SoC以及一些DRAM。但是，随着三星晶圆厂扩大EUVL在逻辑上的使用，而三星半导体提高基于EUV的DRAM的生产，这家企业集团将不可避免地不得不开始购买更多的TWINSCAN NXE光刻机。三星与阿斯麦协商计划到2025年为止购入100台光刻机设备。英特尔于2022年开始使用7 nm节点制造芯片，开始部署EUVL系统，该公司也将在未来几年成为EUVL的主要采用者之一。ASML的其他客户包括SK hynix，已经测试驱动这些工具并开发适当的节点和DRAM IC。另一个客户美光公司计划避免在未来几代DRAM世代中使用EUVL，但是由于最终仍将必须过渡到启用EUV的节点，因此，为了发展，它将在未来几年内至少采购一个TWINSCAN NXE系统。

2013年，阿斯麦收购了光源提供商Cymer，为公司量产EUV设备打基础。经过几次升级，阿斯麦在2016年推出首台可量产的EUV光刻机NXE：3400B并获得订单。从2017年第二季度起开始出货。最近，阿斯麦公布了EUV路线图上的新机型TWINSCAN NXE：3600D的最终规格，这是30 mJ/cm^{2}的曝光速度达到每小时曝光160片晶圆，提高了18%的生产率，并改进机器匹配套准精度至1.1 nm，并计划于2021年的中期开始发货。阿斯麦的产品和服务主要有五类，分别是EUV lithography，DUV lithography，computational lithography，Refurbished systems，Metrology& inspection and customer support。

EUV光刻机最关键的技术在于光源和镜头，美国光源公司已经被ASML（阿斯麦）

公司收购，德国蔡司也有 ASML 入股。ASML 的光学系统供应商卡尔蔡司公司属于此领域打遍天下无敌手的极致强者，通过参股卡尔蔡司 SMT 公司 24.9% 股权，ASML 与其核心供应商形成牢固战略同盟，潜在竞争对手若要开发 EUV 技术恐怕无法绕过卡尔蔡司的光学系统，潜在的竞争对手如果需要采购相关的光学系统恐怕都要取得 ASML 的支持或默许。

阿斯麦最新的 TWINSCAN NXE：34400B 和 NXE：34400C 步进扫描系统非常昂贵。早在 2020 年 10 月份，ASML 就在其订单中透露了四个 EUV 系统，价值 5.95 亿欧元（约合 7.03 亿美元），因此一件设备的成本可能高达 1.475 亿欧元（约合 1.775 亿美元）。也就是说，13 套 EUV 花费高达 22.84 亿美元。不仅 EUV 光刻机，阿斯麦出售的一台 DUV 光刻机的售价也要数千万美元，阿斯麦从中获得了巨大的利润。然而，在科技日新月异的今天，研发创新能力才是科技企业的生命力。在 EUV 光刻机和 DUV 光刻机高额售价的背后，是前期研发阶段巨量的资金投入和研发人员。阿斯麦目前共有员工 28 073 人，其中研发人员有 10 543 人，研发人员比例超过 37%。阿斯麦研发投入不仅可以从研发资金投入看出，也能从阿斯麦获得的专利数看出，在专利网站 Patent scope 上搜索阿斯麦专利结果显示，阿斯麦申请的专利数目已经达到 14 444 项。阿斯麦虽然是一家商业公司，但支撑它走得更远的，不是对金钱的追求，而是对技术的长远投资。从 2016 年到 2020 年，研发费用分别为 11.06 亿欧元、12.60 亿欧元、15.76 亿欧元、19.68 亿欧元、22.01 亿欧元，每年的研发费用占到了总营收的 15% 左右，毛利的 32% 左右，足见其研发投入大，研发能力强。阿斯麦的营业收入和研发投入如图 2-5 和图 2-6：

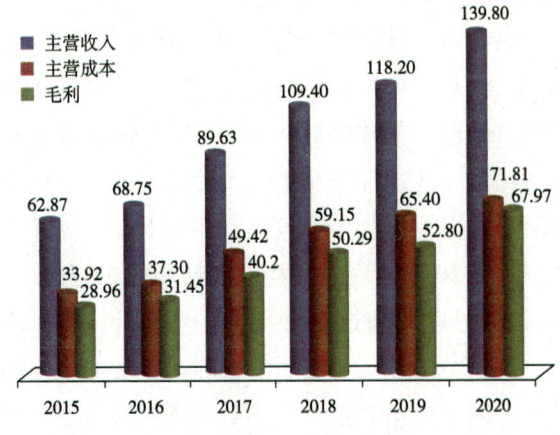

图 2-5　阿斯麦 2015 年到 2020 年主营收入、主营成本、毛利情况（单位：亿欧元）

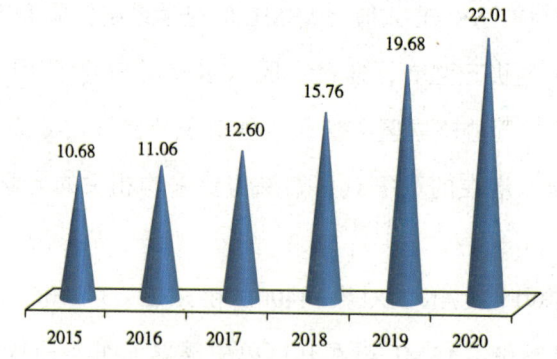

图 2-6　阿斯麦 2015 年到 2020 年研发投入（单位：亿欧元）

3. 谈判动因

用于生产芯片的 EUV 光刻机是中国在半导体设备制造上最大的短板，国内晶圆厂所需的高端光刻机几乎完全依赖进口。台积电、三星这两大芯片代工商的制程工艺都已提升到了 7 nm 和 5 nm，同时，结合台积电方面传来的消息，台积电已预备在 2020 年第四季度开始 5 nm+（5 nm 增强版）的大规模量产，并且将会在 2021 年进行 3 nm 芯片的风险量产。据外媒 SAMMOBILE 消息，三星的 5 nm 芯片组将从 2020 年 8 月开始量产。和台积电、三星相比，中芯国际在芯片领域的 14 nm 工艺的技术和制造已经非常成熟，目前需要紧紧追赶 7 nm、5 nm 和 3 nm 工艺制程的技术开发、风险量产和规模量产。

当前中芯国际 28 nm、14 nm、12 nm 等技术已经进入到规模量产，n+1 也很快进入风险量产。n+1 趋近于 7 nm 工艺制程，但是性能上并不等同于 7 nm 工艺制程，可以看做是一个低配版的 7 nm 工艺制程，n+1 是中芯国际为了应对没有 EUV 光刻机而开发出来的技术。也就是说中芯国际的 7 nm 工艺制程开发已经完成。至于 5 nm 和 3 nm 较为关键，需要等待 EUV 光刻机才能够全面进入开发阶段。但是中芯国际目前卡脖子的最关键一环就是买不到 EUV 光刻机。

英特尔、三星、台积电 2015 年能买到阿斯麦 10 nm 的光刻机。而中国的中芯国际 2015 年只能买到阿斯麦 2010 年生产的 32 nm 的光刻机。5 年时间对半导体来说，已经足够让市场更新换代 3 次了。在 2018 年 5 月，中芯国际就曾向荷兰 ASML 订购了一台最新型的 EUV 光刻机，价格高达 10 亿元人民币，该台光刻机原计划在 2019 年初交付，但由于美方的阻碍，迟迟未能顺利交货。与此同时，台积电、三星订购的光刻机总是优先发货。截止到 2020 年年底，台积电所订购的 35 台 EUV 光刻机已经正式到位，预计到 2021 年台积电可以用超过 50 台 EUV 光刻机设备，而三星所拥有的 EUV 光刻机数量也会超过 20 台。如此情形之下，中芯国际势必要加速订购 EUV 光刻机。

荷兰的阿斯麦知道中国市场潜力巨大，所以很重视中国这个大客户。阿斯麦非常重视中国市场的开发，目前阿斯麦已在中国设有 12 个办公室、11 个仓储物流中心、

2 处开发中心、1 个培训中心，还打算在江苏无锡建立一个服务中心，在整个中国共拥有 1 000 多名员工。阿斯麦自从第一台光刻机于 1988 年进入中国，已经为中国国内地区的半导体客户累积提供了 700 多台装机。2020 年累计出货交付 258 台光刻机系统，其中 EUV 光刻机 31 台、ArFi 光刻机 68 台、ArFdry 光刻机 22 台，KrF 光刻机 103 台、I-Line 光刻机 34 台。这些光刻机，72% 被用于逻辑芯片制造（比如处理器等），剩下的 28% 则被用于存储芯片的制造（比如内存、闪存等）。按照送达地区划分的话，中国台湾地区排名第一，占比 36%；韩国排名第二，占比 31%；中国大陆排名第三，占比 18%。估算可知，ASML 面向整个中国市场交付的光刻机大约有 140 台。目前中国光刻机市场占阿斯麦的营收已经超过了 10%，而且增长速度很快，阿斯麦也更倾向于挖掘更多的中国市场的潜力和中国的公司比如中芯国际加强合作。因此，荷兰 ASML 总裁在公开场合也多次发表声明，一个是向中国出口光刻机保持开放态度，一个是中国不会也无法复制 EUV 光刻机，无论从哪个方面来看出售给中国 EUV 光刻机都不会有风险。

4. 谈判目标

4.1 买方谈判的目标

从中芯国际的财报来看，55/65 nm、40/45 nm 的成熟工艺依然是中芯国际盈利的主要来源，占比超过 85%。中芯国际 28 nm 制程产品收入分别为 163 397.35 万元、124 522.10 万元及 80 685.76 万元，占比分别为 8.12%、6.19% 及 4.03%，收入及占比持续下降；公司于 2019 年第四季度开始量产 14 nm 制程产品，相关收入为 5 706.15 万元，占比为 0.29%。此外，由于 28 nm 制程相关的产线仍面临较高的折旧压力，报告期内公司 28 nm 产品毛利率为负。同时，由于目前 28 nm 全球纯晶圆代工厂商的产能布局较多，造成全球 28 nm 市场产能过剩。公司出于市场经营策略和客户需求考虑，在满足订单需求的前提下，优化产品组合，将部分原用于 28 nm 制程的通用设备转用于生产盈利较高的其他制程产品。未来，如果 28 nm 和 14 nm 相关客户需求未能快速提升，公司面临 28 nm 制程产品产能过剩、收入持续下降，14 nm 及 28 nm 制程产品收入占比较低、毛利率为负的风险。

因此，中芯国际提出 12 英寸芯片 SN1 项目：建设 1 条月产能 3.5 万片的 12 英寸生产线，生产技术水平提升至 5 nm 及以下；12 英寸芯片 SN1 项目的总投资额为 905 900 万美元，其中生产设备购置及安装费达 733 016 万美元。SN1 项目达产后将会贡献额外的先进制程收入，但同时带来较高的折旧成本压力。5 nm 工艺生产线的建立需要购买先进的光刻机及相关配套设备。

同时，全球缺芯情况愈发严重，芯片企业大都在扩大产能。AI、物联网等新业态、新模式和新应用的兴起，带动芯片需求量。目前全球晶圆代工的产能依然紧张，客户需求在增长，但产能的扩充速度跟不上。为此，中芯国际在 2020 年底便开始扩大 28 nm 成熟芯片的产能，并联手国家大基金二期成立合资企业中芯京城，斥资 500 亿元扩产 28 nm。建成后，28 nm 芯片的月产能将超过 10 万片。不仅如此，进入 2021 年之后中芯国际再次宣布，将与深圳合作预计投资超 153 亿元，进一步扩大 28 nm 产能。

为此，中芯国际派出了谈判人员向阿斯麦商谈光刻机采购一事，该谈判团队需要首先确定光刻机的型号与性能，要确定光刻机的性能能够满足 SN1 项目和后续 28 nm 产能扩充的要求。当然，该谈判团队也需要完成其他的谈判，包括数量、价格、发货时间、人员培训、安装调试、装运港和目的港、保险、付款条款以及其他条款的谈判。

然而此次的谈判并不会一帆风顺，在 2020 年 12 月 18 日，美国商务部下属的工业和安全局（BIS）在官网宣布中芯国际被正式列入实体清单（Entity List）。美国实体清单（Entity List）这一概念是美国布什总统于 1990 年 11 月提出的增强扩散控制倡议（Enhanced Proliferation Control Initiative，简称 EPCI）的一部分。实体清单于 1997 年 2 月首次发布，内容包括实体（企业，研究机构，政府和私人组织，个人以及其他类型的法人）的名称、地址、受限类型等相关信息。美国出口管制政策的两大手段是出口管制清单和许可证制度。实体清单是出口管制的重要手段。出口管制清单的管理主要由美国的财政部、国务院和商务部负责。具体来说，财政部负责金融制裁清单，国务院负责军品清单，美国商务部对两用技术实施清单管理，并以阶梯式三大清单限制美国技术输出，分别为：拒绝人员清单（DPL）、未经验证清单（UVL）和实体清单（EL）。其中以实体清单（EL）最为严格，被纳入的原因是"威胁美国国家安全和外交政策"，BIS 通过限制高科技产品和技术的输出，对于他国进口美国技术实施严格监控。凡是落入该清单的实体均成为 BIS 限制出口的对象。列入清单的企业基本不可能从美国获得《出口管理条例》所列物项和技术。

尽管美国《出口管理条例》为进入清单的实体提供了申请取消的程序，但实际上，进去容易出来难，因为进入实体清单和从实体清单中出来的方式就是"投票"，投票人则是美国商务部下的一个跨部门委员会成员——最终用户审查委员会。加入时采用的是多数投票通过，而移出清单则采取全票通过的方式。随着美国手伸得越来越长，"实体清单"逐渐成为了美国实施科技霸权的武器。

最近，中芯国际已获得部分美国设备厂商的供应许可，许可内容主要涵盖成熟工艺用半导体设备等。中芯国际获得美国的供货许可大概率跟全球芯片短缺以及美国高通等企业的芯片告急有关。高通以及博通是中芯国际前两大海外客户。其中，高通每年交给中芯国际的芯片代工生意，包括 60 万片的电源管理 IC 晶圆等在内，为中芯国际贡献了约 13% 的代工营收。

对于中芯国际来说，虽然 DUV 也能用来制造 7 nm 芯片，但是会造成良品率更低些，当然还是 EUV 设备好。目前阿斯麦所产最尖端 EUV（极紫外光）光刻机的加工极限已达到 5 nm，EUV 光刻机目前用于 5 nm 芯片的生产已经很成熟。总而言之，这是一次棘手的谈判。

4.2 卖方谈判的目标

阿斯麦官方表态说对中国出口集成电路光刻机持开放态度，很高兴看到老朋友中芯国际再一次采购自己的光刻机，ASML 中国区总裁在 2017 年就曾说：ASML 对大陆市场和其他国际客户一视同仁，只要客户下单就能完成交付。至于 2018 年中芯国际定的那台 EUV 光刻机，当时荷兰政府向半导体设备公司阿斯麦（ASML）颁发许可证，允许其向中国客户出售其最先进的设备。然而，美国官员研究了是否可以彻底阻止这笔交易，并与荷兰官员举行了至少四轮会谈。美国认为光刻设备属于《瓦森纳协定》的国际协议的范围，该协议协调对具有商业和军事用途的所谓"两用"技术的出口限制。后来荷兰政府决定不续签阿斯麦的出口许可证，这台价值 1.5 亿美元的机器因此并未交付给中芯国际。目前，阿斯麦还在等荷兰政府的出口许可证，阿斯麦必须要在遵守法律法规的前提下进行光刻机出口。

对于 DUV 光刻机，阿斯麦持有不同的态度。在 2020 年 11 月举办的第三届进博会上，ASML 展示了最新的 DUV 光刻机，并且声称该光刻机最高可生产出 7 nm 芯片。这台 DUV（深紫外）光刻机在经过多重曝光后也能胜任 7 nm 芯片的制造，只不过每多完成一次曝光，就会使得制造成本大大提升，并且良品率也难以保证。ASML 总裁曾说过，DUV 光刻机的出口不受限制，中国国内企业可以向其购买。

然而遗憾的是，阿斯麦需要考虑一件事，那就是中芯国际被列入美国实体清单的事情：2020 年 12 月 19 日美国商务部发布公告称，商务部工业和安全局（BIS）将中芯国际（SMIC）以及中芯国际的 11 家子公司列入实体清单，被列入实体清单后，根据美国相关法律法规的规定，针对适用于美国《出口管制条例》的产品或技术，供应商须获得美国商务部的出口许可才能向公司供应；对用于 10 nm 及以下技术节点（包括极紫外光技术）的产品或技术，美国商务部会采取"推定拒绝"（Presumption of Denial）的审批政策进行审核；同时公司为部分特殊客户提供代工服务也可能受到一定限制。

中芯国际被美国列入实体清单，受到美国《出口管理条例》的制约，而该条例的特点是对外国的交易也加以限制，也就是"区域外适用"。在该条例中有一个"美国最低含量标准"的规定，对不同出口管制产品设定了 4 种最低含量标准：（1）不设最低含量标准的物项，以高性能计算机为代表；（2）特定加密物项；（3）10% 最低含量；（4）25% 最低含量。根据以上规定，如果美国企业的某些零部件和软件在原则上包含 10% 或 25% 以上，有的甚至只要有美国产品成分，不管多少，那么都会成为被管制对象。虽然阿斯麦不是一家美国公司，但是由于阿斯麦得到了整个欧洲和美国的支持才能生产出光刻机，所以关于 EUV 光刻机，ASML 正式作出回应，目前还是不能出货给中国。即使 EUV 光刻机可以卖给中芯国际，由于光刻机由 10 万个左右精密零部件组成，通常需要两年的时间才能配送到货，而且发运时需要 40 个集装箱。

所以，阿斯麦需要和中芯国际共同克服困难，共同找到解决的办法，就谈判的议题达成协议。

双方的谈判需要结合现实以及表 2-5 和表 2-6 提供的信息来完成。

表 2-5　阿斯麦的部分产品目录

名称	型号	说明
EUV lithography	TWINSCAN NXE: 34400C	It is our latest generation EUV lithography system, combing productivity, highest resolution, and state-of-the-art overlay and focus performance. EUV light wavelength: 13.5 nm, wafers per hour ≥ 175
	TWINSCAN NXE: 34400B	It supports EUV volume production at the 7 and 5 nm nodes. EUV light wavelength: 13.5 nm, wafers per hour ≥ 125.
DUV lithography	TWINSCAN NXT: 2050I	It is a high-productivity, dual-stage immersion lithography tool designed for volume production 300 mm wafers at sub 5 nm nodes. ArF light source: 193 nm, wafers per hour ≥ 295
DUV lithography	TWINSCAN NXT: 2000I	It is a high-productivity, dual-stage immersion lithography tool designed for volume production of 300 mm wafers at the sub 7 nm node. The system is equipped with an in-line catadioptric lens design, with a numerical aperture (NA) of 1.35 – the highest in the industry. ArF light source: 193 nm, wafers per hour ≥ 275
DUV lithography	TWINSCAN NXT: 1980DI	It is a high-productivity, dual-stage immersion lithography tool designed for volume production of 300 mm wafers at the sub 10 nm node with global system uptime >97%. ArF light source: 193 nm, wafers per hour ≥ 275
DUV lithography	TWINSCAN NXT: 1970CI	It is a high-productivity, dual-stage immersion lithography tool designed for volume production 300 mm wafers at the sub 20 nm nodes. ArF light source: 193 nm, wafers per hour ≥ 250
DUV lithography	TWINSCAN NXT: 1470	It is the first ever "dry" lithography system built on our high-productivity, high-precision NXT platform. As a result, it is the first dry system to achieve on-product overlay better than 4.5 nm – and the first lithography machine of any kind capable of processing more than 300 wafers per hour. ArF light source: 193 nm, wafers per hour ≥ 300

名称	型号	说明
DUV lithography	TWINSCAN XT：1460K	It is a high-productivity dry ArF lithography tool designed for volume 300 mm wafer production at 65 nm resolution. ArF light source：193 nm, wafers per hour ≥ 205
DUV lithography	TWINSCAN XT：1060K	ASML's most advanced KrF (krypton fluoride) laser "dry" lithography system with the highest NA and productivity in the industry, designed for 300 mm wafer production. Extending critical KrF technology reduces our customers' cost per layer while allowing them to benefit from mature KrF processing. KrF light source：248 nm, wafers per hour ≥ 205
DUV lithography	TWINSCAN XT：860M	It is a high-productivity, dual-stage KrF lithography machine designed for volume production of 300 mm wafers at below 110 nm resolution. KrF light source：248 nm, wafers per hour ≥ 240
DUV lithography	TWINSCAN XT：400L	ASML's latest-generation i-line lithography system, using a mercury vapor lamp to print features down to 220 nm. It is able to achieve a throughput of ≥ 230,300 mm wafers per hour (≥ 220 using the high-resolution option), and ≥ 250,200 mm wafers per hour. Thanks to a bridge tool, customers are able to convert between 200 mm and 300 mm wafers with less than a week of machine downtime. Mercury vapor light source：365 nm, wafers per hour ≥ 240

表 2-6　尼康的部分产品情况

	ArF 液浸スキャナー NSR-S635E
製品紹介	NSR-S635E は高機能アライメントステーション「inline Alignment Station (iAS)」を搭載することで重ね合わせ精度とスループットを同時に向上させた、5 nm プロセス量産用に開発された *Streamlign* Platform 採用の ArF 液浸スキャナーです。 これにより、NSR-S635E は装置間重ね合わせ精度（MMO：Mix and Match Overlay）2.1 nm 以下、スループット毎時 275 枚以上 (96 shots) という極めて高い精度と生産性を実現しています
解像度	≤ 38 nm
NA	1.35
露光光源	ArF excimer laser (193 nm wavelength)
縮小倍率	1：4
最大露光範囲	26 mm × 33 mm
スループット	≥ 275 wafers/hour (96 shots)
ご注意	本製品および製品の技術（ソフトウェアを含む）は「外国為替および外国貿易法」に定める規制貨物等（特定技術を含む）に該当します。輸出する場合には政府許可取得等適正な手続きをお取りください

续　表

	ArF 液浸スキャナー NSR-S622D
製品紹介	NSR-S622D は、20?nm 以下のプロセス量産用に開発された、Streamlign Platform 採用の ArF 液浸スキャナーです。 NSR-S621D の高スループットを維持しつつ、投影レンズの性能とオートフォーカス機能を改良することで、マルチプルパターニングにも対応可能な装置間重ね合わせ精度（MMO：Mix?and?Match?Overlay）3.5 nm 以下を実現。最先端デバイス量産ラインの安定稼動に貢献します
解像度	≤ 38 nm
NA	1.35
露光光源	ArF excimer laser（193 nm wavelength）
縮小倍率	1 : 4
最大露光範囲	26 mm × 33 mm
スループット	≥ 200 wafers/hour（125 shots）
ご注意	本製品および製品の技術（ソフトウェアを含む）は「外国為替および外国貿易法」に定める規制貨物等（特定技術を含む）に該当します。輸出する場合には政府許可取得等適正な手続きをお取りください

	ArF 液浸スキャナー NSR-S322F
製品紹介	NSR-S322F は、液浸装置で実績のある Streamlign Platform を搭載するとともに、重ね合わせ精度と生産性のさらなる向上を実現。お客様の生産ラインにおいて、高精度化と安定量産のニーズに応えます
解像度	≤ 65 nm
NA	0.92
露光光源	ArF excimer laser（193 nm wavelength）
縮小倍率	1 : 4
最大露光範囲	26 mm × 33 mm
スループット	≥ 230 wafers/hour（96 shots）
ご注意	本製品および製品の技術（ソフトウェアを含む）は「外国為替および外国貿易法」に定める規制貨物等（特定技術を含む）に該当します。輸出する場合には政府許可取得等適正な手続きをお取りください

	ArF 液浸スキャナー NSR-S220D
製品紹介	NSR-S220D は、スループット毎時 230 枚以上、装置間重ね合わせ精度 6?nm 以下を実現した KrF スキャナーです。 拡張性のある Streamlign Platform は、複数世代にわたる先端デバイスの安定量産と CoO（Cost?of?Ownership）低減に貢献します
解像度	≤ 110 nm
NA	0.82
露光光源	ArF excimer laser（248 nm wavelength）
縮小倍率	1 : 4
最大露光範囲	26 mm × 33 mm
スループット	≥ 230 wafers/hour（96 shots）
ご注意	本製品および製品の技術（ソフトウェアを含む）は「外国為替および外国貿易法」に定める規制貨物等（特定技術を含む）に該当します。輸出する場合には政府許可取得等適正な手続きをお取りください

续 表

	i線ステッパー NSR-SF155
製品紹介	NSR-SF155」は、次世代DRAMやMPUのノンクリティカルレイア露光に威力を発揮する、i線スキャンフィールドステッパーです。投影レンズを吊り下げ、振動を軽減する「スカイフック構造」をSF150に続いて採用。さらにウェハステージの高速化とチャンバー内の熱対策を実施したことで、300 mmウェハで毎時200枚以上という高スループットを実現しました
解像度	≤ 280 nm
NA	0.62
露光光源	i-line（365 nm wavelength）
縮小倍率	1∶4
最大露光範囲	26 mm × 33 mm
スループット	≥ 200 wafers/hour（76 shots）
ご注意	本製品および製品の技術（ソフトウェアを含む）は「外国為替および外国貿易法」に定める規制貨物等（特定技術を含む）に該当します。輸出する場合には政府許可取得等適正な手続きをお取りください

第三章　中澳公司关于铁矿石的谈判

1. 铁矿石背景知识

　　如今，有一种石头被称为疯狂的石头，这就是铁矿石。何谓铁矿石呢，凡是含有可经济利用的铁元素的矿石叫做铁矿石。铁矿石几乎只作为钢铁生产原材料使用，是钢铁生产企业的重要原材料，生产1吨生铁约需要1.6吨铁矿石。已经发现的含铁矿物有300多种，但具备较好工业价值的主要有磁铁矿、赤铁矿、褐铁矿和菱铁矿等。铁矿石的品位指的是铁矿石中铁元素的质量分数，通俗来说就是含铁量。比如说，铁矿石的品位为62，指的是其中铁元素的质量分数为62%。铁矿石分为磁铁矿——理论最高品位为72.4%，呈黑灰色，具有磁性，长期风化后可变成赤铁矿；赤铁矿——理论最高品位为70%，呈暗红色，是最主要的铁矿石；褐铁矿——含有氢氧化铁的矿石，是针铁矿和磷铁矿的统称，理论最高品位为62%，多半存在其他铁矿石中；菱铁矿——含有碳酸亚铁的矿石，理论最高品位为48.3%，呈青灰色。

　　根据物理形态不同，铁矿石分为原矿、块矿、粉矿、精矿、烧结矿和球团矿等。大部分矿石都不能达到冶炼对炉料的要求直接入炉，因此必须经过一定的加工处理。铁矿石企业生产线的主要制作流程包括采、选和造块等基本环节。块矿是可以直接入炉的高品位矿，粉矿和精矿需人工造块后才能投入高炉。其中，粉矿是生产烧结矿的主要原料，精矿是生产球团矿的主要原料，杂质（如硫、磷、铅、砷、锌、铜等有害元素）的含量越低越好，一般要求硫的含量为0.10%—0.19%，磷的含量为0.05%—0.09%，铅的含量为0.1%，砷的含量为0.04%—0.07%，锌的含量为0.1%—0.2%，铜的含量为0.1%—0.2%。基于现货市场的需求，铁矿石期货交易标的物选择为粉矿。

　　中国总体而言，烧结矿在炉料中占有主导地位，一般在70%—85%，球团矿配比在10%—15%，天然块矿在10%以下。部分企业如八一、韶钢、重钢等企业的球团矿配比在30%—60%，欧洲钢厂球团矿比例很高，一般为35%—70%，个别的达到了90%—100%。

　　中国的铁矿石蕴藏量居世界第四位，占比8%，仅次于澳大利亚（30%）、巴西（15%）和俄罗斯。但是中国的铁矿石非常分散，大矿少，矿石的质量差，在市场上铁矿石的贸易标准是60%以上含铁量的矿石粉，而我国的铁矿石大多都是含铁量35%左右的贫矿，中国的铁矿很多是位于山区，在较深的地下。总体而言，中国铁矿资源有两个特点：一是贫矿多，贫矿资源储量占总量的80%；二是多元素共生的复合矿石较多。此外矿体复杂；有些贫铁矿床上部为赤铁矿，下部为磁铁矿。然而澳大利亚和巴西的矿却不同，都是整片地面的露天矿和矿石山。而且澳大利亚和巴西的铁矿石含铁量都在50%以上，45%以下的矿石在澳大利亚和巴西都只能是拿来在矿山铺路用的。高质量的矿石粉末，才能在高炉里面直接烧成铁水，而过低的含铁量，同时杂质的种类多，使得国内矿石大多不能直接使用，必须把矿石直接粉碎，然后再经过选矿，制成60%以上的铁精粉才能使用。这样做会增加产品的成本，而且破坏环境，增加污染。因为开采困难，中国的铁矿石开采成本比全球平均成本要高出一倍多，在全世界产钢国里面是最贵的。即使铁矿石价格上涨，为了保护生态环境，国内铁矿石产量这些年足足下降了一半。同时，钢铁产量是节节攀升。截止到目前，全球最大的铁矿石在澳大利亚和巴西，全球八大铁矿山的信息如表3-1：

表3-1 全球八大铁矿山的部分信息

铁矿名称	所属公司	铁矿山具体组成	品位	产量/年
哈默斯利铁矿	力拓	西澳九座铁矿	未披露	未披露
卡拉加斯矿山	淡水河谷	多座矿山组成	66%	1.3亿吨
纽曼铁矿	必和必拓		63%	1亿吨
奇切斯特中心	FMG	圣诞湾和断云两座铁矿	未披露	9 000万吨
杨迪铁矿	必和必拓		58%	8 000万吨
所罗门中心	FMG	火尾和国王两座在产矿	未披露	7 000万吨
C区铁矿	必和必拓		未披露	6 000万吨
Hope Downs	力拓		62%	4 300万吨

这一切使得中国在2020年铁矿石的进口量接近12亿吨，这个数字占了全世界所有铁矿石出口量的70%，也就是说，全世界能卖的铁矿石超过三分之二是中国的5 000多家公司买的。也就是说，中国垄断了铁矿石的国际贸易买方。全世界的铁矿石的分布也非常不平均，澳大利亚和巴西是全球最大的铁矿石出口国，两国的铁矿石出口量，占了全球总出口量的75%，其中，澳大利亚一家就占了一半以上，中国每年进口的铁矿62%都来自澳大利亚，21%来自巴西，南非占比5%左右，印度占比3%左右，马

来西亚 2%，秘鲁 2%。由此可见，澳大利亚和巴西垄断了铁矿石的国际贸易卖方。澳大利亚和巴西的铁矿石基本都在四大矿商手里，也就是著名的巴西的淡水河谷、澳洲的必和必拓、力拓和 FMG，这四大矿商的铁矿石产量占了全球的 50%。中国近五年的铁矿石进口数据如图 3-1：

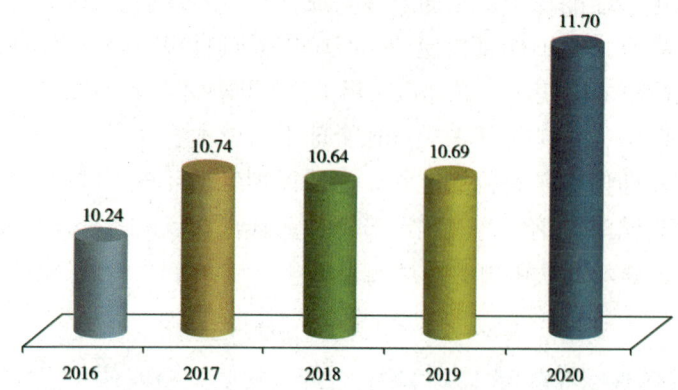

图 3-1　中国从 2016 年到 2020 年进口铁矿石总量（单位：亿吨）

中国从国外进口的铁矿石数量最近五年变化不是很大，但是每年价格都在不断地攀升，从表 3-2 可以更加清晰地看出其中的差别。

表 3-2　中国 2016 年到 2020 年进口铁矿石总量、总价及均价

年份	进口总量	进口总价	进口均价
2016	10.24 亿吨	577.74 亿美元	56.42 美元/干吨
2017	10.74 亿吨	757.17 亿美元	70.5 美元/干吨
2018	10.64 亿吨	734.16 亿美元	69 美元/干吨
2019	10.69 亿吨	1 014.6 亿美元	94.8 美元/干吨
2020	11.70 亿吨	1 189.44 亿美元	101.7 美元/干吨

中国进口的铁矿石到岸港口比较集中。到港量最大的为宁波舟山港，2018 年累计到港 1.85 亿吨，占全国总到港量的 18.1%；紧随其后的是日照港（含岚山）的 1.41 亿吨和曹妃甸港的 1.09 亿吨；另外，天津港、京唐港和青岛港到港量均在 9 000 万吨左右；连云港、黄骅港和防城港为 3 000 万—5 000 万吨。

除此之外，中国从其他国家和地区进口的铁矿石价格也因运费不同而有差异，2016 年，澳大利亚平均进口海运费为 12.77 美元/吨，巴西平均进口海运费为 15.04 美元/吨，南非平均进口海运费为 12.48 美元/吨，缅甸平均进口海运费为 3.48 美元/吨，

印度平均进口海运费为 14.9 美元/吨，印尼平均进口海运费为 9.62 美元/吨。当然，运费的价格也会出现比较大的变化，在谈判中，应以实际的年份的运费价格为主。

2. 买方和卖方基本信息

2.1 买方信息：宝钢股份

宝钢股份（全称宝山钢铁股份有限公司）是全球领先的现代化钢铁联合企业，是《财富》世界 500 强中国宝武钢铁集团有限公司的核心企业。2000 年 2 月，宝钢股份由上海宝钢集团公司独家创立；同年 12 月，在上海证券交易所上市（证券代码：600019），共发行 222.7 亿股，国务院国有资产监督管理委员会是其最大股东，通过其 90% 控股的中国宝武钢铁集团直接持有宝钢股份 48.56% 的股份，中国宝武钢铁集团分别通过华宝投资和武钢集团持有宝钢股份 0.34% 和 13.39% 的股权。2017 年 2 月，完成吸收合并武钢股份后，宝钢股份拥有上海宝山、武汉青山、湛江东山、南京梅山等主要制造基地，在全球上市钢铁企业中粗钢产量排名第二、汽车板产量排名第三、取向电工钢产量排名第一，是全球碳钢品种最为齐全的钢铁企业之一。

宝钢股份的铁矿石分为国内采购的铁矿石和国外采购的铁矿石，从过去的采购情况来看，宝钢股份的铁矿石采购主要来自国外的采购。必和必拓、力拓、淡水河谷、FMG 及英美资源等五家铁矿石生产商是宝钢股份铁矿石的主要来源。表 3-3 可以看到宝钢股份过去四年的采购情况。

表 3-3　宝钢股份近四年国内外采购量和采购总额情况

项目	2017 年	2018 年	2019 年	2020 年
国内采购量（吨）	4 410 000	330 000	5 224 787	7 288 164
国外采购量（吨）	67 810 000	70 760 000	74 104 497	68 540 367
国内采购总额（亿元）	29.76	1.36	40.71	59.59
国外采购总额（亿元）	368.11	383.87	469.52	485.49

宝钢股份位于钢铁产业链的中游，它的上游是铁矿石等原材料供应商，下游的客户是建筑公司等。在过去的五年里，宝钢股份的营业收入、净利润从 2016 年到 2018 年持续稳定增长，当然，在这期间，营业成本也支出更多。然而，从 2019 年到 2020 年，营业收入开始转跌，因为疫情的影响，2020 年的营业收入跌破 2017 年的 2 891 亿元，跌至 2 837 亿元，净利润也大幅下滑，从 230 亿元跌至 139 亿元左右，营业成本则一直徘徊在 2 500 亿元左右。

从表 3-4 可以看出，宝钢股份的利润略高于全国钢铁行业 2.64% 的平均利润率。

表 3-4 宝钢股份近五年的营业收入、成本与净利润（单位：亿元）

年份	营业收入	营业成本	净利润
2016	2 462	2 182	93.39
2017	2 891	2 484	204
2018	3 051	2 594	230.4
2019	2 916	2 599	138.7
2020	2 837	2 529	139.9

宝钢股份的钢铁制造成本主要包括原燃料和其他，在2018年、2019年、2020年中原燃料占比最大，达到了70%多，其他项目占到了30%左右。如表3-5：

表 3-5 宝钢股份近三年的成本分析情况

名称	成本情况	2018年		2019年		2020年	
分行业	成本构成项目	金额（亿元）	占总成本的比例（%）	金额（亿元）	占总成本的比例（%）	金额（亿元）	占总成本的比例（%）
钢铁制造	原燃料	1 307.02	70.7	1 442.24	73.1	1 403.71	72.7
	其他	540.79	29.3	531.35	26.9	527.27	27.3
	合计	1 847.81	100.0	1 973.59	100.0	1 930.98	100.0

宝钢股份的产品如果按照加工工艺区分，可以分为冷轧钢材、热轧钢材、钢管产品、长材产品和其他钢铁产品。冷轧碳钢板卷和热轧碳钢板卷是宝钢股份的主要产品及主要收入来源。如果考虑到生产1吨钢需要消耗1.61吨左右的铁矿石，那么宝钢股份的2019年和2020年铁矿石的成本占宝钢股份钢产品成本分别是23%和26%左右，占热轧钢材的成本（更接近初钢产品的成本）为28%和32%左右，也与日常所说铁矿石成本大致占钢材成本的30%相吻合。如表3-6和表3-7：

表 3-6 宝钢股份主营业务分产品情况（单位：亿元）

名称	2019年		2020年	
分产品	营业收入	营业成本	营业收入	营业成本
冷轧碳钢板卷	863.51	771.2	878.04	758.71
热轧碳钢板卷	753.54	676.39	690.08	612.31
钢管产品	141.12	124.30	115.31	109.13
长材产品	82.24	65.99	79.07	67.54
其他钢铁产品	174.32	148.83	203.43	181.3
合计	2 014.73	1 786.71	1 965.93	1 728.99

表 3-7 宝钢股份主营业务分产品销量情况（单位：万吨）

名称	2019 年		2020 年	
分产品	生产量	销售量	生产量	销售量
冷轧碳钢板卷	1 776	1 781	1 798	1 799
热轧碳钢板卷	2 082	2 017	1 861	1 896
钢管产品	218	219	202	198
长材产品	198	197	195	195
其他钢铁产品	414	414	507	509
合计	4 687	4 719	4 562	4 598

2.2 卖方信息：必和必拓

必和必拓（BHP Billiton Goup）是全球第三大矿业公司，第一大矿业公司是巴西的淡水河谷（Vale）、位列第二位的是英国的力拓（Rio Tinto），澳大利亚的 FMG 公司作为后起之秀，迅速地坐上全球第四大铁矿石公司的交椅。必和必拓由 Billiton 和 BHP 合并组成，Billiton 公司 1860 年成立于荷兰，BHP 于 1885 年成立，总部设在澳大利亚的墨尔本，BHP 和 Billiton 于 2001 年合并组成 BHP Billiton Goup，其中 BHP 持股 58%，Billiton 持股 42%。必和必拓的全球总部设在墨尔本。必和必拓在澳大利亚、伦敦和纽约的股票交易所上市。同时，必和必拓也是全球最大的铜矿商之一。必和必拓在双重上市公司结构下运营，拥有两家母公司，一家是 BHP GroupLimited，另一家是 BHP GroupPlc，这两家母公司在外界看来是一个公司，由统一的董事会和管理层负责管理运营。

必和必拓公司的主要产品铁矿石、铜、煤炭、石油，以及其他。西澳铁矿是必和必拓的铁矿石产区，包括 5 个矿山和 4 个加工中心。必和必拓拥有两家动力煤业务，澳大利亚的新能源煤炭公司和哥伦比亚的 Cerrejon 公司，必和必拓考虑剥离其动力煤业务的选择权。目前，必和必拓的营业收入主要来自于铁矿石，占到营业收入的将近一半；其次是铜，也占到了收入的四分之一；煤的收入占营业收入的第三位；第四位是石油；最后是其他的产品。如图 3-2：

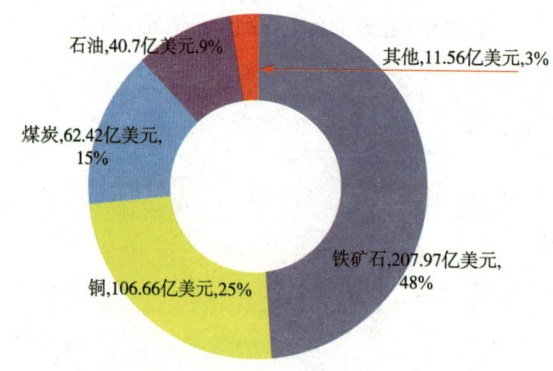

图 3-2 必和必拓的营业收入及占比

澳大利亚的西澳地区面积达到 253 万平方公里，皮尔巴拉地区位于西澳大利亚，该地区占地 50 万平方公里，常住人口 6 万多人，拥有丹皮尔（Dampier）、黑德兰（Hedland）、沃尔科特港、兰伯特港等现代化铁矿石输出港，年吞吐量达 2.5 亿吨。铁矿石的总储量达到 240 亿吨，有超过 26 个铁矿矿山在生产，著名的铁矿有鲸脊山（Mt. Whaleback）、汤姆普拉尔斯山（Mt. Tom Price）、帕拉伯杜查纳（Paraburdoo-Channar）、哈默斯利（Hamersley）、西安吉拉斯（West Angelas）、采矿区 C（Mining Area C）、吉姆布勒巴（Jimblebar）和所罗门（Solomon）等，这里是 PB 粉的主要产区。皮尔巴拉地区的铁矿床主要分布在四大矿区：中南区、Hamersley 区、北皮尔巴拉区和 Kimberly 区。必和必拓公司的矿山也于西澳大利亚的皮尔巴拉地区，分别是纽曼、杨迪、金布巴和采矿区 C，具体情况如表 3-8：

表 3-8 必和必拓拥有的矿山、处理中心和产品情况

名称	股东	具体位置	产品	品位
纽曼中心	BHP 占 85%，日本三井和伊藤忠占 15%	西澳大利亚皮尔巴拉地区鲸脊山矿体	纽曼粉、块矿（赤铁矿，烧结性能较好）	粉品位 62.5% 左右，块品位 65% 左右
杨迪中心	BHP 占 85%，伊藤忠占 8%，三井占 7%	西澳大利亚皮尔巴拉地区	小杨迪粉（褐铁矿）	品位 58% 左右
金布巴	BHP 占 85%，伊藤忠占 8%，三井 7%	西澳大利亚皮尔巴拉地区	金布巴	—
威拉拉	BHP 占 51%，伊藤忠占 4.8%，三井占 4.2%，马鞍山钢铁占 10%，沙钢占 10%，河北钢铁占 10%，武钢占 10%	西澳大利亚皮尔巴拉地区，威拉拉的矿石处理在金布巴完成	金布巴	—
高尔斯沃斯	BHP 占 85%，伊藤忠占 8%，三井占 7%	包括西澳大利亚皮尔巴拉地区的 C 矿区、亚里（2014 年暂时关闭）和 Nimingarra（2007 年停止运营）	MAC 粉和块	品位 61.5% 左右，供给中国市场多为 58% 左右

续 表

名称	股东	具体位置	产品	品位
POSMAC	BHP 占 65%，伊藤忠占 8%，三井占 7%，POS 占 20%	租用高尔斯沃斯的 C 矿区，生产矿石卖给高尔斯沃斯，并在 C 矿区进行处理		
南弗兰克	BHP 85 占 %，三井占 7%，伊藤忠占 8%	位于 Area C 矿区附近，替代即将关闭的杨迪矿区，生产的铁矿石运到 Area C 中心，预计 2021 年运营		

当然，必和必拓并没有在年报中详细地说明不同产品所含的化学品。因为按照 SEC（证监会）的有关要求，必和必拓只需要将铁矿划分为 BKM，MM，CID 和 NIM，这四类产品有不同的标准。具体的标准如表 3–9：

表 3–9　必和必拓根据 SEC 的标准重新划分的产品（单位：%）

	Fe	Si	Al	P
BKM–Brockman	62.2	3.7	2.3	0.13
MM–Marra Mamba	62.2	2.8	1.6	0.07
CID–Channel Iron Deposits	56.0	6.4	2.1	0.05
NIM–Nimingarra	59	10.1	1.2	0.08

杨迪是 CID；纽曼是 BKM 与 MM 混合产品；金布巴也是 BKM 与 MM 混合产品；MAC 同样；而最后的亚里矿区和 Nimingarra 就是 NIM 产品。所有铁矿石都是运输到黑德兰港。

必和必拓公司的铁矿石主要来自五个矿区，分别是纽曼、矿区 C、杨迪、金布巴和威拉拉，这五个矿区的铁矿石在 2017 年到 2020 年保持稳定的产量，保持在 2.4 亿吨左右。如表 3–10：

表 3–10　必和必拓 2017 年到 2020 年的铁矿石产量（单位：千吨）

矿区	2017 年	2018 年	2019 年	2020 年
纽曼	68 283	67 071	66 622	65 641
矿区 C	48 744	51 517	47 440	51 499
杨迪	65 355	64 048	65 197	69 262
金布巴	21 950	30 627	58 546	61 754

续 表

矿区	2017年	2018年	2019年	2020年
威拉拉	27 020	25 158	159	3
总产量	231 352	238 421	237 964	248 159
矿块	56 191	58 207	58 205	63 636
矿粉	175 017	178 564	180 631	186 962
总销量	231 208	235 771	238 836	250 598

铁矿石的成本制约着铁矿石的离岸价格和到岸价格。必和必拓进口铁矿石到岸成本主要包括两个部分，分别是离岸现金成本和海运成本。其中离岸现金成本的组成部分包括采矿成本、选矿成本、管理和维护费、特许权使用费和矿区到港口运费。中国到岸现金成本则是在离岸现金成本的基础上加上到青岛港海运费；该成本数据仅为现金成本，实际的成本肯定要高出这一成本，因为实际成本还应包含必和必拓的融资费用（利息支出）、折旧费用。如表3-11：

表3-11　必和必拓2016年到2020年到岸现金成本情况（单位：美元/湿吨）

年份	采矿成本	选矿成本	管理和维护费	特许权使用费	矿区到港口运费	离岸现金成本	到青岛港海运费	中国到岸现金成本
2016	9.45	2.18	1.29	4.05	3.35	20.32	4.37	24.69
2017	8.84	1.97	1.2	4.56	3.32	19.88	5.49	25.37
2018	7.98	1.77	1.08	4.27	3.33	18.43	6.60	25.03
2019	7.54	1.64	3.30	6.10	3.38	21.96	5.71	27.67
2020	7.95	1.82	1.01	5.52	2.34	18.64	6.60	25.24

2020年，国际四大矿铁矿石离岸现金成本均非常低，基本处于20美元/吨左右。淡水河谷铁矿石平均离岸现金成本为20.76美元/吨；力拓22.61美元/吨；FMG为17.51美元/吨；必和必拓18.64美元/吨。必和必拓的铁矿石成本和其他铁矿石巨头相比，在2020年具有一定优势。

必和必拓和其他三家铁矿石巨头一样，因为成本的低廉，毛利率可以达到30%左右，这是一般的钢铁行业可望而不可即的，必和必拓的毛利润远高于中国钢铁行业2.64%的平均利润率。如图3-3：

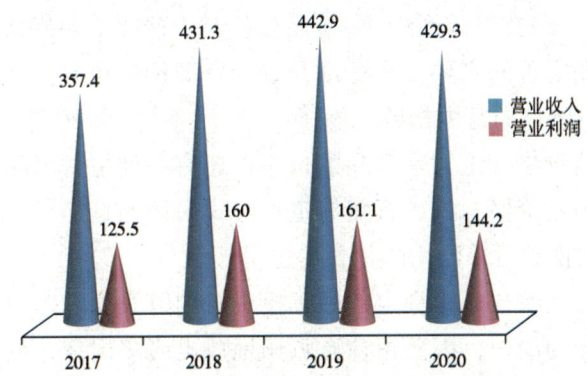

图 3-3　必和必拓 2017 年到 2020 年营业收入和营业利润情况（单位：亿美元）

2.3　谈判动因

铁矿石的定价经过了三个阶段。首先，20 世纪 70 年代之前，美国是全球最大的铁矿石消费国，也是最大的买家，因为美国的钢铁企业投资了大量的海外铁矿石企业，所以，美国公司具有铁矿石的定价权。第二个阶段是 20 世纪 70 年代后，日本取代美国成为全球铁矿石的最大买家。日本政府把国内钢厂组织起来，成立了一个一致对外的价格联盟进行铁矿石采购谈判。与此同时，三大矿商也成立了价格联盟，开始和日本的钢厂联盟对抗，经过多轮谈判，最终确定了此后运行了三十年的国际铁矿石长协年度谈判机制。长协机制模式下，淡水河谷、力拓、必和必拓和全球的大钢厂每年进行一次价格谈判，只要有任意一家钢厂与三大矿商中的任意一家谈判成功，这一年的铁矿石价格谈判就结束了，国际铁矿石的价格就要以此为准。

第三个阶段，中国成为全球铁矿石的最大买家。然而，中国作为世界上铁矿石进口的最大需求国，却没有掌控铁矿石的定价权。2020 年 12 月铁矿石大涨后，中国钢铁协会再次与必和必拓进行了沟通，不过结果仍旧是无疾而终。目前，国际市场上的大宗商品贸易定价方式主要有两种：一种是以作为全球定价中心的国际期货市场的期货合约价格为基准价格来确定国际贸易价格。在国际市场上有影响力的铁矿石现货指数主要有四个：一是普氏能源资讯（Platts）的普氏 62% 指数，二是环球钢讯（SBB）的 TSI 指数，三是金属导报（MB）的 MBIO 指数，四是中国铁矿石价格指数。由于四个指数的编制方法不同，报价也就不尽相同，甚至趋势方向也不一样。普氏 62% 指数的 62 指的是铁品位，这个指数针对粉矿价格，也就是说 62 铁品位矿到中国北方港口的 CFR 价格，是包含海运费的。如果是块矿，相应的每个铁品位的价格还要加上块矿溢价。普氏指数是将矿山、贸易商、钢厂、货运商、金融机构等作为询价对象，每天普氏的编辑人员都会与他们联系，询问当天的交易情况和对价格怎么看，最终选出被认为在当天最有竞争力的价格作为"评估价格"。TSI 的分析师通过整理计算和给予钢厂、矿山和贸易商同样的权重，最终归纳成两种品位（62% 和 58%）的进口铁矿石到天津港的到岸价。MBIO 指数则是以中国青岛港（CFR）62% 品位铁矿石为基准，将所有 56%—68% 品位铁矿石折合为 62% 品位。对于这四个期货指数，力拓在内的国际铁矿石供应商短期定价的主要参照标准是普氏资源价格指数，因此，普氏价格指数被认为是决定铁矿石价格的官方指数。

除了以期货合约价格确定大宗商品的价格，还有一种是由国际市场上的主要供需方进行商业谈判以确定价格。铁矿石贸易定价方式采用的是期货合约定价和长协定价相结合。宝钢股份的铁矿石采购用的是长协定价。

澳洲矿山公司、利益与矿山绑定的国际投资机构以及国内多数贸易企业希望看到铁矿石获得更多上涨的局面，因而正在有意识地放出诸多谣言，烘托现货市场，为谈判造势，同时也观察市场反应。

3. 买方与卖方的谈判目标

3.1 宝钢股份的谈判目标

宝钢所需的铁矿石来源主要分为自有铁矿石资源、国内采购和国外采购三部分。宝钢股份国外进口铁矿石占绝对主导地位，所以，铁矿石的采购谈判对于宝钢来说非常重要。宝钢股份在此次的谈判当中，把注意力集中在了铁矿石品位、采购价格、采购量、合同时间、付款方式等谈判条款上。

首先，焦炭价格的大幅上涨（将近 100%）必然会引起钢材的成本大幅上升，为了降低焦炭价格上涨带来的成本压力，钢厂需要不断提高铁矿石的入炉品位（入炉品位每增加 1%，焦比下降 2%，铁水产量增加 3%）。所以，宝钢股份对于此次的采购标的铁矿石的品位有着很高的要求。

其次，价格谈判。宝钢股份的营业利润长期徘徊在 4% 左右，和必和必拓的利润相比，简直不值一提。考虑到中国铁矿开采成本（不含运费）是每吨 80 美元到 110 美元之间，再结合国外铁矿的进口价格，如图 3-4，宝钢股份需要制定出合理的价格。除此之外，宝钢股份还需结合本公司往年的铁矿石进口量来制定出今年的采购总量。

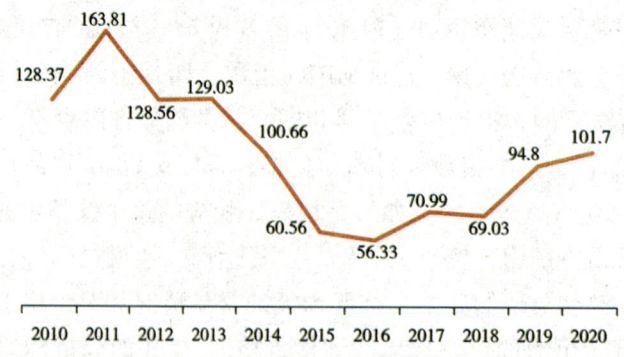

图 3-4　中国从 2010 年到 2020 年进口铁矿石均价（单位：美元 / 湿吨）

第三，时间。从不同品位价差来看，高低品位铁矿石价差总体保持不断增加的趋势。比如，65%与62%品位干基国产铁精矿含税价差从45元/吨增加至70元/吨；62%与58%品位直接进口干基粉矿到岸价差从9美元/吨的最低点增加至14美元/吨左右；62%与58%品位现货贸易进口干基粉矿价差则在90—130元/吨之间波动，且价差走势与铁矿石价格呈现"同上同下、同增同减"的特点。此外，高、低品位铁矿石价差扩大趋势更为明显。而价格大幅波动不利于钢铁企业控制成本，亦不利于矿山企业的生产组织。所以，宝钢股份希望此次谈判能够以固定的价格签订两年的合同。当然，宝钢股份也打算利用几内亚的西芒杜铁矿为筹码以此说服必和必拓接受这一打破常规的做法。除此之外，宝钢股份还需要结合表3-12、表3-13、表3-14和表3-15提供的信息来确定铁矿石具体的价格。

表3-12 四大铁矿石生产商2016年成本之折旧、利息支出和资本支出情况（美元/吨）

名称	淡水河谷	力拓	必和必拓	FMG
折旧	4.09	4.76	3.4	7.46
利息支出	-3.61	1.44	1.14	2.75
资本支出	3.2	2.51	0.56	0.82

表3-13 2016—2020年淡水河谷铁矿石中国到岸现金成本（美元/吨）

年份	采矿成本	选矿成本	管理和维护费	特许权使用费	矿区到港口运费	离岸现金成本	到青岛港海运费	中国到岸现金成本
2016	4.83	2.66	0.75	1.03	6.11	15.38	12.85	28.23
2017	4.95	3.22	0.85	1.51	6.99	17.52	17.98	35.5
2018	4.32	2.86	0.79	2.33	6.60	16.90	21.79	38.69
2019	5.57	3.31	0.98	2.96	6.72	19.54	18.68	38.22
2020	6.47	3.61	1.03	3.21	6.44	20.76	15.70	36.46

表 3-14　2016—2020 年力拓铁矿石中国到岸现金成本（美元／吨）

年份	采矿成本	选矿成本	管理和维护费	特许权使用费	矿区到港口运费	离岸现金成本	到青岛港海运费	中国到岸现金成本
2016	8.68	2.50	1.24	3.95	3.41	19.79	5.79	25.58
2017	8.44	2.49	1.20	4.66	3.42	20.20	7.58	27.78
2018	8.65	2.59	1.25	4.23	3.37	20.10	9.27	29.37
2019	9.28	2.85	1.43	5.64	3.43	22.63	7.93	30.56
2020	9.54	2.99	1.39	5.73	2.96	22.61	6.83	29.44

表 3-15　2016—2020 年 FMG 铁矿石中国到岸现金成本（美元／吨）

年份	采矿成本	选矿成本	管理和维护费	特许权使用费	矿区到港口运费	离岸现金成本	到青岛港海运费	中国到岸现金成本
2016	8.74	2.46	1.20	3.48	2.92	18.83	5.73	24.56
2017	6.70	1.87	0.95	3.06	2.98	15.56	7.47	23.03
2018	7.24	1.86	1.01	2.8	3.03	15.95	9.23	25.18
2019	7.95	1.82	1.01	5.52	2.34	18.64	7.83	26.47
2020	7.34	1.64	1.00	5.29	2.24	17.51	8.06	25.57

最后，宝钢股份打算尝试使用区块链等数字化新技术来完成此次交易，这样可以提高交易双方的业务效率，实现无纸化贸易，增强整个供应链的灵活性。区块链技术下的铁矿石交易涵盖了包括合同条款执行、付款通知、数字文件交换和实时货物可见性（数量、质量和地点）等在内的交易后流程，这种新型的交易避免了在全球贸易中，纸质文件（如货运单据、银行信用证单据等）经常存在丢失、损坏、伪造、交换效率低等一系列问题，并且能够显著提高效率，对于国际贸易中很重要的银行信用证单据及线下银行流程等，至少需要 5—10 天的处理周期，而现在实现了全程线上处理，24 小时内即可完成。对于支付方式，宝钢股份打算使用人民币做为支付货币。

当然，宝钢股份也需要完成其他的谈判条款。

3.2 必和必拓的谈判目标

必和必拓并不是第一次和宝钢合作了，虽然在过去的合作中，铁矿石价格的上涨让双方在谈判桌上激烈地角逐，甚至产生不愉快的感觉，但是，铁矿石将双方牢牢地绑在一起，合作仍然是主流。必和必拓此次的谈判主要包括以下几个方面。

第一，铁矿石的价格。

必和必拓的谈判团队认为，铁矿石的价格是变动的，不是一成不变的。铁矿石成本受一系列因素影响，如矿山开采设备价格、人工成本、开采所需水电价格、相关税费，以及海运费用等均会影响铁矿石到岸成本，从而对矿石市场价格造成影响。铁矿石是国际大宗贸易商品，其价格受各种政策因素影响，除此之外，政策因素，如产地国的进出口政策、进口国关税政策以及消费国的钢铁产业发展政策等均会对铁矿石价格造成影响。产能变化，铁矿石的产能及产量的增长与减少对市场价格有影响。下游需求变化，铁矿石的市场价格同样也会随着下游需求的变化而波动。替代产品价格，当铁矿石市场价格较高而替代产品如废钢价格相对较低时，会影响价格走低。从工艺流程来看，废钢和铁矿石同是最终钢铁产品中铁元素的来源。长流程转炉炼钢的主要原料是铁矿石、焦煤、石灰石跟少量废钢，而短流程的主要原料则是废钢和少量生铁。因此，废钢是唯一能够替代铁矿石的原料。一吨废钢可炼钢约 0.8 吨，节约铁矿石 2 至 3 吨，节约焦炭 1 吨，并分别降低废气、废水和废渣排放 86%、76% 和 97%。理论上，短流程比长流程炼钢成本要高 300—500 元/吨，但价差过大或者过低时，便会发生相应的替代作用。最后，库存变化也会影响价格，如地区库存量升高，贸易商愿意出货，价格会走低；地区库存量不足，贸易商囤货，将推动价格走高。如图 3-5：

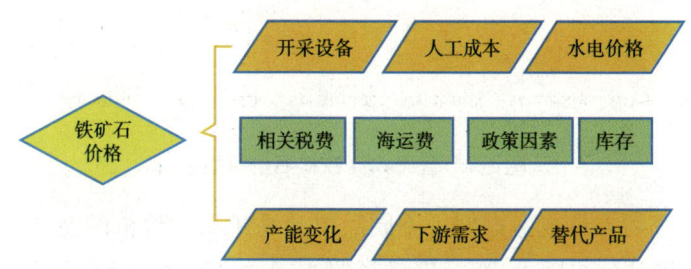

图 3-5　铁矿石价格变化的影响因素

目前，巴西淡水河谷也遭受矿难和疫情双重影响，产量急剧下降，在接下来几年几乎不可能恢复生产，其他铁矿来源国比如印度、伊朗和南非几乎全线停产。即使是铁矿石的三大铁矿巨头的产地澳大利亚也遭受飓风的困扰，造成产量的影响以及竞争对手力拓的减产。而且，大量企业依然招不到工人，在澳大利亚最大的招聘网站 seek 中，可以看到矿业、资源与能源中有 5 159 个岗位在招聘，包括钻工、自卸车操作员、泵钳工等，并且主要工作地基本都在西澳，这也会导致人工成本的上升。

然而，铁矿石的需求非常旺盛。随着全球制造业的复苏，世界钢铁需求不断扩大，全球钢材供应出现紧缺的状况，加之钢价的暴涨，根据世界钢铁协会的数据，德国热轧卷板的价格是 1 226 美元 / 吨，美国热轧卷板价格是 1 644 美元 / 吨。

必和必拓认为，即使价格上涨，自己公司的铁矿石仍然具有很大的优势。如果与来自印度、南非、加拿大等地的非主流矿的铁矿石相比，这些公司的来源地分散，供应不稳定，矿石品位和成分杂乱，成本优势不明显。而且，中国国内的铁矿石成本大概低点在 40 美元 / 吨，高点在 110 美元 / 吨，平均价格在约 75 美元 / 吨，国产铁矿石 62% 品位干基铁精矿含税价格为 614.84 元 / 吨，环比每吨上升 0.34 元，比进口铁矿石高 19.13 元 / 吨，升幅为 3.21%；国产铁矿石 65% 品位干基铁精矿含税价格为 687.37 元 / 吨，环比每吨上升 0.40 元，升幅为 0.06%。

而澳大利亚的铁矿石含铁量很高，品质很高，每吨产出的钢铁更多，而且硫、磷、砷等杂质相对较少，造成的污染也更低。

必和必拓的优势远不止如此。比如，澳大利亚和巴西到中国的运输时间，澳大利亚只需要 1—2 周左右的时间就可以到达中国港口，而巴西则需要 3—4 周的时间。如果把这些优势加在一起，再结合国际四大铁矿石巨头所使用的主要参考标准普氏 62% 铁矿石价格指数，如图 3-6，该指数显示目前的铁矿石价格是 218 美元 / 吨，必和必拓的涨价似乎合乎情理。

图 3-6　普氏 62% 铁矿石价格指数

必和必拓的谈判人员也考虑到了不同品位的铁矿石的价格的差异，但是，这也是有例可循，通常铁品位每降低 1%，价格降低 40.2 元 / 吨，合 5.9 美元 / 吨；铁水通常以 8% 为标准，每升高 1%，价格下降 8 元 / 吨，合 1.2 美元 / 吨；SiO_2 每升高 1%，价格下降 7.1 元 / 吨，合 1.1 美元 / 吨；Al_2O_3 每升高 1%，价格下降 5.9 元 / 吨，合 0.9 美元 / 吨；此外还要考虑碱度、P、S、烧损等对价格的影响，如果这些微量元素严重超标，价格也会大打折扣。

第二，必和必拓对亚洲钢厂出售铁矿石时征收海运费，用到岸价（CIF）取代离岸价（FOB），以获得更高的利润。在此次和宝钢股份的谈判中，必和必拓也希望使用到岸价，而不是离岸价。

针对宝钢股份关心的铁矿石原材料上涨的问题，必和必拓建议中方提高铁矿石的利用率，学习日本等国炼钢技术，以此来抵消铁矿石价格上涨的成本。除此之外，也可以加大废钢的回收使用力度，目前，中国每年新炼的钢铁里面只有11%是废钢的再回收，而世界的平均水平是36%，可见，中国的钢厂还有很大的提升空间。

第二部分
租赁谈判案例

第四章　中美公司关于咖啡店铺租赁的谈判

1. 大型超市的背景

世界三大饮料是茶、可可和咖啡。咖啡领域的竞争尤为激烈，涌现出了很多世界知名咖啡公司。星巴克作为咖啡品牌的领头羊，也面临着诸多越来越强大的竞争对手，比如英国的 Costa，意大利的 Illy、Lavazza、Tormoka，美国的 Blue Bottle、Maxwell House、Folgers、Diedrich、Mccafe，日本的 Doutor、UCC，德国的 Tchibo，加拿大的 Second Cup 和中国的上岛咖啡、瑞幸咖啡等。

伦敦国际咖啡组织统计数据显示，与全球咖啡市场的 2% 的平均增速相比，中国咖啡市场规模每年的增长速度是 15%，几乎是全球咖啡市场增速的 7.5 倍。中国市场速溶、即饮和现磨三大类产品的比例未来将转变为 1∶2∶7。这也意味着现磨咖啡在中国市场发展前途非常大。星巴克、Costa 等世界知名咖啡公司等都不约而同地选择进入中国市场，在一二三四线城市开设各种类型的咖啡店。

2. 出租方和承租方基本信息

2.1 出租方信息：华润置地

华润置地的注册地是英属开曼群岛，其前身是于1938年在香港成立的"联和行"。1948年联和进出口公司改组更名为华润公司。1952年隶属关系由中共中央办公厅转为中央贸易部（现为商务部）。1983年改组成立华润（集团）有限公司。1999年12月，与外经贸部脱钩，列为中央管理。2003年归属国务院国资委直接监管，被列为国有重点骨干企业。

华润的业务涵盖大消费、大健康、城市建设与运营、能源服务、科技与金融五大领域，下设7大战略业务单元、19家一级利润中心、1家直属机构，实体企业近2 000家，在职员工37.1万人。所属企业中有8家在港上市，其中华润置地位列香港恒生指数成分股。目前，华润零售、啤酒、燃气、商业地产、制药和医疗等经营规模在全国位居前列。电力、水泥业务的经营业绩、经营效率在行业中表现突出。华润置地是中国内地实力雄厚的综合地产开发商之一。雪花、怡宝、华润万家、万象城、999、双鹤、东阿阿胶、江中等是享誉全国的知名品牌。华润置地的经营情况如表4–1，主营业务收入如图 4-1：

表 4-1　华润置地 2016 年到 2020 年财务情况（单位：亿元）

名称	2016 年	2017 年	2018 年	2019 年	2020 年
营业收入	977.95	991.29	1 211.89	1 477.36	1 795.87
销售成本	647.97	592.25	686.07	917.36	1 241.72
毛利	329.98	399.04	525.82	560.00	554.15
税前利润	343.38	385.31	517.26	609.94	601.72

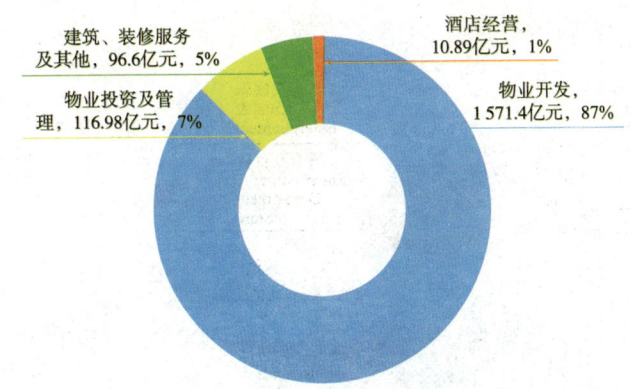

图 4-1　华润置地业务板块情况

华润置地的主营业务物业开发贡献了 87% 的营业收入，无论是合同销售金额、合同销售建筑面积，还是合同销售平均售价，都取得了良好的增长，如表 4-2：

表 4-2　华润置地 2019 年和 2020 年合同销售表现

名称	2019 年	2020 年
合同销售金额（亿元）	2 425.0	2 850.3
合同销售建筑面积（百万 m²）	13.25	14.19
合同销售平均售价（元 /m²）	18 304	20 091

华润置地的物业投资及管理集中在购物中心业务、写字楼业务及酒店业务。在租金收入方面，华润置地的租金收入占比超七成来自于购物中心业务，收入贡献前三甲均出自万象城系列。2018年的财报显示，万象城/万象天地汇合计租金收入57.19亿元，贡献前三名分别为深圳万象城、沈阳万象城、南宁万象城。

华润置地有三条产品线，分别是万象城，位于城市现在或未来的中心，是一个高端城市综合体；万象汇，位于一二线城市副中心的区域商业中心；万象天地，在2017年面世，以"街区+mall"的组合形态呈现的商业创新产品。华润置地打造的万象城、万象汇和万象天地系列产品集购物、餐饮、娱乐及文化运动为一体，为客人提供多功能、多主题的崭新生活方式和购物体验。其中，万象城包括深圳万象城、杭州万象城、洛阳万象城、成都万象城、南宁万象城、重庆万象城、厦门万象城等22个，万象汇、五彩城12个；大厦及写字楼共11个；经营管理9个酒店。这些万象城系列产品的租户构成主要包括服装、餐饮、儿童及娱乐、超市及百货、家用及个人护理、其他等。以深圳万象城为例，租户构成如图4-2：

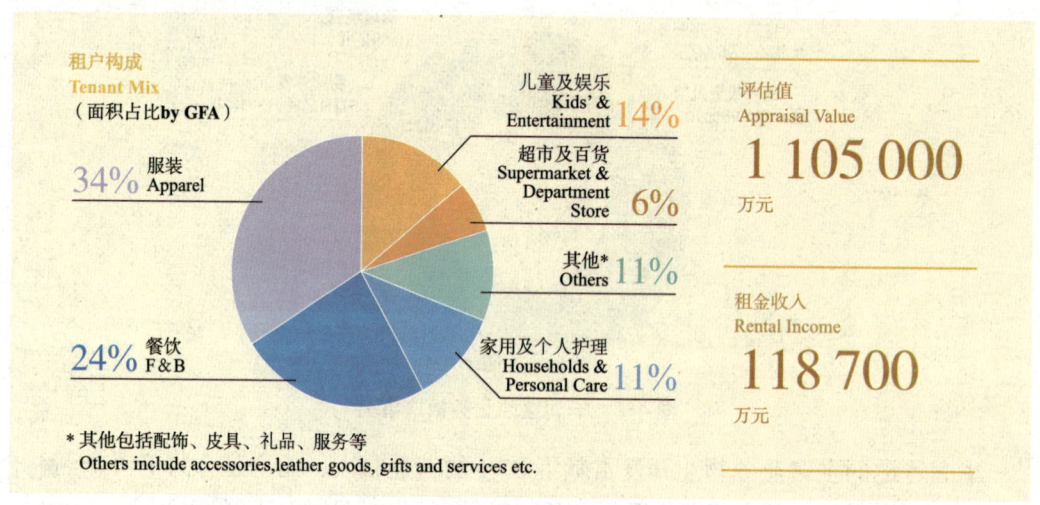

图4-2 深圳万象城租户构成

华润置地的万象汇主要有宁波钱湖万象汇和沈阳长白万象汇。华润万象天地是华润置地旗下创新孵化产品，第一个万象天地是深圳万象天地。深圳万象天地从南向北，依次是mall、高街（时尚街）、里巷（餐饮街），在项目西南角上是多家独栋旗舰店。规划如图4-3：

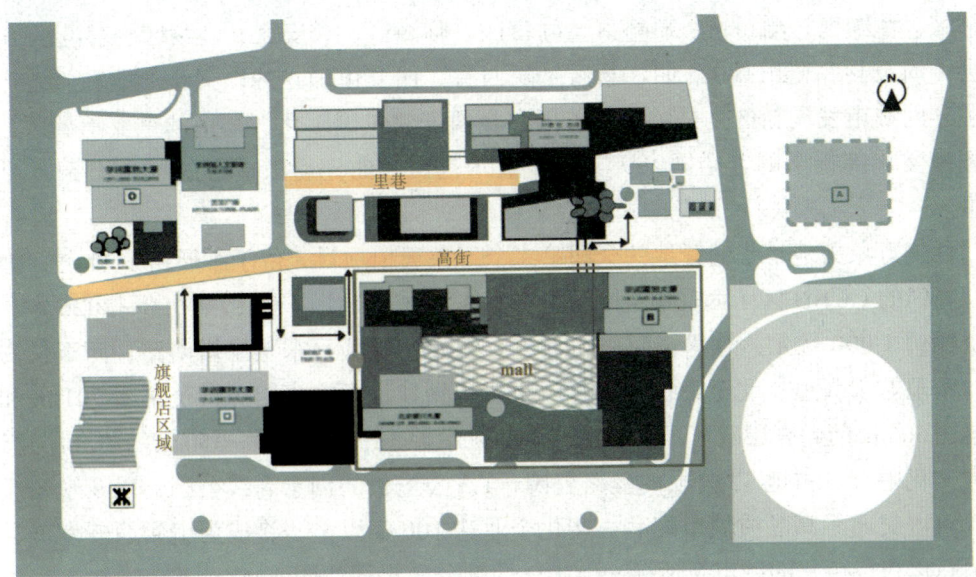

图 4-3　深圳万象天地规划图

深圳万象天地总建筑面积 280 万 m²，斥资 300 亿元打造，规划有 24 万 m² 创新商业、40 万 m²（7 栋）写字楼、高端住宅（分五期开发）、精品公寓、五星级酒店五大业态。深圳华润万象天地拥有 23 万 m² "街区 +mall" 的创新商业空间，包括 10 座独栋品牌旗舰店、近 40 家品牌首店、300 个店铺、逾 1 000 个品牌，以及超过 2 000 m² 的室内儿童乐园和 24 小时不打烊的国际美食餐饮街。2018 年，深圳万象天地凭借着 28.1 亿元的销售额和 3 898 万人次的客流，2019 年销售额 38.5 亿元和 4 379 万人次的客流证明了这座创新项目的成功。深圳万象天地的租户构成如图 4-4：

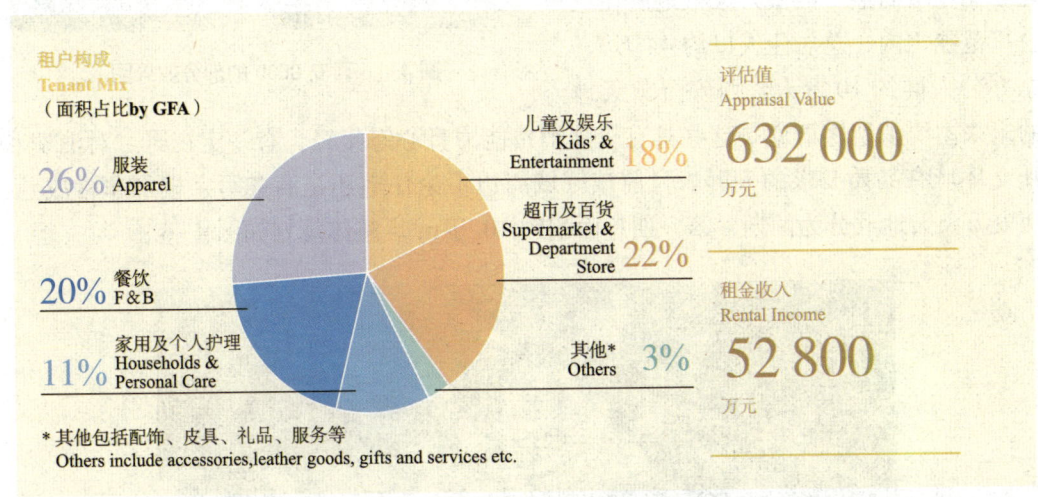

图 4-4　深圳万象天地的租户构成

西安是十三朝古都，地处关中平原中部、北濒渭河、南依秦岭，八水润长安，总面积 10 108 km²，常住人口为 12 952 907 人。西安市下辖 11 个区（未央区、新城区、碑林区、莲湖区、灞桥区、雁塔区、阎良区、临潼区、长安区、高陵区、鄠邑区）、2个县（周至县和蓝田县）。曲江新区是陕西省、西安市确立的以文化产业和旅游产业为主导的城市发展新区，是一个功能区，是西安建设国际化大都市的重要承载区，也是国家文化部授予的首个国家级文化产业示范区。曲江新区核心区域面积51.5平方公里。

西安万象天地是华润置地的全国第二个万象天地项目，位于雁展路1111号，地处曲江新区的CCBD区（西安中央文化商务区），CCBD建设年限为2020—2026年，总投资额约1 000亿元，总建筑面积约1 033万 m²。该项目东至雁塔南路、西至长安南路、南至航天大道、北至天坛路。区域主要规划建设西安之门（世茂集团701 m和华润集团666 m的超高层双塔，北望皇城，南眺秦岭）、17栋150—350 m的超高层建筑、四大文化中心、占地32公顷的丝路公园、1.3公里长的创意高线公园，以及学校、医疗、轨道交通等高品质城市配套，文化企业达100家以上，将成为引领西安发展、最具国际化和特色化的城市新地标。CCBD的部分效果图如图4-5：

西安万象天地紧邻西安电视塔，临近大学城和小寨、曲江商圈，同时相邻的天坛公园，也是我国现存最早皇帝祭天礼仪建筑。西安万象天地，是曲江的新地标，接驳地铁2号线与地铁8号线，地铁环绕，交通便利。地铁2号线将为万象天地的商业带来源源不断的活力客群。在西安万象天地项目一公里之内，几乎无竞争商业。西安万象天地所在三公里范围之内，总居住人口约44万人，总办公人群约10万人。西安万象天地

图4-5　西安CCBD的部分效果图

的未来主要消费客群就是这些具有较强消费能力且心态年轻，有一定视野、对消费和社交环境有品质要求的人群。目前该区域周边不论住宅还是商务写字楼都非常成熟，西安万象天地共分为两期，第一期总面积约10万 m²。整体规划如图4-6：

图4-6　西安万象天地整体规划图

西安万象天地秉承了深圳万象天地的特点，打造了"街区＋盒子"的新型城市空间。在业态规划方面，西安万象天地以运动旗舰、潮流品牌、高端健身空间与万象影城作为项目核心；以餐饮、酒吧作为引领，打造社交及夜生活目的地；以优质儿童品类零售、早教店铺，满足周边居民家庭需求，建立高品质生活方式。在设计方面，街区由大小不一、形态各异的独栋围合而成，串联出整个创意空间，这样的空间形态，在业态分布与品牌组合上会更加灵活多元，也更利于提升消费者的游逛体验感。西安万象天地通过融合创意文化、娱乐体验、网红餐饮、运动潮流于一体，并云集首店、体验店、旗舰店等潮流空间。

作为全国的第二个万象天地，西安万象天地吸引了大量西北首进店铺，如莆田、生如夏花、Tim Hortons、BAKE WORKS、韦德伍斯、万象影城、KOLON SPORT 等全国知名品牌，还有阿迪达斯直营旗舰店 mini brand center、海底捞、徐记海鲜等优质品牌入驻。在书店方面，西安万象天地也有意将诚品书店带来西安。西安万象天地引入的诸多品牌中 80% 是首进品牌、网红品牌。重点签约品牌主要包括潮流服饰类、美妆个护类、珠宝配饰、美食、潮流娱乐、儿童俱乐部和便捷生活。西安万象天地的第一期有超过 160 家优质品牌进驻，招商率高达 100%，如图 4-7：

图 4-7　西安万象天地部分进驻商户

2.2　承租方信息：星巴克

星巴克是全球最大的连锁咖啡店，也是世界上特种咖啡的主要烘焙商和零售商。星巴克在美国《财富》杂志"全球最受赞赏公司排行榜"荣膺第五，在食品饮料行业排名第一，连续 16 年荣登《财富》全球榜单。星巴克于 1971 年在西雅图派克市场成立第一家店，开始经营咖啡豆业务，并于 1992 年在纽约纳斯达克成功上市。星巴克第一大股东是领航集团，持股 7.68%；第二大股东是贝莱德集团，持股 6.77%。星巴克总部坐落在西雅图市，除此之外，还设有亚太地区总部以及中国上海总部。目前，星巴克在全球 82 个市场拥有超过 32 000 家门店，400 000 多名伙伴（员工）。星巴克的主要收入来源仍然是咖啡，占比达到 63% 左右。如果从国家或者地区看，星巴克的主要收入来源地则是美国，占比达到 70%。如图 4-8 和图 4-9：

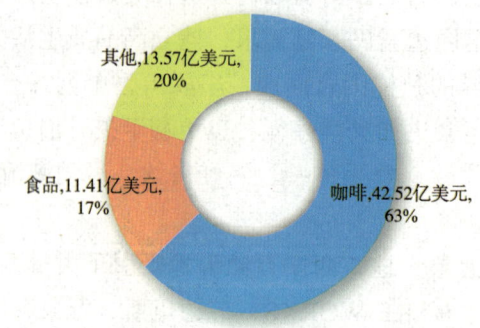

图 4-8　星巴克 2020 年产品与营收情况

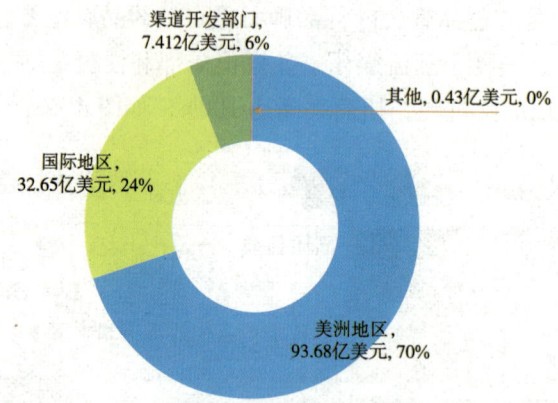

图 4-9　星巴克 2021 年国家或地区与营收情况

咖啡馆并不是一个暴利行业，并不是所有的咖啡馆都能盈利，然而星巴克做到了真正的盈利，即使在 2020 年疫情肆虐的一年，星巴克的净利润仍然正向增长。如表 4-3：

表 4-3　星巴克 2016 年到 2020 年经营情况（单位：亿美元）

年份	营业收入	营业成本	毛利	营业费用	营业利润	净利润
2016	213.2	85.09	128.1	89.53	41.72	28.19
2017	223.9	70.66	153.2	115.8	41.35	28.85
2018	247.2	79.31	167.9	132.1	38.83	45.18
2019	265.1	85.27	179.8	142.0	40.78	35.95
2020	235.2	76.95	158.2	145.8	15.62	9.247

其中，星巴克的自营店需要支出租金，租金在星巴克所有的运营成本中占了最大头，星巴克 2017 年到 2020 年的租金及店面情况如表 4-4：

表 4-4　星巴克 2017 年到 2020 年租金及店面情况

年份	租金（万美元）	自营店（万美元）
2017	132 920	13 275
2018	162 520	15 341
2019	166 600	15 834
2020	244 110	16 637

中国星巴克的成本由运营成本的租金、门店营业支出、原材料、劳动力、行政支出、税费、设备成本和其他行政支出构成。其中，租金的占比最大，其次占比较大的是门店营业支出，利润占到了一杯拿铁的 18%，具体情况如图 4-10：

图 4-10　中国星巴克大杯拿铁的定价依据及占比

星巴克致力于打造第三空间。何谓第三空间？家庭居住空间为第一空间，职场为第二空间，而城市的酒吧、咖啡店、博物馆、图书馆、公园等公共空间为第三空间。星巴克致力于打造第三空间，认为除了家和办公室，大家还需要一个公开的场合做休息、交友、聊天、聚集，甚至洽谈商务的场所。这个第三空间是繁忙的都市生活中的一个绿洲，让奔波于家庭和办公室之间的都市人有个歇脚喘息的地方。在人们互相交流、沟通的"第三空间"中，星巴克致力于发展和创造一种新的咖啡文化，这种文化倡导一种新的生活方式。星巴克瞄准的是城市活力和发展的重要源泉，即具有一定消费能力的有着良好教育的中青年人群。

评价一座城市的前途与竞争力，星巴克指标有着很好的导向作用。一个地方拥有的星巴克越多，那么这个地方越有活力。21 世纪经济研究院认为，星巴克的门店数量，是衡量一个地区商业与消费活跃程度的指标。也就是说，星巴克指数侧面反映一座城市或一个区域的投资价值。可见，在评价一座城市的区域发展和商业活力方面，星巴克当属其中翘楚。星巴克在不同的国家和地区采取了不同的投资与合作模式。在全球普遍推行三种商业组织结构进入该市场，分别是合资公司、许可协议、独资自营。合资模式主要是在日本等地，星巴克采取占50%股权的合资公司模式；独资自营则是在英国、泰国等地，星巴克通常采取持有100%股权的独资直营模式；在中国台湾、中国香港以及上海等地，星巴克进入初期采取的是少量股权加许可协议模式，星巴克一般持有5%左右的股权；在菲律宾、新加坡、马来西亚以及中国北京等地市场，星巴克进入初期不占股份，采用纯粹授权经营的模式。如表4-5：

表4-5　星巴克在不同国家和地区的经营模式

进入市场	进入模式	星巴克持股比例
日本等	合资模式	50%
英国、泰国等	独资经营	100%
中国台湾、中国香港、上海	股权加许可经营	5%
菲律宾、新加坡、马来西亚	许可经营	无

星巴克在进入中国大陆市场初期，主要采用许可经营和合资经营相结合的模式，它在中国的合作对象包括北京美大、上海统一以及华南地区的美心。然而，从2005年开始，星巴克提高在北京美大、上海统一以及广东美心的股权比例至90%、50%和51%，取得了控股权，并且收回了京津地区的经营权，这就意味着星巴克在中国放弃了许可经营的模式，转为直营的模式。此后，星巴克陆续在青岛、西安、沈阳、大连、成都、重庆等二线城市建立自己的直营店。星巴克的营业收入主要来自于自营店，如下图4-11：

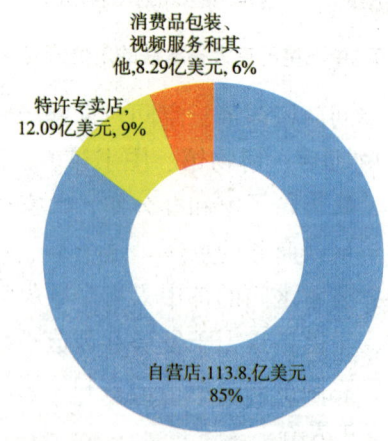

图4-11　星巴克自营店、特许专卖店以及其他的营业收入

星巴克于1999年1月，在北京中国国际贸易中心开设中国内地第一家门店。目

前，星巴克已经在中国内地 200 个城市开设了 5 000 家门店，拥有近 60 000 名星巴克伙伴。在中国的门店中，星巴克开设了 7 家向咖啡传承致敬的旗舰店，它们分别位于北京嘉里中心、北京太古里、成都太古里、上海迪士尼度假区、深圳万象天地、苏州中心和北京坊。2015 年 12 月，星巴克推出天猫官方旗舰店，将独特的门店体验与线上"第四空间"体验紧密对接，这是星巴克第一个"互联网+咖啡"的心意传递平台。对星巴克来说，中国目前已成为星巴克发展速度最快、最大的海外市场。如表 4-6：

表 4-6 星巴克的全球门店数以及中国门店数及营业额情况

年份	全球门店数	中国营业额（亿美元）	中国门店数
2018 年	29 324	2.322	3 521
2019 年	31 265		4 125
2020 年第一季度	31 795	7.45	4 292
2021 年第一季度	32 938	9.11	4 863

星巴克作为老牌的咖啡企业，在选址方面有着自己独特的眼光。每一间星巴克的背后，都有一个"选址大师"，他们会综合考虑几十项的统计数据，来预判是否会有足够的人流支撑店铺运营。比如，星巴克的布局条件就包括周边 1 公里内办公人数达到 5 000 人，且消费能力符合要求。当然，还有其他方面的要求，如表 4-7：

表 4-7 星巴克选址的一些基本要求

	基本要求
选址标准	街角的选择（星巴克最理想的选址就是"两条主路的交叉路口"的街角的位置）
	善于选择邻居（最好的邻居是音像店或干洗店，旁边音像店和干洗店的顾客通常得往返两次，先是把东西放下，之后再来取一次。这就意味着有两次购买星巴克咖啡的机会）
选址类型	核心商业区（步行街）、区域商业中心、高端写字楼区域、高端住宅区、购物中心、特色旅游景点、交通枢纽（高铁站、机场、地铁口）
位置及面积	选择物业主入口或人流量最密集位置；一楼独立区域（有临街门面），使用面积 150—350 m²
	对于一楼带二楼的物业要求一楼独立区域不小于 100 m²（楼梯 15—20 m²）。一楼临街面宽度不少于 8 m
	Kiosk 亭子店：亭子面宽 8 m× 进深 5 m，需要适当的外摆区
物业基本条件	结构非异型；采光良好；最好能够提供户外坐饮区；要求物业具有消防验收合格证；不使用明火，不需要天然气和排烟通道
租赁基本条件	不低于 10 年租期；具有合法商用物业使用及出租权；一般采用租赁方式，也可以采用按照销售扣点方式合作
其他	出租人为星巴克提供的场地需结构完好、租赁范围以内不得有从其他区域（包括但不限于从楼板、墙面、室外等）渗水或漏水等现象，如果有此问题，出租人须完全解决后方可交付场地

星巴克在中国城市的门店多种多样，普通门店、手冲门店、臻选店、旗舰店、最顶端的是烘焙工坊。其中，"臻选"门店系列现在有三种不同的形式，分别为臻选门店（Reserve store）、臻选咖啡店（Reserve bar），以及臻选烘焙工坊店（Roastery）。星巴克臻选店与普通的星巴克门店相比，服务会具备更加"高端"的特质，给顾客提供更为优质的咖啡，更为精致的烘焙点心。臻选咖啡店（Reserve bar）主要是在已经有了星巴克门店的地方，在店内设置一个专柜，向消费者提供价格在30—60元，品质更高的手冲咖啡。

星巴克的臻选烘焙工坊开得不多，只有两家，第一家在星巴克总部西雅图，星巴克全球最大的一家烘焙工坊位于上海南京西路太古汇，毗邻着日均100万客流量的南京路。这座铜质圆形屋顶的两层建筑占地2 700 m²，耗资170亿元，也是全球首家海外咖啡烘焙工坊，全球首家全沉浸式咖啡体验门店（AR全体验），拥有27 m星巴克全球最长吧台，9台黑鹰咖啡机、20台Ditting和黑鹰磨豆机、Steampunk蒸汽朋克泡茶机、数不清的Chemex和虹吸壶，多种豪华设备提供七种冲煮方式即MODBAR精准自控冲煮、雅致手冲、法压、虹吸、冷萃、浓缩和特有的CLOVER冲煮（真空过滤冲煮），演绎不同的咖啡风味。

星巴克的旗舰店，无论是位于北京嘉里中心的"咖啡礼赞"概念店、北京三里屯太古里中心地带的旗舰店，还是深圳的万象天地店，都是采用一栋两层的设计。

3. 谈判动因

理想很丰满，现实很骨感。北上广持续上涨的租金也给星巴克带来了巨大的压力。据估算，国贸星巴克人员和房租成本一年约在700万元，以星巴克中杯拿铁价格23元来计算，要想收回成本，一年至少要卖出30多万杯咖啡，平均每天要卖833.8杯。据星巴克2019年的年报，亚太区星巴克店的平均流水为每年84.79万美元，由此可见，星巴克想要实现单店盈利的压力非常巨大。

与此相反的是，星巴克在许多二三线城市大受欢迎。比如无锡的南长街店、苏州山塘街店、浙江瑞安罗阳大道的星巴克新店。所以，二三线城市的下沉，正在成为星巴克扩张的另一个方向。星巴克中国相关负责人公开对媒体表示，他们接下来的扩张门店，不仅要加深对一二线城市的布局，同时还会向三四线城市扩展，因为中国市场对于星巴克而言非常重要。随着中国二三线城市居民收入的增加，这些地方将成为星巴克最有潜力的市场。星巴克中国表示，实体零售店是星巴克中国的增长计划中的核心引擎，并计划在2021财年，中国新开600家门店。同时在2022财年内，进驻中国230个城市，总门店数达到6 000家。星巴克2006年开始进入西安，第一家西安星巴克位于世纪金花购物中心。截至2020年底，星巴克西安店铺数量达到94家左右，其中包含13家臻选店。

华润置地在深圳的万象天地吸引了大量的世界和全国知名店铺，其中就包括星巴克臻选旗舰店。作为华润置地在全国的第二个万象天地，西安万象天地也吸引了大量品牌入驻，比如瑞幸咖啡、贵州茅台等，当然，华润置地希望能够再一次和星巴克合作，吸引星巴克的入驻。

然而，华润置地也知道，所有的商业谈判中，星巴克是最难的等级，与星巴克的谈判可谓是步履维艰。

4. 出租方与承租方的谈判目标

4.1 出租方的谈判目标

华润置地的营业收入第二大来源就是物业投资及管理，在物业方面的经验非常成熟。鉴于星巴克在深圳开店的类型是旗舰店，所以华润置地此次也希望星巴克同样设立旗舰店，以提高整体西安万象天地的档次。

华润置地知道星巴克对于店面的位置要求非常高，所以精心为星巴克准备了黄金地段。该店面位于西安万象天地的第一排最醒目的中间位置，店面前 10 m 左右的西南处是地下停车场，从西到东已经确定的品牌有肯德基、华为、苹果体验店、日落咖啡和全球高端美妆零售品牌 Haydon，星巴克的位置在苹果体验店和日落咖啡之间。除此之外，马路对面就是西安地铁 8 号线和 2 号线的交会之处。该店面在 300 m² 左右，店面宽 10 m，纵深 30 m，高 2 m，最为特别的是，该店面的另一出口刚好位于第二排街道，两端都能接待顾客，非常便利。如图 4-12：

图 4-12 星巴克在西安万象天地的具体位置

在此次的谈判中，除了店铺的类型、位置、面积，对于华润置地来说，店面的租金也是必谈项目。通常情况下，不同的场地，对于租金的收取有不同的方式。租金收取一般有三种方式，一是全部收取扣点方式，大概在八到十一个点之间。还有就是扣点加保底取其高，第三就是按照面积收取租金。在这些类型的租金收取中，购物中心多选择按照面积收取租金，然而商场更倾向于扣点的方式。华润置地的谈判团队需要根据以下的信息确定出店面的租金。

以 2016 年为例，万象城、大悦城、太古汇/太古里产品的首层零售租金在 1 000—1 500 元/（月·m²）。餐饮首层租金中以太古地产最高，达 500—1 000 元/（月·m²），比肩项目零售租金水平。娱乐业态租金水平则多在 150—200 元/（月·m²）。具体租金情况如表 4-8：

表 4-8　2016 年华润置地典型购物中心首层租金明细元［单位：元/（月·m²）］

项目名称	深圳万象城	北京清河华润五彩城	深圳 1234Space
首层零售	1 300	400	550
首层餐饮	300	220	200
首层娱乐	200	170	100
首层服务	180	150	90

华润置地在 2016 年在不同地方的万象城的租金收入有着巨大的差异，表 4-9 是华润置地在中国十三个城市的建筑面积和租金收入。

表 4-9　2016 年华润置地购物中心租金收入

项目名称	建筑面积（万㎡）	租金收入（亿港元）
深圳万象城	18.8	9.86
杭州万象城	24	5.08
沈阳万象城	22	5.07
成都万象城	24.4	2.45
南宁万象城	28	4.98
郑州万象城	21	0.79
重庆万象城	35	2.34
无锡万象城	8.2	1.17
青岛万象城	45	2.72
合肥万象城	18	1.76
温州万象城	22	1.28
沈阳万象城	15	1.34
长沙万象城	5	0.47

华润置地此次出租的万象天地位于西安，西安近两年迎来了不少优质购物中心的集中入市，如曲江大悦城、金辉环球广场、MOMO PARK、益田假日世界、CityOn 熙地港、龙湖星悦荟、鑫苑大都汇等购物中心，至此西安体量在 3 万㎡ 及以上的购物中心超过 50 个，遍布主城各区域。西安购物中心市场平均租金报价保持稳定，2017 年

上半年，西安购物中心首层平均租金为 16.7 元/(d·m²)，其中核心区域首层平均租金为 30.3 元/(d·m²)，非核心区域则为 14.8 元/(d·m²)。这样的租金虽然听起来很高，但是和上海的购物中心相比，只有其三分之一。上海最贵的商圈是南京西路，最贵的商铺是恒隆广场。所以，星巴克在恒隆广场没有店铺，只能把星巴克店面开在恒隆广场旁边的中信泰富负一楼。上海五大核心商圈的租金为每天 60.4 元/m²，其中陆家嘴商圈租金为每天 45.5 元/m²，南京东路商圈租金为每天 58.2 元/m²，淮海中路商圈租金为每天 53.5 元/m²，南京西路商圈租金为每天 85.8 元/m²，徐家汇商圈租金为每天 72.6 元/m²。所以，上海的星巴克很少有在黄金地段一楼的黄金铺位开店的。

华润置地了解到，星巴克与很多物业签订的合同中存在排他性条款。前期很多物业已与星巴克签订了排他性租赁合同，这些物业虽然还有闲置铺位，但不能租赁给其他咖啡品牌或相关公司。这些排他对象，既包括国内外大大小小的数十家咖啡连锁品牌，还包括咖啡占营业收入 30% 以上的店铺，甚至名称与咖啡字样相关的任何商家。换句话说，星巴克在协议中要求出租人确保在其租赁区域内不存在：商号或者店名中包含"咖啡"的任何商家；销售独立品牌的咖啡豆、调制咖啡或咖啡饮料的商铺或摊位；无独立咖啡品牌但连续一个月中百分之三十以上的营业收入来源于咖啡豆、调制咖啡或咖啡类饮料销售的商铺或摊位；经营 Costa、太平洋咖啡、漫咖啡、两岸咖啡等所列清单中的连锁咖啡馆。如果星巴克希望此次也能够和西安万象天地签订类似条款，华润置地需要充分地考虑自身的利益和国家相关的法律来协商。比如表 4-10 中的中华人民共和国政府反垄断法的相关内容。

表 4-10 中华人民共和国政府反垄断法部分内容

条款名称	具体内容
第十四条	禁止经营者与交易相对人达成下列垄断协议： （一）固定向第三人转售商品的价格； （二）限定向第三人转售商品的最低价格； （三）国务院反垄断执法机构认定的其他垄断协议
第十七条	【滥用市场支配地位的禁止情形】禁止具有市场支配地位的经营者从事下列滥用市场支配地位的行为： （一）以不公平的高价销售商品或者以不公平的低价购买商品； （二）没有正当理由，以低于成本的价格销售商品； （三）没有正当理由，拒绝与交易相对人进行交易； （四）没有正当理由，限定交易相对人只能与其进行交易或者只能与其指定的经营者进行交易； （五）没有正当理由搭售商品，或者在交易时附加其他不合理的交易条件； （六）没有正当理由，对条件相同的交易相对人在交易价格等交易条件上实行差别待遇； （七）国务院反垄断执法机构认定的其他滥用市场支配地位的行为。 本法所称市场支配地位，是指经营者在相关市场内具有能够控制商品价格、数量或者其他交易条件，或者能够阻碍、影响其他经营者进入相关市场能力的市场地位

西安华润万象天地的主要谈判项目如上，除了以上的条款，还需要就其他的租赁条款进行谈判。

4.2 承租方的谈判目标

作为商圈里的标志性企业，星巴克除了上海和北京，在中国其他城市要求店面必须位于黄金区域。对于此次的西安万象天地，星巴克也做了足够的考察，认为入驻的条件已经成熟。星巴克将谈判的要点集中到开店的类型、店面的位置、店面的大小、店面的租金、合作期限。

第一，店面的位置非常重要。俗话说，金角银边草肚皮，星巴克看重的是西安万象天地第一排西北角的第一个位置，这里人流量大，也是万象天地里面众多的品牌的必经之地。对于星巴克来说，这个店面非常理想。

第二，对于开店的类型，星巴克在深圳万象天地开设的是臻选旗舰店，这家星巴克旗舰店位于深圳市南山区的华润万象天地，是双层独栋式建筑。虽然同为万象天地，星巴克认为西安万象天地和深圳的万象天地相比，西安万象天地秉承了深圳万象天地的特点，打造了"街区+盒子"的新型城市空间。但是，在人流量方面比不上深圳的万象天地，在品牌入驻方面，也和深圳万象天地有着很大差距，比如，深圳万象天地拥有华南最大 UA 旗舰店、华南唯一双层的 ZARA Home 旗舰店、华为全球旗舰店、TIFFANY & Co 香水华南首店、优衣库国内首家"未来生活体验店"等。因此，对于星巴克来说，最好的选择是开设一家臻选店，而不是旗舰店。

第三，租金。租金通常会占到星巴克成本的 25% 左右，所以，租金的降低，对于星巴克盈利提高非常关键。和星巴克联手合作的二三线城市的综合体，一般都会给星巴克让利，同等的店铺租金会便宜两到三成。像无锡的南长街店、苏州山塘街店，这些地方游人如织，但是租金并不惊人。而且，在中国的许多城市、社区，大多数的消费者并不像美国消费者那样，在购买完咖啡就离开，相反，他们更喜欢坐在店内，停留很长的时间，这就要求星巴克为中国的顾客做出改变。例如，对于店面的设计，中国的星巴克店面空间更大、沙发更多。这就意味着更多的投入。除此之外，星巴克在每家店的固定装潢费用是 30 万美元，这一切，让星巴克面临很大的压力。所以，星巴克希望西安万象天地的租金也能像其他二三线城市一样，能够给出优惠。至少能够在试运营期间给出一定的免租期。

至于店面的大小和期限，星巴克会采用选址条件的条款进行严格的控制。当然，星巴克的选址要求很高，对工程条件的把关同样苛刻。但是这一切并非无迹可寻，而是有章可依。星巴克为了起到更好的宣传效果，希望此次的店面的门面高度可以达到 3.6 m 左右，店面的宽度达到 16 m 左右。

星巴克的主要谈判项目如上，但是除了以上的条款，还需要完成表 4-11 中的店铺租赁的其他条款的谈判。

表4-11 房屋租赁合同涉及的主要条款

条款名称	目标	备注	条款名称	目标	备注
1. 开店类型			8. 水费和电费、采暖费		
2. 标的			9. 服务费和入场费		
3. 租金			10. 维修费用		
4. 租期			11. 付款条款		
5. 租金涨幅			12. 争议的解决		
6. 押金			13. 合同的成立、生效、变更、解除和终止		
7. 物业费					

第五章　中法公司关于奢侈品店铺租赁的谈判

1. 奢侈品牌在中国的背景

让你钱包哭泣的奢侈品品牌可能会慢慢衰落，但绝不可能一夜之间诞生。要配得上奢侈二字，是需要时间沉淀出品牌的底蕴。奢侈品是一种非生活必需品，然而，这种名为奢侈的消费品具有独特、稀缺、珍奇等特点。它的独特或稀缺体现在品牌历史底蕴、时尚、品质和价格。奢侈品又可以分为高奢品牌和轻奢品牌，高奢品牌在品牌历史底蕴、品质和价格方面绝对凌驾于低端品牌之上，轻奢品牌在时尚、品质和价格三个方面成为时尚品类的新宠。奢侈品的种类主要有服装、珠宝、名表、汽车、化妆品和皮具。根据英国品牌评估机构"品牌金融"评出的最具价值奢侈品牌，从表5-1中可以看出每个种类的前十名品牌。

表5-1　珠宝、手表、化妆品、服饰、皮具和汽车的前十品牌信息

珠宝品牌名称	品牌国	手表品牌名称	品牌国	化妆品品牌名称	品牌国
卡地亚 Cartier	法国	百达翡丽	瑞士	SK-Ⅱ	日本
蒂芙尼 Tiffany & Co	美国	劳力士	瑞士	倩碧	美国
尚美巴黎 Chaumet	法国	江诗丹顿	瑞士	赫莲娜	法国
洛克星菲 Lockstarfy	法国	朗格	德国	碧欧泉	法国
梵克雅宝 VanCleef & Arpels	法国	宝珀	瑞士	雅诗兰黛	美国
蒂爵 Derier	法国	积家	瑞士	兰蔻	法国
御木本 Mikimot	日本	宝玑	瑞士	香奈儿	法国
宝诗龙 Boucheron	法国	伯爵	瑞士	资生堂	日本
德米亚尼 Damiani	意大利	格拉苏蒂	德国	迪奥	法国
格拉夫 Graff	英国	芝柏	瑞士	欧莱雅	法国

续 表

服饰品牌名称	品牌国	皮具品牌名称	品牌国	汽车品牌名称	品牌国
古驰	意大利	爱马仕	法国	保时捷	德国
路易斯威登	法国	路易斯威登	法国	法拉利	意大利
香奈儿	法国	香奈儿	法国	兰博基尼	意大利
爱马仕	法国	古驰	意大利	劳斯莱斯	英国
迪奥	法国	普拉达	意大利	宾利	英国
博柏利	英国	迪奥	法国	阿斯顿马丁	英国
普拉达	意大利	芬迪	意大利	玛莎拉蒂	意大利
欧米茄	瑞士	博柏利	英国	迈凯伦	英国
阿玛尼	意大利	蔻驰	美国	布加迪	法国
范思哲	意大利	葆蝶家	意大利	捷豹	英国

得不到的永远在骚动，被偏爱的都有恃无恐。奢侈品在中国继续呈现出蒸蒸日上的势头，中国市场增长得如此强劲，以至于业界得出一个结论：得中国者得奢侈品天下。截止到目前，中国人的奢侈品消费额占到了全球奢侈品消费总额的三分之一。我们可以看到，以"80后"和"90后"为代表的年轻一代，分别占到奢侈品买家总量的43%和28%，分别贡献了中国奢侈品总消费的56%和23%。全球奢侈品牌的战略重心已经向中国倾斜，从产品到渠道的布局都日渐完善。目前，奢侈品牌在中国的城市开门店的前十个城市依次为上海、北京、成都、杭州、重庆、西安、天津、南京、深圳和武汉。

2. 出租方和承租方资料

2.1 出租方的资料：万达商业管理公司（大连万达商业管理集团股份有限公司）

大连万达商业管理集团股份有限公司成立于2002年9月，是全球规模领先的商业物业持有及管理运营企业，也是万达集团旗下商业物业投资及运营的唯一业务平台。截至2018年，公司已在全国开业北京CBD、上海五角场、成都金牛、昆明西山等280座万达广场，持有及管理物业面积3 586万 m²，年客流38亿人次。连续13年租金收缴率超过99.5%，创造世界行业纪录。

其管理的万达广场内容综合体已经成为城市发展的方向，在其发展历程中，从第一代的沿街店面商业模式、第二代的传统百货商店模式、第三代的购物商场及超市模式，发展到现如今市场上常见的第四代的城市生活休闲中心。包括大型商业中心、城市步行街、五星级酒店、写字楼、公寓等，集购物、餐饮、文化、娱乐等多种功能于一体，形成独立的大型商圈，俨然是一个城中王国。

万达商管公司管理的武汉中央文化区位于湖北省武汉市核心地段，武昌区东湖和沙湖之间，地理位置相当于武汉市的几何中心。项目规划面积 1.8 km²，总建筑面积 340 万 m²，是万达集团投资 500 亿元，倾力打造的以文化为核心，兼具旅游、商业、商务、居住功能的世界级文化旅游项目。项目整体规划由万达商业规划院牵头，联合国内外各行业顶尖设计公司参与完成设计。根据设计规划，万达集团持有的公建 39 万 m²，销售公建 70 万 m²，住宅 155 万 m² 和市政配套 76 万 m²，其中包括 8 栋国际级的超高层甲级写字楼，15 栋高层住宅等。万达集团将投资 35 亿元，在东湖之畔，沙湖之滨，打造 5 座星级酒店，其中包括两座六星级酒店、一座五星级酒店、两座三星级酒店。五座酒店总建筑面积为 22 万 m²，共 1 800 间舒适、豪华的客房，可满足各类时尚高端商务人士的住宿。并以一条商业步行街为灵魂，完美地串联起酒店、万达广场、汉秀剧场、电影城、住宅、写字楼群等其他各类物业。该项目将会给武汉市带来 4 万多个工作岗位，可以满足周边 200 万居民的生活需求。

中国古典画作的瑰宝——《清明上河图》，向后人展示了一千多年前宋都东京的热闹与繁华。万达集团打造的楚河汉街就是一幅现代版的"清明上河图"。这幅现代版的"清明上河图"位于楚河南岸，沿河而建，总长 1 500 m，总面积 21 万 m²，集购物、餐饮、文化、休闲、娱乐等多种业态于一街，吸引了 200 多个国内外一流商家入驻。这 1 500 m 的"上河图"分为三个街区，第一个街区知名企业云集，比如星巴克、麦当劳、莎莎、柏斯琴行、无印良品、周大福、杜莎夫人蜡像馆等，第二个街区聚齐世界十大快时尚品牌比如优衣库、ZARA、ONLY、杰克琼斯以及其他著名企业比如哈根达斯，第三街区包括黄记煌、蓉李记、青花元年、兰诺、麻辣晶婆，还有湖北省最大的书城——文华书城，这一切，都丰富了汉街的文化内涵。该商业步行街开业后，国庆假期吸引客流超过 200 万人，成为全国假期人流排名前三的热点区域，长假过后仍然保持每天七万到八万的人流量。汉街以民国风格建筑为主体，极具时尚元素的现代建筑和欧式建筑穿插其中，传统与现代和谐统一。无论是白天还是黑夜，无论是坐着万科重金打造的豪华游船进行水上观光还是漫步在熙熙攘攘的商业街，置身其中，仿佛时光倒流，现代版的"清明上河图"展示了武汉现在的繁荣。

汉街的东端建有万达集团与世界最著名的美国弗兰克演艺公司合作，投资 25 亿元打造的超越世界所有演艺水平的世界顶级演艺剧场。在汉街西端则是万达集团投资 35 亿元，总建筑面积达 6 万 m² 的全球唯一的室内电影文化公园。万达广场位于汉街中部，建筑面积 13.45 万 m²，是万达集团建造的一个综合性购物场所。作为武汉中央文化区最独特的地标性建筑之一，造价是普通万达广场的 3 倍。同时开创了中国单体造价最高、中国外观立体最华丽、中国夜景效果最绚丽、中国最大 IMAX 影城等多项中国之最。

武汉汉街万达广场由国际知名的荷兰 UN Studio 设计公司进行建筑及室内设计。建筑设计新奇绚丽，内部装修极为奢华，分别采用金色和银色作为主色调。两大中庭玻璃均为国内首次采用世界上最先进全彩数码打印玻璃制作，整体穹顶由 2 600 块形状大小不一的平面或曲面钢化玻璃拼接而成，为顾客营造最高品质的消费体验。项目立面运用现代材料不锈钢和传统高档材质雪花石制作出 40 000 多个球体，在整体立面上营造出类似于丝绸般动感的反射效果。广场门头采用大跨度、长悬挑钢桁架结构形式，入口处最大悬挑跨度约 22 m，安装难度超过了目前国内所有购物中心。广场内部南北两端设置超大圆形大中庭，采用无柱设计，形成气势宏大的核心空间。椭圆中庭采光顶与观光梯一体化设计，从而形成巨大的半透明蘑菇状结构，这项设计属于国内第一次尝试。整体的设计营造出时尚、现代、梦幻的国际超一流商业购物中心的购物氛围。

万达广场是万达集团首家奢侈品购物中心，该购物中心一共七层，包括地上 5 层、地下 2 层，地上的建筑面积为 8.8 万 m²，地下两层建筑面积 4.6 万 m²，负二楼是停车场，配置了 2 000 个停车位，负一楼引进了首次入驻武汉的华润 OLE 精品超市，1 楼是国际国内一线品牌，2 楼主要经营名牌流行时尚女装，另有黄金珠宝、玉器及部分休闲咖啡，辅以特色餐饮美食。3 楼以运动休闲、杂货为主，童装、美食为辅，引进了耐克、阿迪达斯、李维斯、卡宾等符合年轻潮流的品牌。4 楼为餐饮娱乐，主要经营各类国际美食主题餐厅，其中包括各种中国美食、东南亚菜以及日本料理。5 楼设置号称全国最大的、档次最高的电影城，万达电影院线成立于 2005 年，隶属万达集团，是亚洲银幕数排名第一的电影院线，是中国目前规模最大、设施最先进的电影城，内设 15 个影厅，总座位数 3 000 座，其中包括数字 3D 影厅以及中国最大的 IMAX 巨幕影厅，其中，IMAX 巨幕影厅约 800 m²，是目前最大 IMAX 巨幕的两倍，为人们带来极致的视听享受。

2.2　承租方的资料：香奈儿

香奈儿（CHANEL）是创始人 Coco Chanel（原名：Gabrielle Bonheur Chanel；中文名：加布里埃·可可·香奈儿）于 1910 年在法国巴黎创立的奢侈品品牌。香奈儿是一个有着整整百年历史的著名品牌，其时装设计永远保持高雅、简洁、精美的风格。Coco Chanel 善于突破传统，早在 20 世纪 40 年代就成功地将"五花大绑"的女装推向简单、舒适的设计。这也许就是最早的现代休闲服。

流行稍纵即逝，风格永存。香奈儿的时尚王国的风格是简洁和高雅。香奈儿品牌产品种类繁多，有服装、珠宝饰品及其配件、化妆品、护肤品、香水等，每一类产品都闻名遐迩，每一种产品都缔造了香奈儿的无数经典高光时刻。

服装的优雅，在于行动的自由。小香风外套是每个时尚名媛衣柜里的必备单品，它赋予了女性行动的绝对自由，是一场革命，成功地将 20 世纪 40 年代低胸、细腰身、坠饰繁多的五花大绑的女性服装推向简单、舒适的风格。当时的西方女性为这款外套着迷。香奈儿的经典外套隽永而时尚，适合所有大胆的创新，香奈儿设计的这款外套时至今日已传承六十余载，却历久弥新，俨然已成为当时时尚的奠基之作。一条经典的小黑裙，征服了全世界。有些时尚元素永不过时，牛仔裤、白衬衫和香奈儿经典外套。

香奈儿经典的包包有四款。第一款，2.55。香奈儿女士为了解放女性的手而亲自操刀设计的一款包，也是最经典的款式，当时这款带着肩带的包包是香奈儿女士的创举，这款包包里有很多香奈儿小姐的回忆，譬如象征她一生未嫁的小姐锁，包包内部的勃艮第红是孤儿院的制服配色，1955年2月推出了这款手袋，后来以其诞生年月命名为"2.55"。第二款，Classic Flap。1983年，50岁的卡尔拉格斐执掌香奈儿之后，将2.55进行改良，把低调的方扣变成双C Logo，把金属链条变成了皮质和金属链条的编织款肩带。第三款，Le Boy。也是近年来的热门包款，Le Boy的设计更年轻化，更硬朗，搭配各种牛仔系列都十分合适。这款手袋融合了帅气、中性和复古的风格，既有女人的妩媚，又有男孩的帅气。Le Boy的名字来源于香奈儿小姐的"Boyish"男孩子气，卡尔拉格斐，时装界的凯撒大帝，设计并用Boy来命名，就是向香奈儿小姐自由而率性的精神致敬。第四款，Gabrielle流浪包。2017春夏发布会上推出的这款流浪包，是近几年很火的很难买的一款包包，包包的名字来源于香奈儿小姐的名字，也是再一次地向香奈儿小姐致敬。这两年开始越来越火的流浪包，已经成为了香奈儿的下一个IT包，经典的黑白配色更是让无数女性喜爱。

香奈儿的五款香水都是令人难忘的香水。香奈儿五号。香奈儿推出的第一款香水，融合了奢华与优雅，这款香水就像把时间和过往的回忆尘封在一个瓶子里，喷上它的一刹那，你就是一个充满了故事的女人，它体现了新时代女性的独立与个性，无惧历史与群众的审阅。香奈儿可可小姐。端庄又迷人的女神香。香奈儿粉色邂逅。对于香奈儿来说，机遇是粉色的，唯有粉色才能将柔美耀眼与幸福完美糅合在一起。香奈儿蔚蓝。故事结局各有不同，但开始的方式都一样，从心动开始。香奈儿嘉柏丽尔。敢于打破规则，自由而充满激情，自己决定想成为谁。

自1999年香奈儿第一家中国大陆精品店在王府井半岛酒店诞生以来，这个品牌特立独行的气息，便给人留下了不可磨灭的印象。截止到目前，香奈儿在中国的46个城市都有布局。香奈儿的分店包括香奈儿全品类旗舰店、香奈儿精品店、成衣手袋专卖店和化妆品专柜，2019年香奈儿全品类旗舰店落地国贸，给了一众"香粉"剁手的理由。据香奈儿国贸店店员称，这是中国首家集合了成衣、高级珠宝腕表、香水彩妆以及手袋等全品类的综合店，是香奈儿在全球的第53家品牌旗舰店。香奈儿在上海、北京和广州设立了香奈儿精品店和成衣手袋专卖店。最近，香奈儿作为头部奢侈品对二线市场表现出兴趣，开始向二、三线城市布局。当香奈儿下沉到二、三线城市发展时，开设美妆产品门店往往成为首选。顾客不一定能承担香奈儿包袋的价格，但是买一枚香奈儿的口红却不算太大的负担。

3. 谈判动因

汉街万达广场是一个以奢侈定位、高端精品为主线的购物中心，对外宣传时计划引进超过 150 个国际顶尖奢侈品牌，成为世界的奢侈品中心。目前万达广场已经汇集了 Bottega Veneta、Balmain、Kinloch Anderson、Moneta、Roberto Cavalli、Lindberg、Swarovski、Estée Lauder、Sisley、Clarins、SK-Ⅱ、Jurlique 等，万达商业管理公司还需要引进更多的国际一线奢侈品牌进驻。从目前开业的一些二线奢侈品牌或者说高档品牌来看，许多是第一次进驻武汉。

4. 双方谈判目标

4.1 万达的谈判目标

汉街的万达广场想要汇聚国内外的服装、皮包、珠宝、手表、化妆品等一线奢侈品牌，想要变成世界的奢侈品中心，前提就是吸引众多的国际一线奢侈品牌入驻。然而，万达商业管理公司要面对强烈的竞争，这个竞争对手就是武广商圈的武汉国际广场。武汉国际广场自 2007 年开业以来，目前已有 100 多家国际名品入驻，且在武汉市民的心目中，国广可以算是奢侈品的代名词，里面集聚了武汉最全的奢侈品品牌，且已有稳定的顾客群，因此人气远高于汉街万达广场。可想而知，万达商业管理公司面临的压力有多大。

经过火热招商的阶段和香奈儿等一线奢侈品牌的多轮谈判磋商，双方同意合作，但事实却是万达开业时，之前承诺的很多奢侈品牌都没来，且没一个奢侈品牌如期开业，众多武汉市民期待中的 chanel、gucci 等近百家国际一线品牌都无踪影，众多一线大牌的缺失使武汉市民非常失望。

因此，万达商业管理公司需要和香奈儿重新谈判，摸清楚香奈儿迟迟不入驻万达广场的原因，以便于对症下药，解决问题。万达商业管理公司认为香奈儿虽然目前已经在天猫上开启了中国区的网上购物官方网站，但是这不是香奈儿不来开实体店的理由，网店就像点外卖，花了同样的钱，却没有享受到餐馆的装修一样，实体店面购买奢侈品，更能享受购物过程。

国际奢侈品牌并不是好莱坞大牌明星，给钱就能按时来。为了吸引香奈儿入驻，项目还特意聘请了香奈儿御用的建筑设计师做专门的店面设计，这一切都是为了引进香奈儿的全品类旗舰店。至于租金，可以参考内街（临楚河段）的租金，租金可以有减免期，正如万达老总王健林所说，"前期费时费力，还得费钱，确实很辛苦，但是一旦建成，经过两三年的培育期，那基本是一个稳定的印钞机"，等到万达的租金达到一千亿，万达集团任凭风浪起，稳坐钓鱼船。内街的租金如表 5-2：

表 5-2　万达楚河汉街的内街（临楚河段）的租金信息

名称	主力店、次主力店	大型餐饮	中小型餐饮	零售	桥下小店
租金	有9—10个月的免租期，1—3楼平均月租金为80—100元/m²	1—3楼平均月租金为60—80元/m²	1—2楼平均月租金为120—200元/m²	1—3楼平均月租金为200元/m²	仅一层，平均月租金为350元/m²
备注					

在尽量满足香奈儿的需求下，并就表5-3中的条款达成协议。

表 5-3　租赁谈判的条款

条款名称	目标	备注	条款名称	目标	备注
1. 开店类型	最好是全品类旗舰店	最差也是精品店	8. 水费和电费		
2. 标的			9. 服务费和入场费		
3. 租金	1—3楼平均月租金为1 000—1 200元/m²	有9—10个月的免租期	10. 维修费用		
4. 租期			11. 付款条款		
5. 租金涨幅	租金年递增5%—12%		12. 争议的解决		
6. 押金	押二付三		13. 合同的成立、生效、变更、解除和终止		
7. 物业费	每月60—70元/m²	万达广场四楼的餐饮物业管理费每月大概是55元/m²			

4.2　香奈儿的谈判目标

香奈儿在中国的销售收入比例小于全球总销售额的10%，远低于其他很多竞争对手。

香奈儿时尚部的负责人Pavlovsky也表示，为寻找新的利益增长点，香奈儿将持续发力中国市场。

香奈儿在选址的时候，有着严格的要求，香奈儿的目标人群是崇尚奢华的高消费阶层，首选物业为商业综合体、购物中心、商业街、专业市场，需求面积为100—1 000 m²，合同期限一般为5年以上，选址标准包括五个标准：第一，商业活动频繁的闹市区：人流量大，专卖店和营业额能到一定的额度。第二，同行聚居区（成熟专业商业街、区）：竞争虽然激烈，但由于同行聚居，顾客可以有更多的机会进行比较和选择，因而很能招揽顾客。第三，聚居的公共场所附近：由于人口集中，消费的需要量集中且大，可保证专卖店的稳定收入。第四，面对客流量最大和能见度高的街道：专卖店处在客流量最多的街道上，受客流量和通行度影响最大，可使多数人就近买到所需物品。第五，交通便利的地区：在上、下车人数最多的车站或在几个主要车站附近，使顾客在步行不到15分钟的路程内到达连锁专卖店。

万达广场基本符合这五条标准，但是距离第二条标准还有一定距离，除此之外，香奈儿还有以下顾虑：

首先，汉街万达定位于高端购物中心，早在2011年就对外宣传时计划引进超过100个国际顶尖奢侈品牌，现在又说超过60个，后来开业时间几经推迟，可见招商压力之大。现实的情况是，众多传说中的大牌犹抱琵琶半遮面，目前已现身的知名大牌仅宝缇嘉、施华洛世奇、CK等。

其次，香奈儿对武汉商业的情况进行了分析。举例来说，武汉南北最具辐射能力的两座商场武汉广场和群光广场，其品牌重叠数高达229个，重复率达到惊人的47.4%。另外，武汉在所有1.5线城市中，品牌丰富度是较差的。很多国际品牌初进中国，首选一线城市，其次会选择成都、沈阳等1.5线城市，武汉相对滞后。汉街万达广场进一步提升了武汉零售品牌的丰富度，但是这些二线奢侈品牌，对于很多消费者来说，都有很多牌子没有听说过，更难让消费者在短期内立刻建立忠诚度。

再次，香奈儿经过调查发现，万达广场在周一到周五的时候人流量特别少，周六和周日人流量才会增多。

最后，一楼13号商铺对面的厕所漏水（2楼厕所水流到一楼）；大部分厕所无手纸；吊顶及消防喷淋装修粗糙等等细节问题。外婆家正门口吊顶漏水，用2个水桶接水，不远处就是坐着排队的人群。开业后一年多的时间不停地在重新装修，逛街如逛工地。香奈儿非常担心这些事情会降低顾客的体验。

经过慎重的考虑，如果万达方面能够打消香奈儿的顾虑，解决了相关问题，香奈儿才能决定入驻，并制定了表5-4中的谈判议程。

表5-4 香奈儿入驻楚河汉街的谈判条款

条款名称	目标	备注	条款名称	目标	备注
1.开店类型	精品店	最低化妆品专柜	8.水费和电费		
2.标的	500 m^2		9.服务费和入场费		
3.租金	1楼平均月租金约800元/m^2	有10个月的免租期	10.维修费用		
4.租期	6年		11.付款条款		
5.租金涨幅	租金年递增5%		12.争议的解决		
6.押金	押二付三		13.合同的成立、生效、变更、解除和终止		
7.物业费	每月60元/m^2	万达广场四楼的餐饮物业管理费大概是55元/m^2			

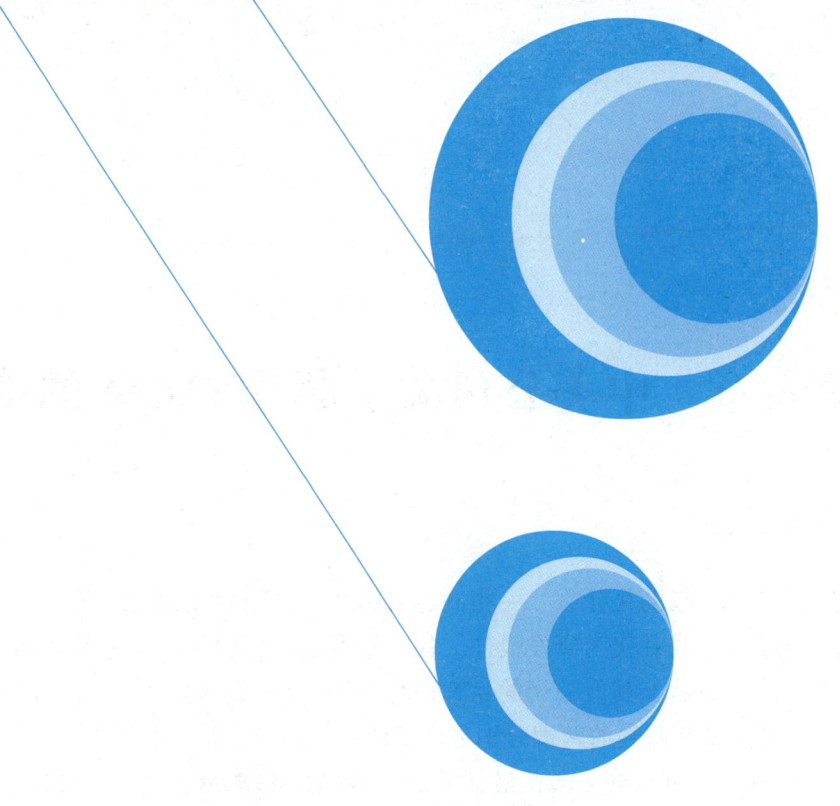

第三部分
OEM 谈判案例

第六章　中美公司关于芯片 OEM 的谈判

1. 代工背景

代工的"工"指的是什么？一指制造或组装，二指研发设计。所以，代工指的是代为制造或组装，或者代为研发设计。代工的本质是把设计、制造和品牌营销进行分离，代工完的产品贴上其他公司的品牌进行销售。整体来说，代工处于微笑曲线的底端，利润最低，微笑曲线的两端分别是产品研发和品牌营销，利润高。

代工有很多不同的英文名，最常见的是 OEM 和 ODM。先看 OEM，这中间的 E 指的是 equipment，是设备的意思，强调代工厂的工作是制造，产品的品牌商负责产品的研发，代工厂按照品牌商提供的电路图纸、外壳模具图纸及软件等资料进行制造，产品的商标和技术产权都属于品牌方所有。ODM 的 D 指的是 design，即设计，也就是说代工厂既负责设计研发，也负责制造，听起来匪夷所思，却真实存在。在 ODM 中，产品的商标属于品牌方，设计产权则属于代工厂。

时至今日，代工并不是过时的代名词，反而活跃在诸多的领域，比如食品、药品、服装、玩具、电脑、手机，以及高档的电器等领域。这些领域不仅包括了低端产品的代工，也包括了高端产品的代工。这些工厂的接单对象往往是世界知名名牌，比如戴尔、苹果、博柏利，以及格兰仕等。如果说每个成功的男人背后都有一个默默付出的女人，那么很多的知名品牌背后都有若干个默默生产的代工厂。

虽说代工厂处于微笑曲线的底端，利润并不够，但是凡事都有例外，台积电彻底地打破了这一规律，它是全世界最挣钱的公司，不是之一，可以说将代工做到了极致。

2. 品牌商和代工厂的信息

2.1　品牌商的信息：苹果公司

苹果公司是全球一流的软件和硬件公司，该公司由史蒂夫·乔布斯、斯蒂夫·盖瑞·沃兹尼亚克和罗纳德·杰拉尔德·韦恩等人于 1976 年创立，2007 年更名为苹果公司，总部位于加利福尼亚州。苹果公司于 1980 年 12 月 12 日在美国纳斯达克证券交易所公开上市，目前证券总股本为 166.88 亿股。苹果公司的前三名股东分别是领航集团有限公司，持股 7.72%；贝莱德集团公司，持股 6.77%；伯克希尔哈撒韦公司，持股 5.82%。公司的董事兼董事长 Arthur D. Levinson 持股 0.03%，董事兼首席执行官库克持股 0.02%。

根据全球专利数据库、分析解决方案以及网络服务制造商 IFI Claims Patent Services 统计，苹果公司总计获得的专利超过了 2 000 多项。这些专利的获得、苹果手机和其他产品的创新，得益于苹果公司一向注重研发，为了保持创新，在研发方面投入了巨资。如果仅从研发费用的投入看，苹果公司排在世界研发投入最多的公司的第六位，如图 6-1：

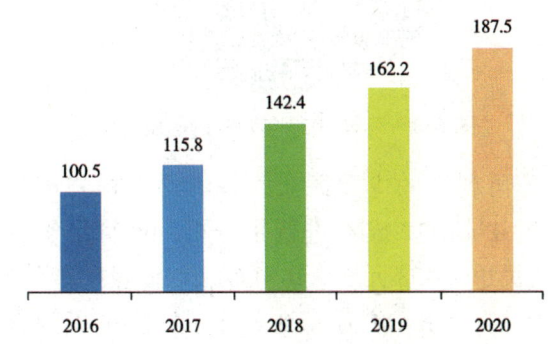

图 6-1　2016 年到 2020 年苹果公司的研发费用（单位：亿美元）

苹果公司设计、制造和销售的移动通信产品和服务多种多样，既有一流的通信硬件，比如苹果手机、电脑、苹果手表系列，也有顶尖的软件系统，诸如 iOS、macOS、watchOS 和 tvOS 操作系统、iCloud、Apple Pay。它通过 iTunes 商店、App Store、Mac App Store、TV App Store、iBooks Store 和 Apple Music（统称为"互联网服务"）销售和提供数字内容和应用。苹果公司的销售模式也灵活多变，既有零售商店、在线商店和直销团队，还有第三方蜂窝网络运营商、批发商、零售商和增值分销商，在全球范围内销售其产品。然而，这些产品和服务对于苹果公司的贡献并不是均等的，苹果公司的营收在全球也不是平衡的。如果从产品的角度看，贡献最多的是苹果手机，如果从地区看，美国对于苹果公司的贡献独占鳌头。如图 6-2 和图 6-3：

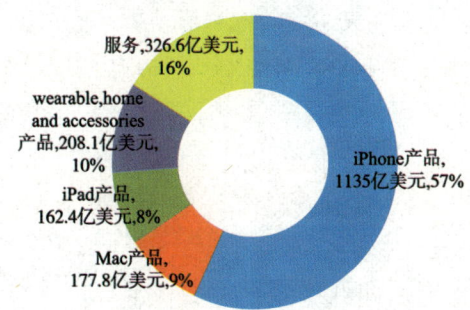

图 6-2　苹果 2020 年各项产品营收及占比

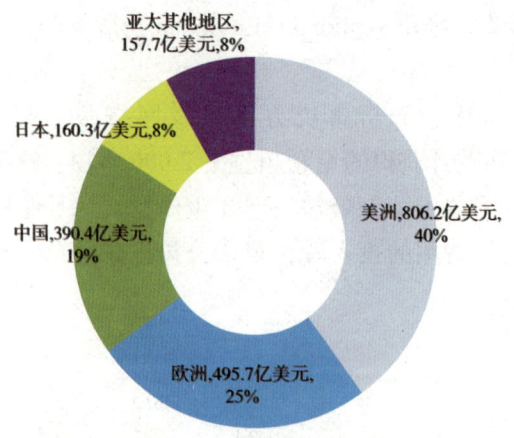

图 6-3　苹果 2020 年营收的区域占比

苹果手机是苹果公司利润的主要源泉，日本的调查公司 Fomalhaut Technology Solutions 对苹果公司的 iPhone12 成本进行了分析，推算出了 iPhone12 的物料成本价为 373 美元（约合人民币 2 458 元），其中 OLED 面板推算价格约为每张 70 美元，芯片为 40 美元，SK 海力士 DRAM 为 12.8 美元，三星电子闪存为 19.2 美元，索尼 CMOS 则为 7.4—7.9 美元。

苹果手机除了完善的软件 iOS 生态系统外，还有着每年推出的功能强大的处理器。苹果手机搭载的是自家最新推出的 A 系列处理器，这款芯片从最初的苹果 4S 所使用的 A5 已经发展到了苹果 8 的 A11 仿生芯片，再到苹果 12 的 A14 仿生芯片，在性能上远超骁龙 865，与华为的麒麟 9000 系列相比，性能不相上下。苹果手机处理器的信息如表 6-1：

表 6-1　苹果手机 A 系列处理器的基本信息

苹果手机处理器型号	代工厂	适配苹果手机型号	晶体管数量	DIE SIZE	制成
A14	台积电	苹果 12	118 亿	88 mm^2	5 nm
A13	台积电	苹果 11，苹果 SE 第二代	85 亿	98.48 mm^2	7 nm
A12	台积电	苹果 XS，苹果 XR	69 亿	83.27 mm^2	7 nm
A11	台积电	苹果 8，苹果 8PLUS，苹果 X	43 亿	89.23 mm^2	10 nm
A10	台积电	苹果 7，苹果 7PLUS	33 亿	125 mm^2	16 nm
A9	台积电、三星	苹果 6S，苹果 6S plus，苹果 SE		96 mm^2（三星）、104.5 mm^2（台积电）	14 nm（三星）、16 nm（台积电）
A8	三星、台积电	苹果 6，苹果 6PLUS	20 亿	89 mm^2	20 nm
A7	三星	苹果 5S	10 亿	102 mm^2	28 nm

续 表

苹果手机处理器型号	代工厂	适配苹果手机型号	晶体管数量	DIE SIZE	制成
A6	三星	苹果 5		97 mm²	32 nm
A5	三星	苹果 4S		122 mm²	45 nm

苹果公司的手机出货量在 2017 年到 2020 年一直位于全球出货量排名的前三位，除了在 2019 年被华为超越而处于第三位外，其余三年都排名第二位。具体的出货量如表 6-2：

表 6-2 智能手机厂商全球出货量（单位：百万台）

厂商	2020 年	2019 年	2018 年	2017 年
三星	266.7	295.8	292.3	317.7
苹果	206.1	191.0	208.8	215.8
华为	189.0	240.6	206	154.2
小米	147.8	125.6	122.6	92.7
vivo	111.7	110.1		
OPPO			113.1	111.7
其他	371.0	409.5	462	573.4
合计	1 292.3	1 372.6	1 404.8	1 465.5

苹果公司和供应链厂商的关系非常特别，1999 年，苹果公司可以做到把库存的周转天数从 30 天大幅度缩减到了 6 天，这一切，都离不开苹果公司特别的管理方式。苹果公司每年要花费几百亿美元来帮助它的供应链的企业购买设备，比如富士康，就有超过 30% 的设备来自苹果的选型和购买。苹果公司不仅帮助供应链的企业购买设备，还会派出上千名的高级工程师前往进驻供应链的企业，帮助这些企业改善制造工艺，优化生产流程。当然，这一切都不是天上掉的馅饼。俗话说，天下没有免费的午餐。一旦供应链企业使用了苹果公司提供的免费的机器，那么整条生产线只能生产苹果产品，一旦为苹果代工，那么不管是控制系统、ERP，还是后台的权限，全部来自苹果。苹果公司可以看到全球任何一家供应链企业的工厂，任何一条苹果产线的生产状况。这种特别的管理关系使得苹果公司可以牢牢地控制供应链企业的技术命脉。正因为如此，苹果的利润相当高，如表 6-3：

表 6-3　苹果公司 2017 年到 2020 年财务状况（单位：亿美元）

项目	2017 年	2018 年	2019 年	2020 年
营业收入	2 292	2 656	2 602	2 745
营业成本	1 410	1 638	1 618	1 696
毛利	881.9	1 018	983.9	1 050
研发费用	115.8	142.4	162.2	187.5
营销费用	152.6	167.1	182.4	199.2
营业费用	268.4	309.4	344.6	386.7
营业利润	613.4	709.0	639.3	662.9
税前利润	640.9	729.0	657.4	670.9
净利润	483.5	595.3	552.6	574.1

2.2　代工厂的信息：台积电

台积电（TSMC）的全称是台湾积体电路制造股份有限公司，是全球最大的芯片制造商，三星、格芯、联电和中芯国际分别位列第二到第五。台积电也是全世界最赚钱的公司，其净利润达到了 33%，简直就是打工皇帝，即使是大名鼎鼎的伯克希尔哈撒韦公司也屈居第二，世界著名制药公司辉瑞制药、世界 PC 软件开发的先导微软和最大的电商阿里巴巴排在第三到第五的位置。台积电公司 1987 年成立于台湾省新竹科学园区，并开创了专业集成电路制造服务商业模式。台积电公司专注生产由客户所设计的芯片，本身并不设计、生产或销售自有品牌产品，确保不与客户直接竞争。时至今日，台积电公司已经是全世界最大的专业集成电路制造服务公司，单单在 2019 年，台积电公司就以 272 种制程技术，为 499 个客户生产 10 761 种不同产品。

台积电公司股票在台湾证券交易所上市，股票代码为 2330，另有美国存托凭证在美国纽约证券交易所挂牌交易，股票代号为 TSM。台积电共有股份为 280.5 亿股，其中 259.3 亿股已上市，21.2 亿股未发行股份。然而，已发行的 80% 的股份基本被国外资本（其中绝大部分是美资）所持有。其中，台积电最大股东为通过美国花旗托管台积电存托凭证专户的美国投资机构，共持有股数为 5 325 610 353 股，持股比例为 20.54%，不过这些美国投资机构的持股非常分散。除此之外，台湾的第二大股东持股 6.38%。台积电为了激励高管和员工，预留了 21.2 亿股，这部分未发行的股票占到了总股票的 7.56%。最后，张忠谋、刘德音、魏哲家等高管团队，持有上亿股台积电股票。

台积电公司在北美、欧洲、日本、中国大陆，以及南韩等地均设有子公司或办事处，如表 6-4 所示，台积电提供全球客户实时的业务与技术服务。至 2019 年年底，台积电公司及其子公司员工总数超过 5.1 万人。2019 年，台积电公司及其子公司所拥有及管理的年产能超过 1 200 万片十二英寸晶圆约当量。

表 6-4　台积电的工厂分布情况

分类	名称	地址
十二英寸超大晶圆厂	台积电总部及晶圆十二 A 厂	新竹
	研发中心及晶圆十二 B 厂	新竹
	晶圆十四厂	台南
	晶圆十五厂	台中
	台积电（南京）有限公司及晶圆十六厂	南京
	晶圆十八厂	台南
八英寸晶圆厂	晶圆三厂	新竹
	晶圆五厂	新竹
	晶圆六厂	台南
	晶圆八厂	新竹
	台积电（中国）有限公司及晶圆十厂	上海
	WaferTech L.L.C. 及晶圆十一厂	美国华盛顿
六英寸晶圆厂	晶圆二厂	新竹
后端封测厂	先进封测一厂	新竹
	先进封测二厂	台南
	先进封测三厂	桃园
	先进封测五厂	台中

台积电为客户生产的芯片广泛地涵盖计算机产品、通信产品、消费性、工业用及标准类半导体等众多电子产品应用领域，并被运用在各种终端市场，例如行动装置、高效能运算、车用电子与物联网等。2020 年，台积电最大的营收额仍然是来自于手机业务，几乎占据了台积电营收的半壁江山，妥妥的是台积电第一大营收来源。

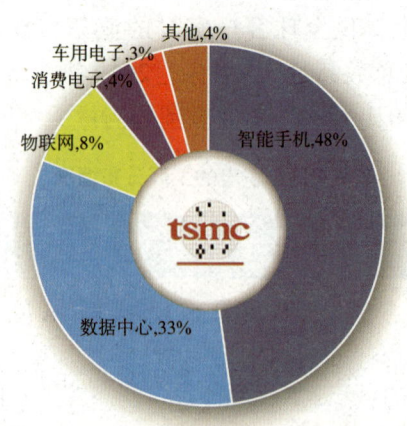

图 6-4　2020 年台积电营收分布

台积电的技术发展非常迅速。2019 年的时候，中芯国际对外宣布，公司正式可以量产 14 nm 的芯片，技术上取得了一大进步；比中芯国际更牛的为韩国三星，目前可以量产 10 nm 的芯片；全球实力最强的为台湾的台积电，可以量产 7 nm 的芯片（苹果、华为、高通的高端芯片都是台积电在代工生产的），而且台积电的 5 nm 制程技术已经基本成熟了，遥遥领先于其他的芯片代工企业。目前台积电的 5 nm 芯片已经非常成熟了，技术在不断地创新、前进。台积电正式确认了，3 nm 芯片将在 2021 年进行风险试产阶段，风险生产是指原型已经完成并进行了测试，但还没有到批量生产最终产品的阶段。风险试产可以帮助揭示与规模化生产有关的问题，当这些问题得到解决后，全面生产就可以开始。该公司的 3 nm 生产线预计将从 2022 年开始量产，目前规划每年生产 60 万颗芯片，即每月生产 5 万颗。

并且台积电在 2 nm 芯片方面也取得了重大的突破，所采用的技术也从传统的技术改变为环绕栅极晶体管技术。台积电公司的 499 个客户遍布全球，其最大的芯片客户仍然是美国客户，占到了台积电 2020 年总营业额的 61%，在这 61% 的营业额的贡献中，苹果公司一家就贡献了整个营收的 25%，外传苹果是台积电的第一大客户所言非虚。紧排在美国之后的，就是中国，占比 27%，其中华为的贡献在 12% 左右，为台积电的第二大客户，第一大客户苹果和第二大客户华为就贡献了台积电全年营收额的 37%。

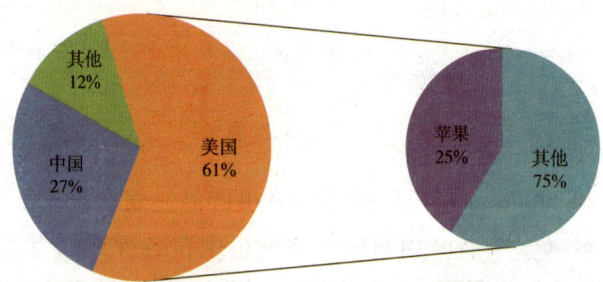

图 6-5　台积电 2020 年全球各个市场在总营业额中的占比

那么，EUV 光刻机一年能生产多少芯片呢？首先晶圆不是芯片，芯片是利用硅晶圆制作出来的，硅晶圆是一种厚度大约在 1 mm 以下呈圆形的硅薄片。这种圆形薄片有很多尺寸，比如 8 英寸、12 英寸、18 英寸大小。事实上，芯片制程越小，晶圆尺寸就越大。目前 14 nm 或以下制程的芯片全部采用 12 英寸的晶圆片制造。因为晶圆越大，衬底成本就越低，未来甚至会有 18 英寸或更大的硅晶圆片出现。目前，12 英寸晶圆的出货面积占全部半导体硅片出货面积的 65% 左右，8 英寸的晶圆占 20% 左右。根据 ASML 此前公布的数据显示，12 英寸晶圆的表面积大约为 70 659 mm^2，在熟练操作员的操作下，理想状态下 EUV 光刻机的处理能力为每小时 12 英寸的晶圆 200 片，实际操作中最高为每小时处理 100 片左右，一天工作下来也就是 1 000 片晶圆。然而，晶圆不是芯片，芯片产能还需要根据芯片的面积计算。两者的计算公式为晶片数 $= \dfrac{晶圆面积}{晶片面积} - \dfrac{晶圆周长}{\sqrt{2} \times 晶圆面积}$，晶圆周长 = π× 晶圆直径。所谓的 8 英寸、12 英寸是晶圆直径的简称，只不过这个英寸是估算值。实际的晶圆的直径分为 150 mm、300 mm、和 450 mm。12 英寸的晶圆的直径是 400 mm。以 7 nm 制程的 113.31 mm^2 的麒麟 990 5G 为例，一块 12 英寸的晶圆在去除边角区域后，大约可生产 600 块芯片。但这并不意味着一台 EUV 光刻机一天能生产 60 万片芯片，因为芯片制造十分复杂、严苛，稍有不慎便可能使得整片芯片废掉。因此，还不得不考虑到良品率，这样一来，一块 12 英寸晶圆能生产的芯片数量便降至 500 片左右。一天下来，EUV 光刻机能生产 50 万片芯片。一台 EUV 光刻机一年的产量是 50 万片再乘以 365，便是 1.8 亿块。

EUV 光刻机无疑是最先进的光刻机，阿斯麦公司截止到 2020 年底共出售 86 台 EUV 光刻机，然而台积电拥有着世界上约一半的正在服役的 EUV 光刻机产品，应该拥有 40 台左右 EUV 光刻机。与之相对应的是，台积电承包了全球所有 EUV 晶圆产能的 60%。目前，台积电正在大批量投入生产线的 EUV 光刻机只有两个节点，分别是 7 nm 节点以及 5 nm 节点。而三星的大型晶圆厂就是应用在 7LPP 工艺上，英特尔在 2021 年才可以建立 EUV 工艺进入产线。

台积电还需购买更多的 EUV 光刻机。根据 ASML 的数据，从 2018 年至 2019 年，每月每开始生产约 45 000 个晶圆，一个 EUV 层就需要一个 Twinscan NXE 光刻机（one EUV layer required one Twinscan NXE scanner for every—45 000 wafer starts per month in 2018-2019）。随着工具生产率的提高，WSPM 的数量也在增加。因此，要配备一个 GigaFab（每月产能超过 100 000 个晶圆），以使用 N3 或更先进的节点制造芯片，该工厂则至少需要 40 个 EUV 工具。所以，台积电如果要扩充产能，EUV 光刻机是必不可少的。

3. 谈判动因

苹果公司和台积电的合作非常广泛，双方的合作从 A8 处理器开始，一直到最新的 A14 的处理器，这种合作最近得到了进一步深化，双方正合作开发超高级显示器技术。这种显示技术是直接将 micro OLED 显示器内置于芯片晶圆上，而不是建立在玻璃基板上，并且能够在即将发布的 AR（增强现实）设备中应用这项新技术。这种合作还体现在双方合作研发自动驾驶芯片，这种芯片是"Apple Car"的重要环节之一。由此可见，苹果公司和台积电的合作不断地深化。

苹果手机 12 已经使用了目前最先进的 A14 处理器，该处理器使用了 5 nm 的制程工艺。2020 年苹果向台积电订购了 8 000 万颗 A14 Bionic 芯片，对苹果的收入增长起到了关键作用。苹果公司打算在下一代的苹果手机中使用更加先进的 A15 仿生芯片。A15 虽然没有采用 3 nm 的工艺，但是 A15 仿生芯片为了提升芯片的性能和降低功耗，采用了台积电更加成熟的 N5P 工艺制造，也就是大家所谓的 5 nm+ 制程工艺，并且使用了全新的架构，集成 173 亿个晶体管。中央处理器为八核，有四个高能效核心和四个高性能核心，运行速度较 A14 上一代提升 40%；图形处理器为六核，速度较 A14 提升 35%。功耗降低 15%。与此同时，台积电奉行的战略是领先对手半步，因此，在普及了 5 nm 的工艺后，转向更加先进的 5 nm+ 工艺的研究迫在眉睫，双方可谓是不谋而合。

接下来，苹果公司和台积电洽谈的内容主要将是讨论苹果下一代 A 系列芯片即 A15 的设计和代工事宜，双方合作了这么多年，都相信这次的谈判将是友好而且有建设性的。

4. 品牌方和代工厂谈判目标

4.1 苹果公司的谈判目标

苹果公司是台积电的第一大客户，也是长久的合作伙伴，听到台积电要涨价的消息并不意料之外。苹果公司的谈判代表只希望这一涨价的幅度不要太大，至少不要对自己这个第一大客户涨幅太多，毕竟，智能手机这个领域的竞争者众多。虽说华为因为美国政府的打压已经暂时被排除在这个竞争体系之外，但是三星 Exynos 1080、高通骁龙 875、骁龙 888、华为麒麟 9000 系列都采用的是 5 nm 制程技术。在硬件相差无多的时候，价格在这个竞争中就至关重要。如果台积电的芯片代工涨价太多，苹果公司势必就得调高手机的售价，有可能使自己失去在竞争中的优势。

而且，苹果公司考虑到目前全球排名前四的晶圆代工厂的毛利率，最高的是中国台积电，毛利率达到了 46%，三星电子的毛利率是 36%，联华电子的毛利率为 14%，中芯国际的毛利率是 20%。由此可见，台积电的利润已经相当高了。如果再结合半导体市研机构 IC Insights 最新报告，2020 年台积电每片晶圆均价达到 1 634 美元，超过同期格芯、中芯国际晶圆均价的两倍，创下历史新高。从表 6-5 可以看出，芯片制造公司的不同制程计数制造的 12 英寸的晶圆成本也会不同。

表6-5 芯片制造公司的不同制程计数器制造的12英寸的晶圆成本

公司名称	5 nm	7 nm	晶圆均价
台积电	16 746美元/11.5万元	9 213美元/63 268元	1 634美元
三星	不公布	不公布（8 nm为5 600—7 000美元）	不公布
联华	达不到	达不到	675美元
中芯国际	达不到	未公布	684美元
格芯	达不到	达不到	984美元

而且根据美国著名的供应链网站CSET的数据，台积电5 nm制程计数器制造的12英寸的晶圆成本为1.6 746万美元，相当于人民币约11.5万元，然而，7 nm制程的晶圆成本为6.32万元左右，5 nm制程的12英寸的晶圆成本比7 nm的成本高出了5.18万元左右。但是，这并不意味着台积电就要加价，因为在5 nm制程下，12英寸晶圆能够容纳的芯片也就更多。而且，苹果的谈判人员也知道，2020年9月15日之前，华为提前向台积电下单了5 nm工艺的麒麟9000及其他芯片订单1 500万颗，该笔订单价值3亿美元。通过对比华为的麒麟9000的价格、5 nm制程的12英寸的晶圆成本，该谈判团队确定了每颗芯片的价格。

其实，使用5 nm的制程的晶圆成本并不会比7 nm的高太多，和其他制程的相比，价格反而更低。以A14芯片为例，如果是用28 nm工艺，那么A14的核心面积将达到989 mm²，每颗芯片的成本是56美元，20 nm工艺是47美元，16 nm工艺是38美元，10 nm工艺是30美元，7 nm工艺是25美元，5 nm工艺也是25美元。当然这些成本都没有考虑设计、封装、测试的成本。

与此同时，苹果公司的谈判人员对比了台积电和三星，认为在技术方面三星与台积电不相伯仲，也具备了7 nm和5 nm的生产技术，但是在产能和良品率方面略低于台积电，其中一个很重要的原因就是三星的EUV光刻机数量没有台积电多。目前三星也明确表达了想买更多EUV光刻机的意愿，甚至还明确表示，要在2022年量产3 nm制程的芯片。也就是说，三星和台积电技术工艺相差不大。

而且，无论是A14，还是骁龙888，都在5 nm工艺上出现功耗、发热集体翻车的现状。这一现状和FinFET晶体管技术有着密切的关系，直到5 nm工艺时代，台积电、三星依然使用老旧的FinFET晶体管技术。FinFET晶体管在进入5 nm工艺后，由于沟道长度、阈值电压等都发生了明显的变化，直接导致晶体管漏电比较严重，并且漏电这一部分的功耗直接占到了整个芯片功耗的50%以上，而晶体管漏电的现象也被称之为"静态功耗"，所以5 nm芯片就会出现功耗持续增大，而导致出现性能提升并不明显的状况。

台积电在进入3 nm工艺时代后依旧会采用老旧的FinFET晶体管技术，而三星则会采用全新 GAAFET 晶体管技术，直接弃用老旧的 FinFET 晶体管技术。GAA 架构的晶体管有着更好的性能，优于台积电 3 nm 工艺采用的 FinFET 架构，即使台积电和三星都掌握了 3 nm 工艺芯片制造，三星 3 nm 芯片要比台积电 3 nm 芯片更好。据了解，三星 3 nm 芯片比 5 nm 芯片性能提升了 30%，功耗降低了 50%。据外媒报道，三星 3 nm 工艺芯片正式流片。如果三星能解决掉发热和功耗大的问题，选择部分产品和三星合作也是明智之举。所以，如果台积电芯片的涨幅太大，超过了 30%，苹果公司会考虑将一部分产能交给三星去代工。毕竟，苹果公司的手机销量非常大，2020 年苹果 11 共卖出 6 480 万台，苹果 12 也卖出了 2 330 万台。所以，苹果计划直接预订超过 1 亿颗 iPhone 13 芯片订单，在这样一个天量的订单下，价格不能涨幅过高。

4.2 台积电的谈判目标

价格的上涨的因素很多，比如产品的供不应求，又或者是制造成本的增加，都会使得企业提高产品的价格。台积电也不例外，近日，台积电宣布价格上浮，主要是基于以下的几个原因：

首先，从短期来看，美国政府对华为的打压引起了蝴蝶效应，2020 年 5 月 15 日，美国商务部发布了新的禁令，禁止全球企业向华为出口芯片。这次的禁令特别之处在于，不再限制美国技术的含量，只要生产线有美国技术，无论比例多少，美国商务部都可以禁止。所以，华为不得不积攒囤货，全球各大手机芯片厂商纷纷跟进囤货，这使得芯片的需求突然剧增。从长期来看，全球半导体市场中的需求将会迅速扩大，消费电子及汽车电子市场需求旺盛，台积电为了应对这个局面，决定在未来的三年中，启动一项价值高达 1 000 亿美元（折合人民币约 6 566 亿元）的投资计划，以此来扩充自身的产能。

其次，半导体市场的激烈竞争也使得台积电加大了投入，比如在制程工艺方面，芯片中 7 nm 与 5 nm，指的是芯片的制程。芯片是由晶体管组成的，制程越小，那么在同样面积的芯片里，晶体管就越多，相对应的性能就越强了。以苹果手机 12 和 11 所使用的 A14 处理器和 A13 处理器为例，A13 是 7 nm 工艺的芯片，A14 是 5 nm 工艺的芯片。A14 为 118 亿个晶体管，A13 为 85 亿个晶体管，提升了 38% 左右。在同样大小的一块芯片里，5 nm 工艺的芯片显然可以比 7 nm 的工艺搭载更多的东西，所以现实中越小的制程，技术越先进，相应的性能越高。7 nm 的 A13 的内核面积有 98.48 mm^2，5 nm 的 A14 的内核面积只有 88 mm^2，比 A13 的内核面积小了 10% 左右。

芯片的制程的重要性由此可见，因此，台积电需要加大此方面的投入，目前，台积电已经开始拟风险试产 3 nm 制程的芯片，计划在今年下半年就量产 3 nm 的苹果 A15 芯片。工欲善其事必先利其器，先进制程芯片的开发越来越难，台积电要想生产制造 7 nm 以下制程的芯片，必须要用到 EUV 光刻机。在 ASML 已经发货的 71 台 EUV 光刻机中，台积电拥有着世界上约一半的正在服役的 EUV 光刻机产品，也就是拥有 30—35 台 EUV 光刻机。每台 EUV 的光刻机价值不菲。为此，台积电已经批准了151亿美元的投资方案，目的就是购买先进设备、提升产能等。台积电还计划在今年支出280亿美元，其中80%的资金都是用于3 nm等先进制程芯片的开发技术。为了在3 nm等更先进制程芯片方面领先三星、中芯国际，台积电已经正式表示，计划今年安装18台EUV光刻机，实现2021年底安装超50台EUV光刻机的目标。

台积电投入的增加，也让晶圆的成本相应地增加，以5 nm的晶圆的成本为例，每片大约为1.7万美元，远远高出7 nm的9 356美元。鉴于此，台积电决定在A14仿生的基础上，将A15仿生的价格上浮25%，而且，台积电以往对于诸如苹果、高通这些大客户交付大额订单时，一般能够获得数个百分点的优惠。台积电决定从2021年年底的订单开始，取消对客户的优惠。

涨价俨然成为了一种趋势，并不止台积电一家进行了价格的上涨，中芯国际近期也决定对代工的芯片进行价格的上调。中芯国际此次的涨价幅度大约在15%—30%之间，涨价的对象是新的订单和已下单未上线制造的订单，对于已上线的订单，将维持原价处理。

台积电对于此次的涨价并非毫无顾虑，但是考虑到台积电的订单非常充足，客户几乎包含了所有的世界一流企业，比如全球最大的芯片企业英特尔，其他的企业比如苹果、高通、英伟达以及AMD等企业，都有意将更多订单给台积电。而且，苹果手机的利润巨大，比如，iPhone12的物料成本为373美元，起售价为799美元。在中国大陆物料成本价为2 454元，起售价为6 799元，利润非常高，可以承受此次的涨价。因此，台积电决定在和苹果的谈判中进行涨价，除了价格，台积电也希望苹果公司能够把A15处理器交给自己独家制造。

除了芯片的价格、数量，台积电还需完成芯片流片费用的谈判。一颗芯片的产生需要经过很多步骤，包括设计、流片、光刻、封装等。在芯片设计完成后，就到了芯片制造厂商进行流片这一步，所谓流片就是像流水线一样通过一系列工艺步骤制造芯片，流片非常复杂。每一次流片时，需要大量的化学溶液，如清洗液、定影液、显影液、洗消液、腐蚀液、填充液、导电液等，其中每一种化学溶液都是保密配方，特殊调配，价格昂贵，同时都是剧毒物质。基本上是一次性使用，很难回收再来利用。制备需求不同，配方也就不同。一千克几百美元或上千美元，几吨或几十吨下来，价格是相当的惊人。但是流片很重要，它决定着芯片能否顺利量产。流片简单来说就是先生产几个试试，一旦风险生产过后，将进入小规模量产再到大规模量产。在一项新技术定型定性之后，芯片制造厂商都会安排风险生产，测试出新工艺的良品率，从而确保大规模投产之后的风险可控。

流片的费用非常高昂，让很多企业可望而不可即。近日IBS数据显示的芯片流片费用中，7 nm工艺价格是3亿美元，5 nm工艺价格是4.36亿美元，3 nm工艺价格是6.5亿美元。以台积电的5 nm全光罩流片费用为例，一次大概要3亿元，而且3亿元还不含IP授权。一个可以量产的芯片并不是进行一次流片就可以成功，一颗芯片需要多次流片来提升良品率，达到可量产的水平。之前台积电5 nm工艺的时候，就流片了多次。目前只有华为和苹果准备使用，三星和高通还在观望。所以，此次流片的费用也是谈判的一个议题。

谈判要求：品牌方和代工厂需要在背景知识的要求下结合现实和表 6-6 的内容，合情合理地完成代工谈判的各项要求。

表 6-6　台积电和三星生产的 5 nm 处理器的各项指标对比

基本信息					GFXBench 测试			
代工厂	制程	晶体管	面积	Single core	Multi core	GFXBench Manhattan 1 080P offscreen（FPS）	Total score	功耗
A14 仿生	台积电	5 nm	118 亿个	88 mm^2	1 591	4 138	207	5 936	7 W
骁龙 888	三星	5 nm	未公布	未公布	1 139	3 810	170	5 119	7.8 W

第七章　中意公司关于奢侈品 OEM 的谈判

1. 奢侈品代工背景

奢侈品（Luxury），在国际上被定义为"一种超出人们生存与发展需要范围的、具有独特、稀缺、珍奇等特点的消费品"。中国有句古话："物以稀为贵。"商品的稀缺性是商品成为奢侈品的重要前提。根据各大品牌的影响力，世界奢侈品协会（World Luxury Association，简称 WLA）与中国贸促会（CCPIT）于 2012 年对世界奢侈品品牌进行了归类和排序。榜单以全球最具影响力的各国奢侈品牌为核心，对头部奢侈品品牌进行了归类，具体包括私人飞机、豪华游艇、顶级汽车、皇室珠宝、世界名表、时尚大牌、化妆品、烈酒与葡萄酒、度假酒店、创新品牌等 10 个行业。

代工，即代为生产。也就是初始设备制造商（original equipment manufacturer），或称定牌加工，即 OEM 来生产，而再贴上其他公司的品牌来销售。代工，最简单的理解就是品牌方研发代工厂制造。代工现象，可以理解是国际大分工环境下，生产与销售分开的大潮流，是企业为了追求利益最大化的结果。如图 7-1 是代工的生产流程图。

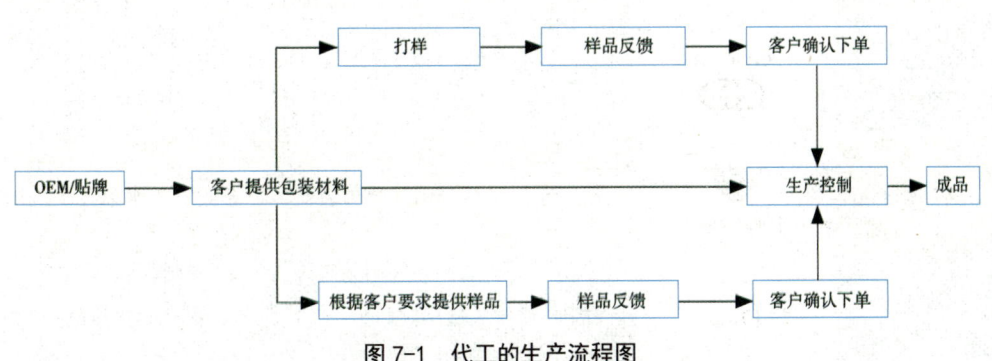

图 7-1　代工的生产流程图

很多的品牌都会采用代工的模式，奢侈品也不例外。资本天生就是追逐利润最大化，奢侈品代工，也是在经济全球化的背景下，企业追求更加低廉的生产成本以及减少运输压力的必然现象。对知名品牌的企业来讲，奢侈品代工的方式不失为利益最大化战略。发达国家的许多著名企业为了降低成本，提高产品的竞争力，将其产品的生产基地逐渐向海外扩展，委托当地来生产制造，然后冠以自己的品牌在市场销售。因此减少了委托企业生产资金的占用,降低了扩张市场的风险。比起自己合并、合资、兼并其他企业,OEM委托加工对品牌企业来说,所占资金最少,能够较快提高品牌企业新品介入市场的速度。

但是,由于奢侈品品牌公司担心海外代工会引起消费群的心理波动,从而引发负面效应,因此奢侈品牌对海外代工一直有所避讳,在代工地点的选择上尤为谨慎。然而,第三世界国家廉价的劳动力和运输成本却是各大奢侈品牌难以抗拒的诱惑。于是在权衡利弊之后,不少奢侈品公司选择与海外企业签订保密协议,防止代工消息外泄。在此背景之下,亚洲的很多国家诸如中国、越南、马来西亚等纷纷成为奢侈品海外代工地的首选。尤其在中国南方的很多城市,奢侈品代工工厂已经司空见惯。

根据世界奢侈品协会的相关资料显示,表7-1为顶级时尚奢侈品前八排名。

表7-1 服装奢侈品前八排名

品牌名称	Logo	国别	成立时间	主营业务
路易·威登(LV)		法国	1854年	时装、箱包、珠宝和手表
爱马仕(Hermès)		法国	1837年	马具、皮具、香水、服饰和钟表
香奈儿(Chanel)		法国	1910年	化妆品、香水、珠宝和服饰
古驰(Gucci)		意大利	1921年	时装、皮具、皮鞋、手表、香水和家具用品
阿玛尼(Armani)		意大利	1975年	男装女装、鞋履、香水以及眼镜饰物
迪奥(Dior)		法国	1947年	服饰、香水和化妆品
博柏利(Burberry)		英国	1856年	成衣、配饰、手袋、香水和服饰
普拉达(Prada)		意大利	1913年	成衣、皮具、眼镜和香水,以及用户量身定制产品

据《环球奢侈品报告》显示，目前，已经有超过 60% 的国际奢侈品品牌在中国有自己的生产线。其中就包括顶级时尚奢侈品品牌排名前列的路易·威登（LV）、阿玛尼（Armani）、博柏利（Burberry）和普拉达（Prada）。2007 年初，路易·威登就已经在中国找到了授权生产商，并开始在浙江杭州建立生产基地。江西盛宏服装有限公司则受到意大利奢侈品牌阿玛尼的钟爱，分别生产过该品牌旗下的一些系列。除此之外，阿玛尼也会选择位于东莞、中山的几家代工厂生产其产品。博柏利在 2007 年关闭了英国威尔士的工厂，公开把生产线迁往中国大陆的广东深圳。据介绍，博柏利在中国生产一件售价 60 英镑的翻领运动衫，成本可以由 11 英镑减至 4 英镑，成本可以减少原来的 63.6%。除此之外，据有关人士报道，普拉达有八成工序外包，其在中国也有代工厂。

在中国制造业中，有这样一类工厂，虽然它们的知名度不高，但是却是世界知名品牌的代工生产厂家。这些工厂接获世界知名品牌的生产订单后进行生产，由中国（OEM）代工工厂生产出来以后往往以极其高昂的价格出售。品牌方获得高额利润的同时，代工工厂只能获得微薄的利润。这些代工工厂就被称为隐身名牌或者名牌背后的名牌，专指为国际知名品牌加工订做产品的品牌。在中国，在生产手袋方面，有以下几家比较出名的代工工厂。时代皮具制品有限公司主要代工普拉达（Prada）的产品；励泰皮具制造厂主要代工博柏利（Burberry）、普拉达（Prada）、蔻驰（Coach）的产品；卫仕手袋厂主要代工蔻驰（Coach）、迈克高仕（MK）、托尼佰绮（TB）的产品；兴昂皮具制造厂是世界著名的休闲鞋制造长兴昂国际集团的下属公司，主要代工普拉达（Prada）和蔻驰（Coach）的鞋子、少量迈克高仕（MK）、托尼佰绮（TB）、化石（Fossil）等；惠雄制品有限公司主要代工普拉达（Prada）钱包；卫仕和励泰在柬埔寨和菲律宾都有分厂，时代仅仅在广东有厂，它们都是皮具行业里面的领导者。

2. 品牌方和代工厂基本信息

2.1 品牌方信息：普拉达

普拉达（Prada）是意大利奢侈品牌，由玛丽奥·普拉达于 1913 年在意大利米兰创建。其 1919 年成为意大利皇室御用供应商，公司品牌 logo 也是意大利皇室萨夫尔家族的盾行纹徽章和结绳设计。公司成立至今已有 108 年（至 2021 年）的历史，目前业务遍布全世界 70 个国家和地区，共有 12 858 名员工，来自 104 个国家，其中女性员工占比 62%。Prada 集团通过旗下 Prada、Miu Miu、Church's 及 Car Shoe 等品牌设计、生产及分销名贵手袋、皮具用品、鞋履、服饰以及配饰。Prada 集团同时也与行业领先者订立了许可协议在眼镜以及香水行业开展经营。2011 年 6 月 24 日，普拉达 S.p.A.（母公司），连同其附属公司（统称 Prada 集团）于香港联交所上市（香港联交所股份代号：1913），共发行股份 25.59 亿股，最大的股东是 Prada Holding S.p.A，持股占比 79.98%。

Prada 集团的产品在 23 个直接拥有的生产基地（其中 20 处在意大利、1 处在英国、1 处在法国、1 处在罗马尼亚）生产，亦由经过严格控制的合约制造商利用网络所获内部生产原材料进行设计及样衣制作。普拉达的销售渠道主要是零售渠道和批发渠道：零售渠道主要是普拉达自己的直营店，批发渠道则是百货店、多品牌商店及特许经营方店铺。截至 2020 年 12 月，Prada 集团旗下有 633 间直接管运店铺（直营店）以及经过节选的奢侈品百货公司。普拉达集团综合销售额 88% 来自零售渠道，其余 11.5% 来自批发渠道。

因为时尚品牌讲求速度，必须迅速反映应对流行文化趋势。Prada 把创新融入集团的血脉当中，坚持拓展边界，敢于试验，也积极抓紧进步的机会。Prada 十分重视品牌的研发，持续加强研发投资，致力于满足顾客需求，持续招募年轻设计师，改善消费者服务和店内产品组合。比如一直被 Prada 认为是产品基石的尼龙布料，也不断变更出新花样。Prada 在不断的创新中推出新款产品，使得包袋整体外观简洁明了，功能性变得更好。更加符合这一代人的需求。自 2011 年起，普拉达开始对上海的一处花园洋房"荣宅"进行修缮，并在 2017 年向公众正式开放，将其作为普拉达发起艺术个展和品牌活动的场所。在普拉达基金会的支持下，普拉达举办了为"橡胶铅笔恶魔"的特定展览。普拉达希望将荣宅打造成上海的文化地标之一，也有助于品牌进一步在中国市场提高自身的影响力。除此之外普拉达选择蔡徐坤作为品牌代言人，虽然前期有很多消费者感到两者间存在极大反差，但从某个程度上，也可以为不太了解普拉达的中国年轻消费者构建有效的沟通渠道。近两年来，Prada 在以创意零售空间著称的北京 SKP-S 开设了诸如 Hyper Leaves、Prada Escape 等多元主题的限时店。Prada 也将限时店发展到线上，于 2019 年 12 月首次推出 Prada Time capsule 系列，每月第一个星期四发布一款新品，限时 24 小时于 Prada 线上精品店独家发售。2020 年 Prada 集团进一步加快数码创新（更具体而言为开发电子商贸渠道），部分因为消费者购物心态因新冠肺炎卫生紧急事故而有所改变。

普拉达认为创意是制造过程的核心。普拉达的传统及企业品质标准不断吸引世界各地的精英分子与之合作，锻炼出一支非凡团队，照顾到创作领域上每个环节：从设计到制作、从建筑到通信及摄影以及普拉达集团所参与的所有独家特别项目。普拉达的业务模式如图 7-2：

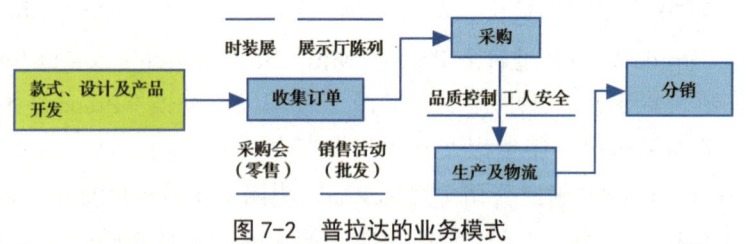

图 7-2 普拉达的业务模式

2020 年的新冠肺炎疫情对普拉达的影响很大，Prada 集团全年平均关闭了约 18%

的门店，其中上半财年平均关闭了 27% 的门店，下半财年平均关闭了 9% 的门店。具体来说，将近 130 家门店处于关闭的状态。净财务状况（Net Financial Position）为负 3.11 亿欧元，较 2019 年 12 月的负 4.06 亿欧元有所改善。但是 Prada 集团的财务仍处于亏损状态，财务状况也不容乐观。普拉达近五年的财务数据如表 7-2：

表 7-2　2016 年到 2020 年普拉达财务状况（单位：亿元）

名称	2016 年	2017 年	2018 年	2019 年	2020 年
营业收入	254.38	235.05	246.57	252.1	194.42
销售成本	70.28	66.07	69.02	70.81	54.52
毛利	184.09	168.98	177.55	181.29	139.91
其他支出	148.04	137.15	152.14	157.31	138.30
财务成本	2.14	1.33	1.72	5.80	5.79
税前利润	34.08	30.67	23.74	18.35	−4.16
净利润	23.90	20.98	16.34	20.14	−4.36

Prada 的主营业务分为四大块，包括皮具、服装、鞋履和其他收入之和。根据 2020 年普拉达年报公示可得，2020 年 Prada 集团的营业收入为 24.23 亿欧元，其中皮具营业收入为 13.11 亿欧元，服装营业收入为 6.05 亿欧元，鞋履营业收入 4.43 亿欧元，其他收入为 6 443.80 万欧元。

普拉达 2019 年和 2020 年的销售成本和运营成本如表 7-3 和表 7-4：

表7-3 普拉达2019年和2020年销售成本构成（单位：万欧元）

名称	2019年	2020年
采购原材料及生产服务	68 190 8	41 711 9
有形及无形固定资产折旧、摊销及减值	1 739 7	1 702 5
使用权资产折旧及摊减	296 3	303 5
劳工成本	12 820 8	11 770 2
短期及低价值租约	67 8	59 7
物流成本、税项及保险	13 604 9	10 380 8
存货变动	16 122 1	2 007 5
总计	90 598 2	67 936 1

表7-4 普拉达2019年和2020年运营成本构成（单位：万欧元）

名称	2019年	2020年
商品设计及开发成本	12 737 8	10 223 2
广告及传播成本	23 101 1	20 684 8
销售成本	147 010 1	125 982 7
一般及行政成本	18 434 3	15 441 0
总计	201 283 3	172 331 7

在Prada的业务板块中，皮具部分占比最大，高达55%。在皮具业务当中，女性的手袋占据Prada核心品牌的60%，Prada的经典产品，也是Prada的亮点所在，包括Galleria系列手袋、Re-Edition系列手袋等。Galleria系列手袋因为碟中谍电影中女杀手穿戴而流行，俗称"杀手包"，是2012年Prada最火的产品，至今还很流行。Prada另一个时尚单品hobo手袋，2019年推出全新复刻版Re-Edition系列，重现20世纪90年代复古时尚，各种时尚街拍中都能看到它的身影。以下是Prada手袋经典系列产品（表7-5）。

表7-5 Prada手袋经典系列

系列名称	款式	图示	大小/高×长×宽/cm	材质	官网价格/元
Re-Edition	Re-Edition 2005 尼龙手袋		18×6.5×22	尼龙	11 800
	Re-Edition 2000 迷你手袋		17×6×22	尼龙	7 000
	Re-Edition 2006 尼龙手袋		15×6×22	尼龙	10 200
Cleo	Cleo 亮面皮革单肩包		22×6×27	亮面皮革	17 900
	Cleo 鸵鸟皮单肩包		22×6×27	鸵鸟皮	56 000
Cahier	Cahier 手袋		14.5×7×20	小牛皮	26 900
Galleria	Galleria Saffiano 大号手袋		24×13.5×32	Saffiano 皮革	25 000
	Galleria Saffiano 中号手袋		19.5×12×28	Saffiano 皮革	23 000
	Galleria Saffiano 小号手袋		16.5×11×24.5	皮革	21 000
	Galleria Saffiano 迷你手袋		16×10×22	皮革	17 700
Monochrome	Monochrome 手袋		24.5×15×33	Saffiano 皮革配小牛皮侧边	19 900

普拉达的手袋可以卖到两万多元，这是由一系列的因素决定的。首先，普拉达的奢侈品会包括商品设计及开发成本、广告及传播成本、销售成本、一般及行政成本等，以销售成本为例，一般来说，高端奢侈品只会出现在商场专柜或专卖店、旗舰店等实体店铺，而少有网络销售。这既是考虑到网购的廉价标签对品牌定位的影响，也是出于对用户购买体验的考虑。因此这些租金人工成本也会在奢侈品价格中有所体现。其次，普拉达在中国制造生产的手袋，并不能直接在中国市场出售，而是出国之后进行贴牌，然后再次入境中国进行销售。这样一来，普拉达需要缴纳关税，由于奢侈品属于暴利行业，对其征收的税率会比较高，除了征收进口关税，还需缴纳消费税、增值税，关税的税率为6.5%—18%，增值税率为17%，消费税率为30%。最后，品牌溢价。奢侈品的定价是以市场需求、消费者需求为基础的决策，会采取"品牌和形象定价"加上"组合定价"的策略。最后，根据奢侈品行业报道，中国市场已经被定义为高档商品购买力旺盛的新兴市场，根据品牌的定价政策，新兴市场的定价会比其他市场高。因此大部分的奢侈品品牌的欧洲零售价和中国大陆地区的零售价平均差异在20%—30%（去除中国的关税、消费税和增值税因素），除此之外，欧盟还会给予消费者12%的退税，价格差异会更大。所以在一些品牌中，会出现地区性的定价差异的情况，普拉达也不例外。

2.2　代工厂信息：时代集团

时代集团控股有限公司及其附属公司是世界顶尖的高端品牌及奢侈手袋、小皮具及旅行用品制造商之一，也是大中华区品牌分销商。主要从事手袋、小皮具、旅行用品及鞋履产品设计、研发、制造、销售、零售及批发，提供广告及营销服务，以及物业投资。主要业务为蔻驰（Coach）、化石（Fossil）、迈克高仕（Michael Kors）、鳄鱼（Lacoste）及普拉达（Prada）等国际领先的高档奢侈品牌进行代工，及为途明（Tumi）等高档旅行品牌开发及制造手袋、小皮具及旅行用品。公司自1968年于香港成立，至今已逾50余年，拥有东莞、英德两大生产基地。总占地面积超25万平方米（约375亩），其中东莞厂总占地面积超过100亩，约7万平方米。英德生产基地占地20万平方米。每月生产各类时尚款手袋、银包、拉杆箱等皮具制品总量超过一百万只（个），产品全部出口欧、美、日等国，深受广大客户的信赖及欢迎。员工近万人，其中，东莞厂连续多年被厚街镇政府评为外贸出口贡献奖前五名、纳税前十名外商企业，现已成为世界皮具制造的龙头企业。时代集团控股有限公司于2011年12月6日在香港上市，股票代码（01023）。

自2001年起，时代集团控股有限公司进驻迅速增长的中国手袋零售市场，成为垂直整合手袋及小型皮革产品公司。旗下有四个品牌，分别是Tuscan's，Fashion&Joy，于2018年收购的a.testoni及其副线品牌i29。此项收购有利于加强时代集团的零售网络，使其涵盖中国、日本、韩国的主要城市及欧洲的主要地区。2018年，时代集团为品牌重塑及市场推广制定了一个三年计划，目标是以a.testoni品牌为龙头，推动集团在国际高端时尚品牌圈中之地位，并壮大零售业务，使之长远成为集团的利润及现金流主要来源之一。除此之外，时代集团控股有限公司还有国际品牌 Cole Haan 于中国香港及中国内地的独家分销以及经营权。Cole Haan 是经典美国时尚配饰品牌和零售商，致力于推出一系列优质男女装鞋履及手袋。时代集团通过与 Cole Haan 的独家合作，来扩大自己的业务范围。

时代集团根据其产品及服务划分业务单位，包括零售、制造以及物业投资。零售指的是时代集团自有品牌或代理的品牌制造、零售及批发手袋、小皮具、旅行用品及鞋履用品，以及提供手袋及配件设计、广告及营销服务。制造是为品牌生产手袋、小皮具及旅行用品，并由其他公司转售。物业投资指的是投资办公室空间以获取租赁收入或做资本增值用途。2020 年时代集团的营业分布收入如图 7-3：

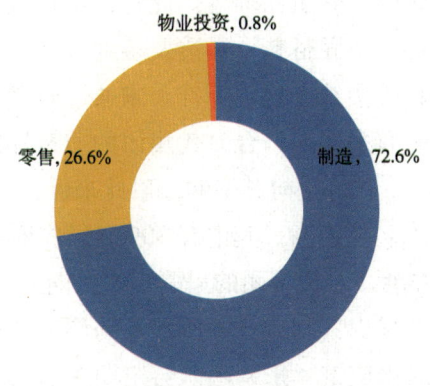

图 7-3　2020 年时代集团按经营分布效益

近年来，为了适应快速变化的市场，时代集团控股有限公司不断提高自身的生产工艺水平，同时时代集团也致力于完善自身的供应链管理系统，努力为客户提供质量上乘的产品，让自身的品牌成为质量保证的代名词。

在生产方面，时代集团控股有限公司已将产品的质量和安全融入生产全过程当中。时代集团与国际品牌长期合作中，已经就其各类产品，特别是高端及奢侈手袋和小皮具生产程序的各个主要步骤累积深厚专业知识及经验，生产技术较为纯熟。同时时代集团贯彻科学化管理方针：东莞时代及英德皮具已采用电子追踪系统（ETS）及企业资源规划（ERP）系统评价生产表现、识别生产瓶颈、改善经营效率以及进一步提高产能。通过时代集团建立的电子系统，时代集团能够轻易地实时管理生产程序，追踪原材料和制成品的状况，以及评价雇员的工作效率。完成检查后，每批皮革及面料（即主要原材料）于送至生产线前会由 ERP 系统设置条形码，并运至设有空调系统、湿度调控及特制货架的仓库以供储存。生产线雇员均训练有素且具备必要的经验及技术。每名雇员均获指派负责生产过程中的一个特定步骤，以提升工作效率。为确保高生产力，ETS 系统为每个车间的每名员工指定每日须完成的部件目标数量，而每条生产线都会委派一名组长负责监督及监察生产线各工序的质量。为确保制成品的质量符合相关规定及尽早识别有缺陷产品，时代集团进行各项质量检查，包括在生产工序的不同阶段抽样测试。时代集团亦在实验室进行各项测试程序，例如脱色及褪色、耐磨、拉力及防水测试。与此同时，客户亦安排驻厂质控人员检查制成品的质量。如果接获客户报告有任何产品未达标，时代集团将按照客户所要求的程序将其召回并采取相应的补救措施，以将影响和客户的损失降至最低。2020年度，时代集团并无已出售或已付运产品因安全及健康理由而要回收。时代集团亦已成立化学物品监管团队，执行各项质量管理措施，例如聘请第三方进行制成品化学测试以符合客户要求，及产品进口及出售地区有关受限制和危险物料的法律及法规所规定的美国、欧盟或其他国际产品安全标准。

在供应链管理方面，时代集团用于生产手袋、小皮具及旅行用品的原材料主要包括皮革、布料、稻草、聚氨酯、聚氯乙烯等。此外，生产过程亦使用辅助材料，例如五金配件、拉链、线、内衬、加固材料、油边及多种包装材料。时代集团会对原材料质量进行严格检查，确保其质量符合规定标准。未通过时代集团测试的原材料将会退回相关供应商。假如有供应商多次未符合时代集团的质量标准，时代集团就会将其从获得认证的供应商名单剔除，并终止向其采购，以此来保证产品的质量。截至2020年12月，时代集团总共有321名供应商，其中有309名供应商来自广东、11名供应商来自浙江及1名供应商来自香港。时代集团的采购程序，向来遵守客户规定的各项安全、健康、环境及人权指引，以减少其制造业务所涉及的环境及社会风险。除此之外，时代集团为了维持有效稳定的供应链，采购团队会定期探访指定及非指定供应商，以确保供应商按时交付符合标准的原材料。总的来说，有些客户会自己指定供应商，等客户指定供应商之后，时代集团会严格遵守订单上的要求，按特定的数量、类型及质量购买原材料进行生产。假如客户并无指定供应商，则由时代集团的采购团队根据集团的标准（包括质量、价格、经验、服务及支付条款）甄选供应商，并及时与客户进行沟通，最终敲定供应商。

在利润方面，时代集团的利润并不是很大。做奢侈品代工本质上赚取的只是产品的加工费用，相对奢侈品的定价动则几千上万来说，利润确实是很微薄。一般来说，名牌包代工厂能保持在10%的毛利率就已经代表该企业的成本控制与管理做得很好，若是在某一个环节出错，10%的毛利也保不住。一位业内人士透露，国际奢侈品代工一事可以说是公开的秘密。某些奢侈品品牌虽然死也不愿意承认，但是代工确实已经让它的成本下降很多，一个价格在二三万元人民币的包包，最终成本不超过2 000元，利润率甚至达到10倍、20倍。据某奢侈品代工厂管理人员介绍，一款价值10 000元人民币的某奢侈品牌新款皮质包，在欧洲大概价值700欧元。其成本构成中，布料约需50欧元成本，加上铆钉、纽扣、拉链等材料，一款皮包总价不超过90欧元。时代集团的近五年的财务状况如表7-6：

表 7-6　时代集团 2016 年到 2020 年财务状况（单位：亿元）

名称	2016 年	2017 年	2018 年	2019 年	2020 年
营业收入	24.25	16.64	19.44	21.48	16.52
销售成本	17.69	12.14	14.07	15.36	12.51
毛利	6.55	4.50	5.37	6.12	4.01
税前利润	3.81	2.05	2.38	1.42	−1.12
净利润	3.16	1.83	2.12	9 921.69	−1.37

时代集团面对 2020 年的亏损，积极开拓欧洲、亚洲和中国内地品牌客户的业务机会。按地理位置划分，时代集团已经降低了对北美客户的依赖。而且，时代集团也有意投资自动生产系统以减少依赖人手生产及缩短生产准备时间。此外，时代集团也会灵活调配生产线，进一步提升竞争力。

3. 谈判动因

时代集团凭借其优质服务、高端的工艺技术以及准时交付货品的能力，得到各主要客户的忠诚信赖，建立起更密切的合作关系。于此同时，全球奢侈品牌手袋行业竞争激烈，奢侈品牌须瞄准不同消费者的口味和市场潮流，不断推陈出新。在这一背景下，时代集团在生产高端皮具产品方面拥有丰富的经验与精湛工艺，生产的皮具种类广泛、档次高端，因此能配合客户的业务发展，满足不断提升的客户要求，双方的合作越来越密切。

普拉达和时代集团的合作始于 2010 年 6 月，当时由于中国廉价的劳动力和运输成本，普拉达决定把部分的产品线 Prada Galleria 手袋和 Prada Monochrome 手袋交由中国的时代集团控股有限公司进行生产加工。两家公司一直签有保密协议，防止代工消息外泄，引起消费群的心理波动，从而引发损害普拉达公司的名誉。

2020 年度，由于全球暴发新冠肺炎疫情，全球经济损失严重，根据国际货币基金组织发布，全球经济萎缩达 4.4%。疫情无论是对普拉达还是时代集团，都有着巨大的影响。对于普拉达来说，虽然奢侈品售价高昂，但是全年净营收同比下滑 24%。对于时代集团来说，一直是利润微薄，在行业景气时依靠大规模走量尚能生存，但如今遭受新冠疫情，全球品牌订单减少、人工成本高等因素导致了代工企业步履维艰。

此时，恰逢时代集团与普拉达的代工合同已经到期，由于两家公司合作多年，时代集团希望此时能与普拉达集团签订 2021 年生产订单。时代集团和普拉达有合作的基础，对彼此也较为信任，双方约定于 2021 年 2 月 26 日于线上进行此次谈判。

4. 品牌方与代工厂的谈判目标

4.1 品牌方普拉达的谈判目标

Prada 中国区负责人派出一支具有奢侈品代工方面谈判经验的团队，该谈判团队根据以往的经验，确定了谈判的主要内容，包括代工手袋的类型及质量要求、原材料、手袋的单价、手袋的数量、手袋生产时间，除了这些主要内容，该谈判团队还需要和时代集团的负责人确定合同其他的条款。

手袋类型及质量：普拉达此次代工的手袋主要是 Galleria 的四款手袋：Galleria Saffiano 大号手袋、Galleria Saffiano 中号手袋、Galleria Saffiano 小号手袋和 Galleria Saffiano 迷你手袋。

手袋原材料：在原材料、辅料、包装料方面，均由普拉达集团指定并配给。原材料对产品品质而言至关重要，这也是普拉达的主要关注点。多数情况下，普拉达采用独家生产的面料及皮革，严格遵循技术及款式格式，从而确保产品质量上乘并凸显其独特品质。原材料须经内部检验员及工程师进行严格质量控制。

普拉达希望时代能够降低材料耗损。两家公司合作由来已久，普拉达发现时代集团由于长期依赖人工生产，效率较低；货物周转时间较长。因此普拉达集团希望在未来的合作中时代集团能加快投资自动生产系统以减少依赖人手生产及缩短生产准备时间，从而提高货物周转效率。而且，根据行业的一般规律，在制造或生产过程中造成的材料损耗一般要控制在 5% 以内，但是时代集团有时候材料损坏率高达 7%。材料损耗较高不仅会增加生产成本，同时也有将瑕疵品盗卖的风险，瑕疵品在市场上流通的话，不仅会使消费者体验下降，也会降低品牌的信誉度。因此，希望时代集团能加强企业人员培训，降低材料损耗至 4%，帮助集团降低生产成本和企业风险。

手袋生产时间：普拉达还希望时代集团加快建设自动生产系统，因为普拉达会在中国进一步铺开线上渠道，更多向中国市场倾斜。鉴于双方有多年的合作基础，普拉达希望时代集团能加快投资自动生产系统以减少依赖人手生产及缩短生产准备时间，从而在制造这一环节提高货物周转效率。

手袋价格：在很多人看来，奢侈品是一个暴利的行业，然而，奢侈品的净利润没有想象的那么高。虽然从普拉达的官网可以看到，Prada Galleria 系列手袋的市场平均销售价格每天都在变化，变化的范围从 17 700 到 25 000 元，但是这个价格包含了很多的费用。同时，Prada 在其他国家，比如越南、菲律宾等有很多公司愿意以更低价承接公司业务。因此，假如时代集团加价，可以考虑转向其他公司。普拉达的谈判团队需要根据现实确定代工的价格。

手袋数量：根据意大利奢侈品集团普拉达（Prada）发布 2020 年财报，截止到 2020 年 12 月 31 日，该集团全年净营收同比下滑 24% 至 24.23 亿欧元。值得注意的是，普拉达集团 2020 年下半年业绩显著恢复，实现净利润 1.26 亿欧元，弥补了 2020 年上半年受新冠肺炎疫情影响造成的亏损。其中，在线渠道全年涨幅超过200%以及中国市场在2020年下半年的强势增长，成为普拉达集团2020年下半年业绩复苏的主要原因。

普拉达根据市场的需求量进行调整，考虑到中国市场在2020年度为普拉达经济增长做出的贡献，普拉达方认为中国市场潜力巨大，进而进一步拓宽中国市场。为此，普拉达集团针对稳健增长的中国市场定制了一个长期发展策略，比如普拉达将会重视线上渠道的构建，在上海地区拓展并推行全新创意零售模式，通过一系列限时店及沉浸式零售空间向消费者阐述品牌创意理念，进一步提升品牌传播及消费体验。为了配合普拉达进一步扩张中国市场的计划，普拉达计划加大在时代集团的订单量。普拉达需要根据现实情况确定此次Galleria系列的四款手袋的数量。

4.2 代工厂时代集团的谈判目标

时代集团的谈判团队经过详细的分析，目前时代集团的经济状况处于亏损的状态，而且遭遇新冠肺炎疫情，企业订单明显减少，给企业的运转造成了一定的困难，因此假如时代集团想要扭转困局，一方面要拓宽零售业的市场范围，另外一方面则是要保持与其他客户的合作，保持订单的稳定。因此，该团队认为公司此次谈判的主要目的是维持与Prada公司的合作。也就是说，保证与Prada的订单是首要选择。

定金：2020年对于时代集团控股有限公司来说，也不可避免地受到了影响，全球新型冠状病毒疾病令客户在下订单时较为犹疑，每宗订单的单量亦比以往有所下降，有些甚至取消或者中止订单。时代集团经历2011年上市以来最艰巨的财政年度，2020财年时代集团的税后利润为−1.50亿元人民币，企业属于亏损状态，企业经营面临困难。在企业面临巨大压力的情况下，2020年度企业旗下还有5 466名员工，具体包括2 315名男性员工、3 151名女性员工，需要企业支付人工费用。此外还有场地费、设备等费用需要支付，企业经营遇到瓶颈，因此，时代集团希望普拉达能够预先支付25%的定金帮助时代集团顺利进行生产。

手袋价格：时代集团希望能够提高手袋代工的价格。由于近年来我国的制造业成本逐渐上升，这也意味着企业必须用更高的工资才能招到员工，最终人力成本也会反映到产品价格当中，会导致产品生产价格上涨。根据国家统计局的数据，我国制造业平均劳动力成本呈逐年上升趋势。2008年为24 404元，截至2017年已经涨到64 452元，10年间上涨了约1.64倍。而这种趋势，一直在持续。对于时代集团来说，Prada Galleria和Prada Monochrome两个系列的手袋的市场平均销售价格定价为20 000元，奢侈品包袋代工的行业的生产成本约为销售价格的10%，代工生产的毛利率在10%，但是依据2020年的生产销售情况可知，2020年时代集团税后利润为−1.37亿元，企业实在入不敷出，考虑到人工成本和企业经营状况，时代集团的谈判团队根据实际情况制定了手袋代工价格。

手袋数量：关于Prada手袋的数量，时代集团谈判团队当然希望Prada下的订单量在时代集团的产能之内越大越好,根据 2019 年以及 2020 年的合作经验,还有普拉达进一步拓宽中国市场的势头,该谈判团队认为每个系列下订单 8 000 只/月比较合适。

备损率:时代集团经过多年的发展,生产包袋的技术已经较为熟练,机器设备也有计划更新,因此在这方面,可以做出适当的让步,但是让步幅度不能太大,毕竟货物出现瑕疵再调取零件会影响生产效率,增加生产成本,因此根据往常的生产经验,5% 是不可逾越的底线。

除此之外,时代集团还需与普拉达商谈表 7-7 中的其他的合同条款。

表 7-7　OEM 代工合同常见条款

常见条款		
1. 原材料(如果是代工厂提供,还需计算出原材料费用)	谁提供、提供多少	10. 违约责任
	什么时候、交货地点	11. 仲裁
	质量要求、备损率是多少	12. 担保
2. 加工费	加工费的计算标准(按件)	13. 转让
	如何支付(付多少、用什么支付、什么时间支付)	14. 有效期和续订
3. 专家与培训费用	数目、时间、任务费用	15. 文本
4. 交货时间		16. 补充或修订
5. 包装费和辅料费	大概多少,谁出、什么时候出	17. 适用法律
6. 运费保险费	原材料的运费和保险费	
	成品的运费和保险费	
7. 质量检验	代工厂检验原材料	
	品牌方检验成品	
8. 不可抗力		
9. 保密条款	对于设计的保密	

第八章　中美公司关于运动鞋 OEM 的谈判

1. 代工背景

鞋履为双脚提供支撑和保护，减少凹凸不平、粗糙或锐利的接触面的影响，除基本防护功能外，也具有时尚装扮功能。根据 Statista 数据统计，2019 年全球鞋履市场销售规模达 4 351.39 亿美元，预计到 2023 年，全球鞋履市场销售规模将增至 5 127.36 亿美元。鞋履基本由鞋面、鞋垫、防震片（非必有）、底台、大底构成，其具体构造图如图 8-1：

图 8-1　鞋履的基本构成

鞋履按功能及穿着场景，可以分为三大类，具体如图 8-2：

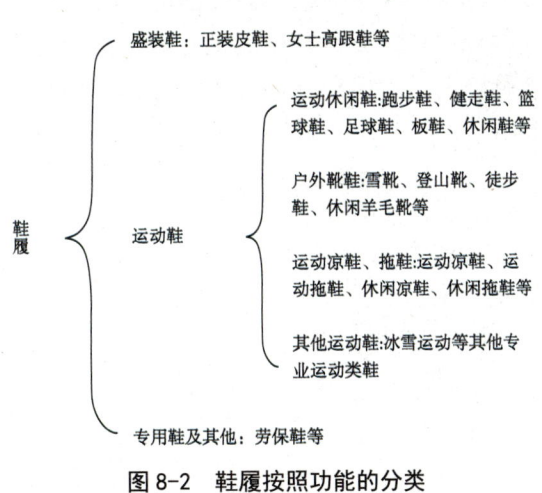

图 8-2　鞋履按照功能的分类

运动鞋履行业主要经营模式有两种，分别是：品牌运营与制造分离模式和品牌运营与制造一体模式。采用品牌运营与制造一体模式的企业，除从事鞋履品牌运营、产品开发设计外，还负责产品制造。目前主要采用这种模式的企业包括贵人鸟、万里马等。行业内部分企业同时采用上述两类模式，如安踏体育、特步等企业，主要采用品牌运营与制造一体模式的贵人鸟、万里马也存在少部分的鞋履外包生产情况。2019年，安踏和特步鞋履外包率分别达到67.8%和66%。

全球知名的运动品牌企业一般采用品牌运营与生产制造相分离的模式。在该模式下，品牌方主要着力于品牌价值的塑造、产品的创意设计及营销，在制造方面主要委托专业的鞋履制造商进行。专业鞋履制造商根据品牌方的设计进行多轮开发，以其对材料特性和制鞋工艺的理解提出专业的意见和建议，将品牌方的创意设计产品化，形成成本可控、量产可行的产品方案，并按品牌方认可的产品方案和具体订单要求，为其提供质量可靠、交期准时的专业制造服务。

在专业化分工的背景下，一款新产品的推出需要品牌方与专业鞋履制造商共同完成，二者相互影响、相互依存。品牌方的市场规模与发展，对相应专业鞋履制造商的规模成长有重要影响；而专业鞋履制造商的制鞋技术和经验，对新产品的开发、新材料和新工艺的运用有着重要作用，结合专业鞋履制造商的品质把控和量产能力，为品牌方新产品的及时上市提供有力保障。

全球主要运动品牌集团 Nike、Adidas、VF、Puma、Columbia、Under Armour、Deckers 等均采用了专业化分工模式，品牌运营商更倾向于与大型运动鞋履制造商合作。全球主要运动鞋履制造代表企业包括裕元集团、丰泰企业、钰齐国际和华利股份等。2019年，裕元制造收入414.6亿元，出货3.22亿双鞋，制鞋正式员工31.1万人；丰泰制造收入165.4亿元，鞋产量1.23亿双，编制员工13.68万人；钰齐制造收入约28.6亿元，鞋产量1 966.9万双，生产线员工2.03万人。华利员工数超10万人，2019年营收151.66亿元，产量超1.8亿双。这些企业依靠专业化分工发展模式，近年来得到了快速发展。

2018年全球鞋履产量达到242亿双。就其地理分布而言，生产主要集中在亚洲。在亚洲，中国、印度、越南、印尼是全球前四的鞋履生产国，为全球市场提供了超过85%的鞋类产品；其次是南美洲，占比为5%；非洲占比4%位列第三。全球鞋履产量呈现稳定增长，如图8-3：

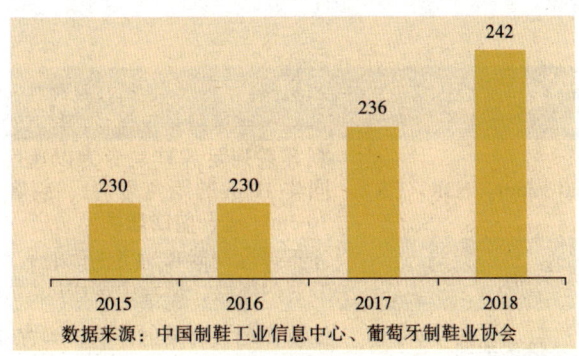

图8-3 2015—2018年全球鞋履产量情况（单位：亿双）

2. 品牌方和代工厂的信息

2.1 品牌方信息：耐克

耐克是一家全球领先的体育用品制造商，总部位于俄勒冈州波特兰市。公司的体育品牌以耐克为主，子品牌包括匡威和乔丹。耐克的产品则以运动鞋为主，延伸到运动服装、运动器材等。耐克的前身是蓝带体育公司，一个日本运动品牌鬼冢虎的代理公司，1972年，蓝带公司改名为耐克公司。耐克公司建立了全球总部、纽约总部、欧洲总部、大中华地区总部以及 ELC：LAAKDAL，BELGIUM。该公司在1980年于纽约证券交易所上市，2020年美国500强公司中排名第85位。

耐克对全球市场进行了详细的划分，将主要市场定位为年轻人和有一定收入基础的中年白领阶层。耐克的产品多样化，几乎覆盖了所有的体育专业领域，包括足球、篮球、网球、跑步、综合训练、女子健身、休闲复古以及童鞋等领域。以运动鞋为例，耐克每年生产9 000多万双，推出100多种新产品新款式。除了推出新款式之外，耐克也对一些经典款式进行新技术、配色等方面的修改，以此吸引老顾客。从表8-1可以看出耐克的鞋子实现了多样化。

表8-1 Nike有名气的鞋子系列产品

运动分类	系列名称	备注
篮球鞋	Flight	适合外线球员
	force	适合内线球员
	uptempo	介于二者之间

续 表

运动分类	系列名称	备注
足球鞋	mercurial vapor，NJR，CR7，	刺客系列足球鞋是专为以速度见长的球员设计。在同样10 m的距离之内，"刺客"可以让球员多跑出30 cm，适合前锋球员
	暗鲨系列，传奇系列	注重速度与触球感觉的同时，鞋身融入巧妙设计，提升射门体验，适合中场球员
	暗鲨系列	注重抓地力与踢射体验，脚背叶片形设计，实现出众控球表现，适合后卫球员
跑步鞋	Air max 360，air max，shox，zoom，lunar，react	缓震，速度，越野，稳定，free五大类
赤足跑步鞋	Nike free 3.0，Nike free 5.0，Nike free 7.0	
网球鞋	Air zoom vapor	
复古鞋	Dunk，Dunk SB，air force 1，Cortez	

除在超过45个国家拥有耐克和匡威的数字商务平台外，在美国市场，耐克将耐克品牌、乔丹品牌、赫尔利品牌和匡威品牌的产品利用耐克的销售办事处销售给美国成千上万零售客户，其中包括鞋类商店、体育用品商店、体育专卖店、百货商店、滑冰、网球和高尔夫商店以及其他零售客户。在国际市场，耐克通过耐克直销业务以及在世界各地的独立分销商、特许商和销售代表，向零售客户销售产品。如表8-2：

表8-2 耐克在美国市场和国际市场的零售店情况

市场名称	零售店名称	零售店数量
美国零售商店	耐克品牌工厂店	220
	耐克品牌直营店（包括员工专营店）	31
	匡威店（包括工厂店）	112
	Hurley商店（包括工厂店和员工店）	29
	总计	392
国际零售商店	耐克品牌工厂店	664
	耐克品牌直营店（包括员工专营店）	65
	匡威店（包括工厂店）	61
	总计	790

耐克公司也像其他的知名品牌一样，专注产品微笑曲线理论的两端，即产品的研发、立体化的品牌塑造以及营销网络的建立和管理。耐克公司有自己的研发实验室，该实验室聘请了数百名设计师和创新者，其中包括计算机科学家、生物机械工程师、生理学家、化学家、材料开发人员，甚至是行星天体物理学家。除此之外，耐克还有研究委员会和顾客委员会，这些委员主要是由教练员、运动员、设备经营人员、足病医生和整形大夫组成，他们也会参与耐克的研究，并提出各种修改意见。不仅如此，为了提高产品的性能，耐克将大数据的使用也发挥到淋漓尽致。通过大数据，耐克能够清楚地知道篮球明星乔丹和巴克利两人因弹跳能力及落地的方式等因素差异对各自落地时足部必须承受的压力的差异。通过这些方式，耐克改进了产品的设计，提高了产品的性能。

单独产品的研发并不能使耐克傲视其他运动品牌，立体化的品牌塑造和有效的营销网络的管理也功不可没。品牌价值是品牌区别于同类竞争品牌的重要标志，它与耐克的立体化的品牌塑造密不可分。Brand Finance 为英国知名独立品牌评估机构，是国际五大品牌价值评估权威机构之一，其他四个机构为 Interbrand、Future Brand、Young & Rubicam、World Brand Lab。根据 Brand Finance 的评选，耐克是全球最具价值服装服饰品牌第一名，这已经是耐克连续七年蝉联第一名。

立体化的品牌塑造总会有大手笔的市场推广，包括明星代言以及各种赞助等。体育品牌公司一般会把销售额的 10% 用作市场推广，但是，耐克等十分注重企业品牌形象的公司通常会将销售额的 15% 用来做市场推广。耐克的代言人都是 NBA 中的顶级人物，比如乔丹、科比、詹姆斯、杜兰特、欧文等顶级球员。代表高尔夫球最高水平的老虎伍兹也是耐克的形象代言人。

在中国，耐克的代言球星包括易建联、郭艾伦、周琦、王哲林、丁彦雨航、赵睿、方硕、徐杰、胡明轩、张镇麟等人，退役的体坛巨星刘翔和李娜也是耐克的长期合作伙伴。耐克在中国赞助的球队包括中超联赛和中国男女足，男篮、女篮国家队，以及中国田径队。

耐克通过轻资产的运营模式，专注运动产品的研发、立体化的品牌塑造以及营销网络的建立和管理，而将生产制造外包，大大降低了资本投入，尤其是生产领域内大量固定资产投入。从表 8-3 中可以看出，耐克的毛利率达到了 50% 左右。

表8-3 Nike's consolidated statements of income（单位：美元）

in millions, except share date	2016 年	2017 年	2018 年	2019 年	2020 年
Revenues	32 376	34 350	36 397	39 117	37 403
Cost of sales	17 405	19 038	20 441	21 643	21 162

续 表

in millions, except share date	2016 年	2017 年	2018 年	2019 年	2020 年
Gross profit	14 971	15 312	15 956	17 474	16 241
Demand creation expense	3 278	3 341	3 577	3 753	3 592
Operating overhead expense	7 191	7 222	7 934	8 949	9 534
Total selling and administrative expense	10 469	10 563	11 511	12 702	13 126
Interest expense（income），net	19	59	54	49	89
Other（income）expense，net	（140）	（196）	66	（78）	139
Income before income taxes	4 623	4 886	4 325	4 801	2 887
Income tax expense	863	646	2 392	772	348
net income	3 760	4 240	1 933	4 029	2 539

耐克的运动鞋由位于 14 个国家和地区的 191 个鞋类工厂提供。最大的单一鞋厂约占 2021 年度耐克品牌鞋类总产量的 9%。所有鞋类产品均在美国境外由独立的合同制造商生产。2021 财年，越南、中国和印尼的代工工厂分别生产了耐克品牌鞋类约 51%、24% 和 21%。耐克还与阿根廷、印度、巴西、墨西哥和意大利的独立合同制造商签订制造协议，在这些国家和地区生产销售的鞋类。

耐克的服装由位于 37 个国家和地区的 328 家服装工厂提供产品。最大的单一服装工厂约占 2018 年度 NIKE 品牌服装总产量的 13%。所有服装均由独立的合同制造商在美国境外制造。2018 财年，中国、越南和泰国的签约工厂分别生产了 NIKE 品牌服装总量的约 26%、18% 和 10%。服装产品的主要材料是天然或合成的织物和线（包括原生和可再生）；专业性能面料设计，能够有效吸走体内水分，保温并防雨防雪；以及塑料和金属五金材料。耐克的独立承包商和供应商为鞋类、服装和设备产品的生产购买原材料，大多数原材料均由生产所在国的独立承包商和供应商提供和购买。

耐克鞋类产品主要使用天然和合成橡胶、塑料化合物、泡沫减震材料、天然和合成皮革、尼龙、聚酯和帆布，以及用于制造耐克 Air-Sole 气垫减震元件的聚氨酯薄膜。2018 财年，在俄勒冈州比弗顿和密苏里州圣查尔斯附近的工厂及中国和越南独立承包商的 Air 创新生产中心是鞋类气垫组件的供应商。耐克的主要代工厂如表 8-4：

表 8-4　耐克部分代工厂情况

	代号	代工厂名称	地址	主要产品
福建省	LN2	协丰鞋业	莆田市	Shox 系列运动鞋及篮球鞋，同时也生产 Nike sb 系列，Air Force 1 系列
	LN3	三丰鞋业	福州市	Shox 系列运动鞋，各种类篮球鞋，功能性运动鞋，复古系列运动鞋
	LN4	荔丰鞋业	莆田市	Shox 系列运动鞋，各种类篮球鞋，功能性运动鞋，复古系列运动鞋
	LN4N	新荔丰鞋业	莆田市	Shox 系列运动鞋，各种类篮球鞋，功能性运动鞋，复古系列运动鞋
	LNM		莆田市	
	FJ	合诚鞋业	泉州市	中低档运动鞋
山东省	QT	泰光制鞋	青岛市	Air max 等跑步鞋
	QS	世源鞋业	青岛市	各种慢跑运动鞋
	QD	昌新鞋业	青岛市	各种慢跑运动鞋
	QH	三湖鞋业	青岛市	耐克 Air max 系类慢跑鞋
中国台湾地区	PC、PC8	宝成鞋业		中高端产品
	FT、FTSS	丰泰鞋业		中高端产品
广东省	XC	广荣鞋业	广州市	
	Y3	裕元三厂	东莞市	耐克旗下高端篮球鞋（如 AJ）
	Y3N	裕元新厂	东莞市	生产运动鞋，不限于高端篮球鞋
	FC	创信鞋业	番禺市	耐克户外运动鞋及凉鞋生产
	SF	顺德三发鞋业	顺德市	耐克的足球鞋，几乎所有高端的耐克足球鞋
	SZ	彭辉鞋材加工厂	东莞市	耐克皮革类鞋类使用的高级皮革、配料等。同时还负责加工一部分耐克鞋类
江苏省	HJ、LJ	裕盛鞋业	太仓市	跑鞋和复古鞋类，同时也有生产 Nike sb 系列运动鞋
江西省	XB	江西广宥鞋业	南昌市	Blazer 系列和 Sweet Classic AP 系列的硫化鞋
泰国	PA.BA. 以及 RS			PA 和 BA 以生产低端慢跑鞋和复古鞋为主，而 RS 则是生产一些低端的鞋类产品
越南	VS.VT.VJ.VL.VP.VF			涵盖了 Nike 所有的中低端鞋类产品，其中以 VP.VF 厂出品的复古系列运动鞋和 SB 系列滑板鞋最为闻名
印度尼西亚	IR.IA.IW.IP.IB.IV-N			低端的慢跑鞋，篮球鞋和 Nike total 90 系列鞋款，同时这里也生产 Nike 的复古系列产品

耐克的鞋子分为休闲、跑步、篮球、足球、拖鞋、健身/训练、Jordan。按照价格区分，可以分为0—299元、299—599元、599—799元、799—999元、999元以上。部分产品如表8-5：

表8-5 耐克部分鞋子信息

	男			女		
	款式	颜色	价格	款式	颜色	价格
休闲	CI1506-001 Nike Air VaporMax Plus OA LM	白金色/狼灰/视线蓝/活力黄	¥1 599	CT4894-300 Nike Zoom XVaporfly/ Gyakusou	深杉木绿/帆白/深勃艮第酒红	¥2 099
	DJ2536-900 Nike Air Force 1'07 PRM	多色/亚麻/光辉绿黄/金属金	¥999	CD3613-600 Nike Air Zoom Spiridon Cage 2	深红/白色/金属银/深红	¥999
	CJ1670-102 Nike Air Max Fusion	白色/白色/黑	¥479	DC4769-103 Nike Blazer Low'77	白色/白色/白色/幻影	¥599
跑步	CI9925-700 Nike Air Zoom Alphafly NEXT%	微黄绿/超级橙/活力宝蓝/黑	¥2 299	DJ5456-100 Nike Air Zoom Alphafly NEXT% FK	白色/黑	¥2 299
	DA8697-800 Nike Pegasus Trail 3	荷兰橙/狼灰/黑曜石色/信号蓝	¥999	DJ5255-100 Nike ZoomX Dragonfly	白色/黑/黑/黑	¥999
	908989-005 Nike Run Swift	黑/亮深红/暗灰/亚银	¥599	DB0522-101 Nike Renew Serenity Run	白色/神秘灰烬红/柔粉/黑	¥599

续 表

	男			女		
	款式	颜色	价格	款式	颜色	价格
篮球	DA1897-100 Air Jordan XXXIV Zion PE	白色/多色/黑	￥1 699	CQ9284-401 LeBron XVIII EP	紫蓝/幻影/荷兰橙/活力宝蓝	￥1 599
篮球	CT1137-900 Kyrie 7 CNCPTS EP	多色/多色	￥999	CQ9329-300 Ambassador XIII	霜淡草绿/黑/金属铜	￥999
篮球	CK2669-100 Nike Renew Elevate	白色/黑/闪电深红/白色	￥599	CK2669-100 Nike Renew Elevate	白色/黑/闪电深红/白色	￥599
足球	DB2858-600 Nike Superfly 8 Elite CR7 FG	椒红	￥2 399	DB2858-600 Nike Superfly 8 Elite CR7 FG	椒红	￥2 399
足球	CV1001-760 Nike Zoom Vapor 14 Pro TF	荧光黄/黑/亮深红	￥799	CV1001-760 Nike Zoom Vapor 14 Pro TF	荧光黄/黑/亮深红	￥799
足球	DC0798-167 Nike Phantom GT2 Academy AG	白色/荧光黄/亮深红	￥599	DC0798-167 Nike Phantom GT2 Academy AG	白色/荧光黄/亮深红	￥599

耐克的鞋子在美国市场按照价格分为25—50美元、50—100美元、100—150美元和150美元以上。部分鞋子的情况如表8-6和表8-7：

表8-6 Part of Nike's men shoes

Type	Picture	Style	Shown	Price
lifestyle		CZ6799-002 Nike Adapt Auto Max	Black/Black/White/Black	$400
		CV7544-600 Nike Air Max 270	University Red/Black/University Red	$150
		CI1172-004 Nike Blazer Mid '77 Suede	Light Smoke Grey/White/Black/White	$100
Running		CI9925-300 Nike Air Zoom Alphafly NEXT%	Hyper Turquoise/Black/Oracle Aqua/White	$275
		DJ5255-100 Nike ZoomX Dragonfly	White/Black/Black/Black	$150
		685131-101 Nike Zoom Rotational 6	White/Black/Hyper Jade/Flash Crimson	$100
		415339-800 Nike Zoom Long Jump 4	Bright Mango/Blackened Blue/Purple Pulse/Light Zitron	$48.97

续 表

Type	Picture	Style	Shown	Price
basketball		BQ5397-400 Nike Adapt BB 2.0	Astronomy Blue/Spruce Aura/Royal Pulse	$350
		DA7567-991 Kyrie 7 By You	Multi-Color/Multi-Color/Multi-Color	$150
		CQ9380-101 LeBron Witness 5	White/Black	$100
		CK2669-001 Nike Renew Elevate	Black/Smoke Grey/White	$39.97
soccer		DB2858-600 Nike Mercurial Superfly 8 Elite CR7 FG	Chile Red	$295
		CV0961-760 Nike Mercurial Superfly 8 Pro FG	Volt	$150
		DB2854-600 Nike Mercurial Superfly 8 Academy CR7 MG	Chile Red/White/Total Orange/Black	$90
		DA1193-107 Nike Tiempo Legend 9 Club TF	White/Black/Yellow Strike/Dark Smoke Grey	$50

表8-7 Part of Nike's women shoes

Type	Picture	Style	Shown	Price
lifestyle		CV8474-300 Nike Zoom Double Stacked	Cyber/Black/Cyber	$230
lifestyle		AH6789-100 Nike Air Max 270	White/White/Black	$150
lifestyle		CW2386-100 Nike Crater Impact	SummitWhite/Platinum Tint/Photon Dust/Grey Fog	$100
running		DJ5456-100 Nike Air Zoom Alphafly NEXT% Flyknit	White/Black/Black/Black	$275
running		DJ5255-100 Nike ZoomX Dragonfly	White/Black/Black/Black	$150
running		CZ1891-100 Nike Free Run 5.0	Summit White	$100
running		415339-800 Nike Zoom Long Jump 4	Bright Mango/Blackened Blue/Purple Pulse/Light Zitron	$48.97

第八章　中美公司关于运动鞋 OEM 的谈判

续　表

Type	Picture	Style	Shown	Price
basketball		CW3156-400 LeBron 18 "Play for the Future"	Blue Tint/Clear/White	$225
		CW3935-700 KD14	Cashmere/White/Turquoise Blue/Multi-Color	$150
		CQ9380-102 LeBron Witness 5	Summit White/White/Light Zitron/Metallic Bronze	$100
		CK2669-001 Nike Renew Elevate	Black/Smoke Grey/White	$39.97
soccer		DB2858-600 Nike Mercurial Superfly 8 Elite CR7 FG	Chile red	$295
		CV0961-760 Nike Mercurial Superfly 8 Pro FG	Volt	$150
		DB2854-600 Nike Mercurial Superfly 8 Academy CR7 MG	Chile Red/White/Total Orange/Black	$90
		DA1176-176 Nike Tiempo Legend 9 Club MG	White/Bright Crimson/Volt	$50

>> 111 >>

2.2 代工厂的信息：华利集团

华利集团，全称中山华利实业集团股份有限公司，是全球领先的运动鞋专业制造商。华利集团于2021年4月26日在中国创业板上市，董事长张聪渊持股占比34.99%，副董事长张志邦持股占比17.50%。华利实控人张聪渊，其家族成员包括妻子周美月，以及长子张志邦、长女张文馨、次子张育维。五人均为中国台湾人，其中张志邦、张文馨和张育维三人兼有加拿大国籍。华利集团共有42家子公司，包括5家境内子公司、17家越南子公司、16家香港子公司、2家台湾子公司、1家多米尼加子公司和1家缅甸子公司。华利集团以香港、中山为贸易中心，以越南、中国、缅甸、多米尼加为加工制造中心。华利集团的产品主要出口国为美国和欧盟，美国和欧盟的鞋履主要依赖进口。华利集团的产品按地区分布的销售情况如表8-8：

表8-8　2017—2019年华利集团主要市场收入情况

	2017年		2018年		2019年	
	金额（万元）	比例（%）	金额（万元）	比例（%）	金额（万元）	比例（%）
美国	907 350.51	90.96	1 120 532.15	90.62	1 328 532.50	87.78
欧洲	83 259.82	8.35	105 198.32	8.51	162 603.26	10.74
其他	6 903.76	0.69	10 746.49	0.87	22 275.93	1.47
合计	997 514.09	100.00	1 236 476.96	100.00	1 513 411.69	100.00

注：以上按客户总部所在地区划分销售区域

表8-9　运动鞋产品分类

产品分类	主要品牌代表	产品图示
运动休闲鞋	Nike、Converse、Vans、Puma、Under Armour、HOKA ONE ONE	
户外靴鞋	UGG、Columbia、Vans	
运动凉鞋/拖鞋	Teva、Nike、Puma	

华利集团从事运动鞋履的开发设计、生产与销售，是全球领先的运动鞋专业制造商，主要为 Nike、Converse、Vans、Puma、UGG、Columbia、Under Armour、HOKA ONE ONE 等全球知名运动品牌提供开发设计与制造服务，主要产品包括运动休闲鞋、户外靴鞋、运动凉鞋/拖鞋等，如表 8-9：

华利集团主营业务收入的主要来源是运动休闲鞋，2020 年占比达到 81%，如图 8-4。

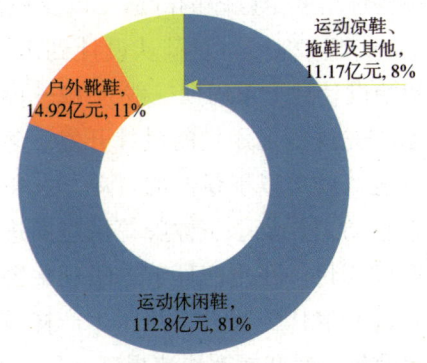

图 8-4　华利集团 2020 年主要产品营收占比

华利集团与全球运动鞋服市场份额前十名公司中的五家建立了长期稳定的合作关系。华利集团是 Nike、VF、Deckers、Puma、Columbia、Under Armour 公司的鞋履产品的主要供应商，是 Converse、UGG、Vans、Puma、Columbia、HOKA ONE ONE、Cole Haan 等全球知名品牌的鞋履产品的最大供应商。华利集团主要客户为 Nike、VF、Deckers、Puma、Columbia 等全球知名企业，客户相对集中。2017 年、2018 年和 2019 年，华利集团前五大客户收入占中山华利的比重分别为 83.01%、84.57% 和 86.14%。具体情况如表 8-10：

表 8-10　华利集团前五大客户销售情况

年份	收入及占比	Nike	VF	Deckers	Puma	Columbia
2017	收入金额（万元）	277 601.53	234 506.11	196 688.64	65 596.32	56 440.35
2017	占营业额比例（%）	27.73	23.43	19.65	6.55	5.64
2018	收入金额（万元）	315 080.67	350 148.06	224 533.39	89 055.02	68 839.95
2018	占营业额比例（%）	25.43	28.26	18.12	7.19	5.56
2019	收入金额（万元）	413 207.40	389 620.93	262 714.25	159 425.06	81 465.51
2019	占营业额比例（%）	27.25	25.69	17.32	10.51	5.37

华利集团从事运动鞋履的开发设计、生产与销售，凭借对运动鞋履行业、新材料、新工艺、新技术的深刻理解，深度参与运动鞋履的开发设计过程，将品牌客户的创意设计产品化，符合创意大趋势；华利集团积极开发更高性能、更舒适、更环保的制鞋材料，符合创造大趋势；在产品开发设计、生产制造过程中不断融合自动化技术、新材料技术等创新技术。华利集团将高性能、环保材料广泛应用在运动鞋履上，鞋底材料的弹性、缓震、防滑等特性增强了鞋履的舒适度以及环保性。

华利集团有一套严格的生产流程。一双鞋从设计到出炉多达100道工序，因此，华利集团的一款新鞋，从初始设计到上市周期一般为12—18个月。当品牌客户提出开发的需求后，开发业务中心首先进行运用鞋的设计开发，然后交给客户方案，进行样品定型。客户如果对样品满意，就可以下量产的订单。获得订单后，华利集团的采购部向上游的原料供应商，包括纺织、皮革、橡胶等供应商进行原材料的采购。最后华利集团在生产基地进行生产和交付。在生产环节，华利集团使用自动卧式橡胶大底射出机，以自动射出成型方式逐步取代传统人工热压生产橡胶大底，目前公司超过60%的成型设备都是该类自动化设备，生产效率快速提高，用工数量大幅降低。

华利集团在越南、中国、多米尼加、缅甸等地共有20家制鞋工厂，2019年鞋履产量超过1.86亿双，是全球为数不多的产量超过1亿双运动鞋的专业制造商之一。公司加大机器设备投资，华利集团的各年产能、产量持续增长，产能利用率维持在较高水平，公司产能、产量与经营规模相匹配。具体情况如表8-11：

表8-11 华利集团2017到2019年产能和产量情况

项目	2017年	2018年	2019年
产能（万双）	13 970	17 600	19 480
产量（万双）	12 599	16 707	18 418
产能利用率（%）	90.19	94.92	94.55

当前华利集团的生产基地相对集中，华利集团90%以上的产量出自越南北部，华利集团通过集团内的香港子公司等进行销售。该集团加大了其他国家和地区的生产制造布局，但越南地区工厂对华利集团生产制造仍具有重要作用，若越南地区政治、经济、投资贸易环境发生重大变化，则将对华利集团业务发展产生重要影响。鞋履制造属于劳动密集型产业，人力成本是生产成本的重要组成部分。越南劳动力充足，人力成本相对较低，但随着越南经济的不断发展，以及更多企业将生产制造环节转移至越南，越南的劳动力成本不断上升。越南劳动力成本上升给华利集团带来了很大的挑战。但是，越南也有着一些巨大的吸引力，比如，越南几乎拥有全球大多数发达国家的GSP优惠关税率，越南还参与了包括《跨太平洋伙伴关系全面进展协定》（CPTTP）、《区域全面经济伙伴关系协定》（RCEP）等一系列自由贸易协定。目前，美国、欧盟进

口原产地为越南的鞋履产品关税为零或处于较低水平。越南与欧盟签订《越南与欧盟自由贸易协定》(2020年7月1日正式实施),约定欧盟对越南消除大部分进口关税,越南对欧盟出口鞋履享受零关税。

华利集团生产所需的主要原材料包括纺织布料、皮革、包装材料、人造革及橡胶等。2017年、2018年和2019年,上述原材料成本占华利集团主营业务成本(扣除外购产成品成本)的比例分别为62.49%、62.83%、61.68%。如果未来上述原材料价格发生剧烈波动,将会对华利集团的生产成本、资金安排等产生影响,进而影响该公司的经营业绩。制鞋布料的主要原料为棉纱、化纤,中国是全球最大的棉纱和化纤生产国,行业产能供给充足,价格近几年较为稳定。亚洲地区是世界重要的原料皮和成品皮革生产基地。尤其东亚、东南亚地区制革工业迅速崛起,以中国、越南、印度、泰国等为代表,制革工业发展迅速,近年来皮革价格整体呈下降趋势。全球橡胶产区主要为泰国、越南、中国、印尼及马来西亚等,近几年价格较为稳定。公司主要原材料各类别采购金额及占总原材料采购比例情况如表8-12:

表8-12 华利集团主要原材料采购情况

项目	2017年 金额(万元)	占比(%)	2018年 金额(万元)	占比(%)	2019年 金额(万元)	占比(%)
纺织布料	78 395.68	16.07	111 254.46	17.19	130 583.66	17.41
皮革	81 312.93	16.66	99 516.09	15.38	107 485.21	14.33
包装材料	41 437.38	8.49	60 203.74	9.30	68 486.61	9.13
人造革	48 109.03	9.86	57 498.51	8.89	61 214.98	8.16
橡胶	35 864.66	7.35	53 648.60	8.29	57 786.97	7.70
合计	285 119.68	58.43	382 121.39	59.05	425 557.42	56.73

华利集团自2005年开始在境外布局,当前公司将主要的生产工厂设在越南北部。相比其他东南亚国家,越南距离中国较近,生产所需的主要原材料运输距离近,节约运输时间与运费;公司持续进行生产线自动化改造,除采购通用的自动化生产设备外,还向设备供应商定制自动化生产设备;当前公司是全球最大的运动鞋履制造商之一,公司原材料采购金额大且稳定,大规模采购可以有效降低原材料采购成本;而且,华利的人效高且人力成本更低。华利以硫化制鞋工艺为主,相比丰泰等企业主要使用的冷粘工艺复杂程度低,因此人均产量更高。华利集团由2017年每人每天1 153双增至2019年人均鞋履产量为1 665双,裕元、钰齐、丰泰则分别只有1 037双、968双和897双。另外,华利人员大部分在越南北部,中国制造人员占比则仅为0.3%,其中山总部多为设计开发人员。相比之下,2019年裕元制鞋业员工有12%在中国。越南劳动

调查报道显示，2018年越南加工制造业的劳动者平均月收入为586万越南盾，约为人民币1 688.14元。这一切使得公司的盈利能力比较高。

2017年至2019年华利集团所生产的大众最熟悉的耐克品牌每双运动休闲鞋平均出厂单价分别为70.43元、69.11元、72.41元。2020年上半年的同类单价有所上升，为80.20元。2020年上半年，华利集团销售了3 072万双运动鞋给耐克公司，而对应的23亿元的销售收入占了华利集团营收的33.3%。也就是说，2020年上半年，华利集团卖给耐克公司的鞋子平均每双仅75元。2017—2019年华利集团主营产品的营收情况如表8-13：

表8-13　2017—2019年华利集团主营产品营业情况

项目	2017年 收入（万元）	2017年 成本（万元）	2017年 毛利率（%）	2018年 收入（万元）	2018年 成本（万元）	2018年 毛利率（%）	2019年 收入（万元）	2019年 成本（万元）	2019年 毛利率（%）
运动休闲鞋	717 274.82	538 961.32	24.86	918 550.39	673 382.24	26.69	1 184 162.10	884 505.41	25.31
户外鞋	186 754.66	148 859.40	20.29	198 747.78	158 451.69	20.27	204 792.33	166 035.36	18.93
运动凉鞋、拖鞋及其他	93 484.60	80 936.14	13.42	119 178.79	106 671.86	10.49	124 457.25	108 541.90	12.79

华利集团与同行业上市公司毛利率对比情况如表8-14：

表8-14　华利集团与同行业上市公司综合毛利率对比情况

毛利率	2017年	2018年	2019年
丰泰企业（%）	22.99	24.45	24.36
钰齐国际（%）	19.78	18.00	19.69
裕元集团（%）	25.78	25.23	24.87
华利集团（%）	22.93	24.10	22.97
同行业公司平均毛利率	22.85	22.56	22.97

2017—2019年华利集团总收入从100.1亿元增长至151.7亿元，年复合增长率为23.1%。2020年受疫情影响虽然有所下降，仍可以达到139.3亿元的营业收入和历史新高净利润18.79亿元。华利集团的利润如表8-15：

表8-15 华利集团2017年到2020年的利润（单位：亿元）

项目	2017年	2018年	2019年	2020年
营业收入	100.1	123.9	151.7	139.3
营业成本	76.96	93.88	116.0	104.7
税金及附加	7.11×10^{-3}	1.998×10^{-2}	3.178×10^{-2}	3.103×10^{-2}
销售费用	1.406	1.786	2.293	1.959
管理费用	5.234	5.886	6.861	5.925
研发费用	2.174	2.436	2.947	2.091
财务费用	1.696×10^{-1}	3.232×10^{-1}	1.166	6.099×10^{-1}
营业利润	13.59	18.74	21.97	23.05
利润总额	13.58	18.72	21.95	22.99
所得税	2.488	3.399	3.737	4.202
净利润	11.10	15.32	18.21	18.79

华利集团及下属子公司报告期内屡屡因违法违规受到相关部门行政处罚。截至2020年6月30日，华利股份子公司曾受到环保、税务等部门的行政处罚合计33次，其中29次发生在越南；同期华利股份及子公司存在36起劳动纠纷，其中35起发生在多米尼加。华利集团需要做出相应的改进，避免此类事情的一再发生。

3. 谈判动因

耐克在选择新的制造商时，一般会进行1年左右的考察和验厂，重点考察合作生产商的开发能力、生产能力、质量管理、交货期、劳工保护、环保与社会责任等情况。经过对华利集团的综合考察、开发能力考察以及生产能力考察后，2009年至2013年耐克选择华利集团作为制造商，建立了合作关系。

华利集团在成为耐克的合格供应商后，初期一般只能获取少量订单，耐克对华利集团的生产技术水平和产品质量控制标准实行严格管控，比如在生产过程中派驻检验人员驻厂对生产流程全过程进行监控。耐克定期对华利集团的开发设计能力、交付能力、产品品质等方面进行评审考核，经过长时间的合作考察后，华利集团在2013年至2016年成为耐克的核心供应商。

华利集团作为运动鞋履制造企业，凭借其丰富的行业经验、良好的市场口碑与卓越的开发设计能力取得了耐克的信任。华利集团主要为耐克销售成品鞋。华利集团可以根据耐克的品牌内涵、产品定位、设计思路等，为耐克提供从款式建议、材料选择、工艺运用、成本及质量控制等高效的产品开发服务和量产服务。华利集团主要是供应耐克品牌的海外市场，运回中国区市场销售的占比比较小。2019年，耐克公司为华利集团贡献了41亿元收入，占其当年营收的27%。耐克当之无愧地成为华利集团的第一大客户，双方合作的品牌包括耐克品牌（Nike）及耐克公司收购的匡威品牌（Converse）。

耐克和华利集团已经合作12年了，12年的时间足以让双方建立深厚的信任关系。华利集团与耐克公司等签订的几乎都是长期合约，客户品牌稳定发展的同时，华利集团自身的发展也得到了一定保障。因此，双方此次的谈判是在友好的氛围下进行的。

4. 品牌方和代工厂谈判目标

4.1 耐克的谈判目标

全球闻名的"耐克"公司年产球鞋9 000万双，每年都推出100多种新产品和新款式，耐克公司7 800多名职工负责设计、监制和销售，生产则分散在世界各地的40多家工厂来完成。耐克为了降低成本，该公司的经理人经常在全球物色优秀的接包商，往往是一个合作协议刚刚签订，其经理人员又夹着皮包赶往另一个国家或城市寻找成本更低、质量更可靠、交货更及时的接包商。虽然耐克对鞋子质量监管得非常严格，但是耐克也会给代工厂的订单价格预留一定利润空间。

在过去的十多年里，耐克至少中断了与20多个厂商的合作关系，新开辟了30多家合作伙伴，目前全世界约有45家各国厂商定点生产耐克产品。

此次谈判，耐克的谈判团队需要商谈代工产品、质量、数量、价格等一系列的代工条款，该谈判团队需要根据现实的情况制定谈判方案并进行此次谈判。

4.2 华利集团的谈判目标

丰泰是耐克合作时间最长的鞋履供应商之一，对耐克销售占营收比重超过80%，而且产品系列更丰富，包括专业运动系列。然而，与丰泰不同的是，华利代工的耐克产品主要是匡威品牌运动休闲鞋。2020年上半年，华利对耐克的匡威品牌平均销售单价为72.50元/双，耐克品牌平均销售单价则为80.20元/双。相比之下，丰泰对耐克的销售单价在120元至140元左右，差不多是华利销售价格的2倍。作为耐克鞋履代工厂，华利更聚焦中低端产品线。华利为其他运动品牌代工的产品也是如此，2020年上半年其平均销售单价为 79.58 元 / 双。

华利集团想要进军耐克的中高端运动球鞋。华利集团的谈判团队认为，运动鞋履属于时尚快速消费产品，具有季节性、时尚性的特点，只有紧跟时尚潮流的变化、快速响应，不断推陈出新，才能持续满足客户的需求。华利集团建立了相对完善的研发体系，拥有具备较强开发设计能力的团队，能够持续快速开发并推出符合客户需求的产品。而且，中高端运动鞋履的利润明显高于中低端鞋履。所以，在此次谈判中，华利集团的谈判团队希望能够代工耐克的最新中高端鞋履。

关于代工产品的价格：尽管每年向客户的报价都往上涨，但诸多鞋厂的价格涨幅依然未能赶上成本的涨幅。而且，华利集团的谈判人员的以往经验告诉他们，耐克、阿迪达斯这些客户每年都接受代工厂报价有一定涨幅，是因为这些大客户非常清楚，一旦降低成本，将可能影响到产品质量，这对大品牌杀伤力非常大。

除此之外，华利集团还需要根据现实和提供的信息以及表 8-16 中的信息完成代工的其他条款的谈判。

表 8-16 部分耐克鞋子、阿迪达斯鞋子的零售价和生产成本

品牌名称	零售价	生产成本
Adidas Yeezy Boost 750	350 美金、约 2 297.3 元	38 美金、约 249.9 元
Adidas Ultra Boost	180 美金、约 1 181.4 元	21 美金、约 141.5 元
Adidas Energy Boost	160 美金、约 1 050.2 元	15 美金、约 96.9 元
Nike Air Max 2016	190 美金、约 1 247.1 元	16 美金、约 108.9 元
Nike Free Flyknit	130 美金、约 853.3 元	13 美金、约 118.2 元
Nike Lunarglide 7	125 美金、约 820.5 元	13 美金、约 89.9 元

第九章　中美公司关于运动服 OEM 的谈判

1. 体育用品代工背景信息

在经济全球化背景之下，服饰品牌公司为了追求更加低廉的生产成本以及减少运输压力，都会采取代工生产的模式。对知名品牌的企业来讲，服饰代工的方式不失为利益最大化战略。发达国家的许多著名企业为了降低成本，提高产品的竞争力，将其产品的生产基地逐渐向海外扩展，委托当地来生产制造，然后冠以自己的品牌在市场销售。因此减少了委托企业生产资金的占用，降低了扩张市场的风险。比起自己合并、合资、兼并其他企业，OEM 委托加工，所占资金最少，能够较快提高品牌企业新品介入市场的速度。即使是耐克、阿迪达斯、彪马、哥伦比亚、优衣库、阿玛尼、杰克琼斯、拉夫劳伦等服饰公司，也会采用 OEM 的代工方式进行生产制造。

纺织服装行业是我国和全球市场化程度最高、竞争程度最激烈的行业之一，国内外面料生产和成衣代工企业竞争激烈。国内服饰代工公司凭借较好的技术实力获得了世界和国内知名品牌客户的订单。国内很多的服饰代工企业能够全面覆盖纺纱、面料、染整、印绣花和成衣裁剪与缝纫五大工序，成为纺织服装行业中集研发、设计、生产、销售、服务于一体的多品种、全产业链跨国企业。其中，知名的服饰代工企业有申洲国际、盛泰集团、联泰公司等。

2. 品牌方和代工厂的信息

2.1 品牌方信息：耐克

关于耐克公司的具体情况第八章已进行了详细介绍这里不再赘述。耐克的服装由位于 37 个国家和地区的 328 家服装工厂提供产品。最大的单一服装工厂约占 2018 年度 Nike 品牌服装总产量的 13%。所有服装均由独立的合同制造商在美国境外制造。2018 财年，中国、越南和泰国的签约工厂分别生产了 Nike 品牌服装总量的约 26%，18% 和 10%。服装产品的主要材料是天然或合成的织物和线（包括原生和可再生）；专业性能面料设计，能够有效吸走体内水分，保温并防雨防雪；以及塑料和金属五金。耐克的独立承包商和供应商为鞋类、服装和设备产品的生产购买原材料，大多数原材料均由生产所在国的独立承包商和供应商提供和购买。

2.2 代工厂的信息：申洲国际

申洲国际（申洲国际集团控股有限公司）为全球最大的纵向一体化针织制造公司，集织布、染整、印绣花、裁剪与缝制四个完整的工序于一体的企业，主要以代工（OEM）及委托设计（ODM）相结合方式为客户制造质量上乘的针织品。申洲国际的布料生产基地位于中国宁波市和越南西宁省，在中国宁波市、安庆市，越南胡志明市、西宁省和柬埔寨金边市设有制衣工厂，在上海、香港及大阪均设有销售办事处或代表处。申洲国际全球员工逾九万人，厂房占地面积逾 555 万平方米，建筑面积逾 407 万平方米。

申洲国际为实现针织服装生产全球最具竞争力企业目标，已于 2005 年 11 月成功在香港联合交易所有限公司主板上市。其最大的股东为协荣有限公司，共持有 63 932.82 万股，占总股本的 42.35%。申洲国际股份代号为 2313，并于 2010 年 3 月 8 日起获纳入恒生综合指数、恒生综合行业指数（消费品）及恒生综合中型股指数成分股。

申洲国际主要产品为面料和成衣，其中尤以中高端面料生产为公司一大竞争优势。申洲国际生产面料分为梭织（机织）和针织两种。公司所生产的面料，一部分直接外销，一部分作为成衣之原材料，通过加工制造为成衣后，销售至各大客户及品牌。

申洲国际的产品主要包括四类，分别是运动类服装、休闲类服装、其他类针织品及内衣类服装。从分产品来看，申洲国际的运动类服装实现营业收入 159.41 亿元，占比 69%，是申洲国际的主要营业收入来源。其次是休闲类服装和内衣类服装，其他针织品主要是口罩产品。如下图 9-1。

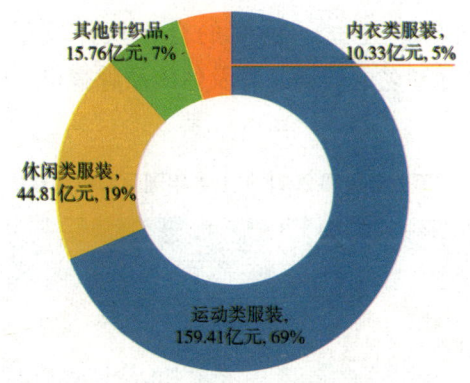

图 9-1 申洲国际 2020 年产品营业收入及占比

申洲国际继续推动海外扩产和国内提效相结合，从而取得了不错的成绩。申洲国际年产自用高档针织面料逾 20 万吨、针织服装约 5 亿件。也就是说申洲国际每 24 小时，就有大约 150 万件衣服、600 吨左右面料从其生产线下线。而且，未来 2 年申洲将在柬埔寨投产耐克为主的工厂，规划产能 8 000 万件、在越南投产阿迪专用工厂，规划产能 5 000 万件，工厂一般 3 到 5 年成熟。假设衣服单价一样，从收入占比估算

2019年耐克订单12 864万件，阿迪达斯订单9 554万件。按目前规划，2023年申洲国际的产能将达到6.1亿件，其中中国3亿件、越南1.8亿件以及柬埔寨1.3亿件。如表9-1：

表9-1 申洲国际产能相关情况

位置	产能分布	投产时间	规划产能（万件）	当前产能（万件）	规划人数	主要客户
中国	宁波	20世纪80年代		20 000	50 000	耐克、阿迪、优衣库、彪马
	安徽安庆	2013	5 000	5 000	10 000	耐克、阿迪、优衣库
	浙江衢州	2013	2 000	2 000	3 000	耐克、阿迪、优衣库、
越南	越南一期	2014	7 000	7 000	12 500	耐克、阿迪、优衣库、
	越南二期	2019	6 000	1 200	8 000	优衣库
	越南三期	2021	5 000	0	6 000	阿迪达斯
柬埔寨	柬埔寨一期	2005	5 000	5 000	12 000	耐克、阿迪、优衣库
	柬埔寨二期	2020	8 000	0	18 000	耐克

申洲国际与国内外客户建立了稳固的合作伙伴关系，包括Nike、UNIQLO、ADIDAS及PUMA等国际知名的运动品牌及休闲品牌客户。申洲国际的重要客户的营收构成如表9-2：

表9-2 申洲国际2020年上半年和2021年上半年国际营收构成－分客户（单位：亿元）

分客户	2020年上半年	2021年上半年
客户甲	30.101 68	33.701 28
客户乙	20.055 73	24.424 94
客户丙	24.552 35	22.090 1
客户丁	10.782 48	15.035 7
合计	85.492 24	95.252 02

申洲国际产品的主要市场如表 9-3 所示包括中国内地、欧盟、日本、美国及其他市场。产品、客户及市场的多元化发展，有效降低了本集团的经营风险，提升了整体竞争能力。

表 9-3　申洲国际 2020 年上半年和 2021 年上半年国际营收构成－分市场

市场名称		2020 年上半年		2021 年上半年	
国内与国际	具体市场	营业收入（亿元）	营收占比（%）	营业收入（亿元）	营收占比（%）
国内市场	中国	28.686 73	28.0	33.030 33	29.1
国际市场	欧盟	19.175 57	18.7	21.419 98	18.8
	日本	19.534 41	19.1	20.118 68	17.7
	美国	14.511 64	14.2	17.598 24	15.5
其他市场	韩国、俄罗斯	20.429 43	20.0	21.518 83	18.9
总计		102.337 78	100.0	113.686 06	100.0

申洲国际十分注重创新，创新是其在行业屹立不倒的主要原因。申洲国际拥有专业的面料研发队伍，并建有国内一流的建筑面积约 16 000 m^2 的面料实验室。凭借严谨的全过程质量控制体系、高效的管理模式、勤勉的员工队伍，申洲国际赢得了国际知名客户的良好信誉。申洲国际自 2003 年以来已开发出各式各样新产品，包括①莱卡系列弹性面料；②超细腈纶及超细涤纶的保暖面料；③针织仿真面料（如天鹅绒、聚酯纤维、仿羊毛、仿麻及仿皮等）；④功能型运动面料；⑤环保型面料；⑥保健型面料；⑦利用各种功能性助剂处理的面料。除了与原材料供货商合作研发新产品外，申洲国际研发队伍也一直进行研究，以求提高该等产品的质量和生产技术。每年企业自主研发项目 25—35 项，开发新品 1 000 多个，与客户联合开发 1 200 多个，国家级和市级重大创新研发项目 2 项。申洲国际集团已经申请专利 536 件，其中发明 166 件、实用新型 370 件，涉及新材料面料专利 183 件（截至 2020 年 12 月 31 日），参与制定国家标准 4 项，行业推荐标准 15 项。

2000 年以前，申洲所有利润的 90% 几乎都用来投入技术改进，比如花几千万大手笔引进当时世界上最先进的针织大圆机等。甚至在上市之后，申洲始终坚持将利润的 50% 用于技改和研发。2007 年，申洲从意大利和美国引进自动裁床，从制图到剪裁一体化都由电脑操作，用料能省 15% 以上，这意味着每天能给企业省下 15 吨布，仅此一项，一年至少能省一个亿。在节能降耗上，申洲投入也绝不含糊。2005 年，申洲投资 3 000 万元建设国内最大的万吨中水回用系统、冷却水回用系统，将污水处理系统产生的污泥送到自身企业的热电厂进行焚烧，同时大规模改造用电设备，使每万元 GDP 能耗降到 0.39 吨标准煤以下。在当年，很多同行都不理解。但事实证明，尽管纺织业动荡起伏，高效的生产和过硬的品质，使得申洲始终保持稳定增长。

除此之外，申洲国际持续创新，布局全球。申洲国际通过建立海外生产基地，加快了走出去的步伐。通过自动化设备的推广应用、生产工艺的改进优化、精益生产管理的持续深化，申洲给越南当地带去了新技术和新理念。除此之外，申洲公司还建立全球研发体系，拥有宁波大千面料工程技术中心、宁波申洲面料工程技术中心、申洲科创中心等 10 余个创新研发中心，并引入海外工程师及国内优秀人才。10 个创新中心通过数据连接，扩大了申洲的垂直一体化供应链优势。

根据申洲国际 2020 年年报。报告中，申洲国际 2020 年总营收 230.31 亿元，同比增长 1.6%，若剔除于 2019 年年底已终止营运的零售业务，则同比增长 3.7%；归母净利润 50.83 亿元，同比增长 0.2%。不过数据显示，从 2017 年开始，其营收同比增速和归母净利润同比增速皆呈逐年下降趋势。申洲国际 2017—2020 年的财务状况如表 9-4：

表 9-4 申洲国际 2017 年到 2020 年财务状况（单位：亿元）

项目	2017 年	2018 年	2019 年	2020 年
营业收入	180.85	209.50	226.65	230.31
销售成本	124.14	143.36	157.89	158.36
毛利	56.71	66.14	68.76	71.95
税前利润	42.88	50.90	55.72	55.12
净利润	37.60	44.93	49.59	50.83

申洲国际之所以有这么高的利润率，主要是申洲国际强劲的市场竞争力。申洲国际知道利润 = 售价 − 总成本。想要提高利润率，要么提高售价，要么降低成本。申洲国际相较于服饰代工的同行，其更高的盈利水平不在于它更高的售价，而在于其优秀的成本控制能力。服饰的最重要的原材料是棉花和纱线，恰恰这两种原材料价格波动非常小，申洲国际很难在这两种原材料上降低成本。申洲国际通过全产业链垂直整合

成一体化的模式,也就是掌握整个制造流程,并且保持供应链产品创新、快速反应能力及供应链稳定性等。整个流程如图9-2:

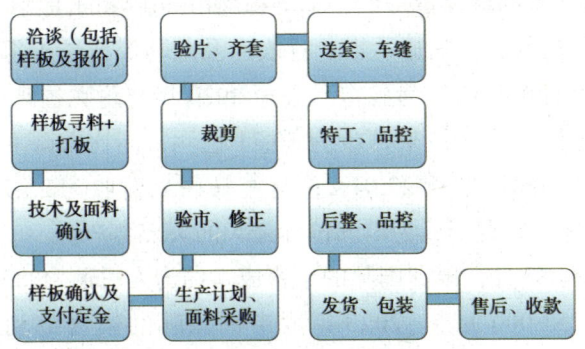

图9-2 申洲国际的整个制造流程图

成衣制造主要包括织布、裁减、成衣等环节,属于劳动密集型,而面料的研发包括原材料配方设计、面料结构和染整,属于技术密集型,主要由机器完成。申洲国际通过面料自主研发,面料全部供给内部使用,不外售的方法把传统服饰的制造流程从3个月压缩到了1.5个月。如表9-5:

表9-5 传统成衣制造商与垂直一体化制造商生产周期对比

传统成衣制造商生产周期		垂直一体化制造商生产周期	
流程名称	时间(月)	流程名称	时间(月)
样品确认	0.5	样品确认	0.5
接受订单	1	接受订单	1
面料生产及采购	2	面料生产及采购	1.5
产品制造	1	产品制造	
包装发货	0.5	包装发货	0.5

申洲国际高利润率的另一个重要的原因就是用工成本低。2019年,申洲国际雇佣人数约为85 700人,其中中国员工占比57.09%,越南员工占比28.59%,柬埔寨员工占比14.32%。这三个市场的工人平均月薪2 592.86元。

除此之外，申洲国际的精细化生产和管理降低了制造业中水、电、气等巨大的能源消耗，申洲国际从 2006 至 2017 年的万元产值能耗（吨标煤 / 万元产值）持续下降，从 43% 降到 9%。每一次的耗煤量降低，都会提高申洲国际的净利润率。

目前，申洲国际与耐克、阿迪达斯、优衣库及彪马等传统头部客户已经实现供应链稳步合作关系，且订单整体较为稳定。公司 2020 年与耐克往来营收为 61.68 亿元，同比下降 9.03%；与阿迪达斯往来营收为 50.31 亿元，同比下降 0.11%；与优衣库往来营收为 57.17 亿元，同比增长 27.01%；与彪马往来营收为 25.72 亿元，同比增长 4.74%。由此可见，优衣库有望成为申洲国际最大的头部客户。

截至 2020 年 12 月 31 日，申洲国际的销售成本约为人民币 15 836 040 000 元（2019 年：人民币 15 789 251 000 元）。2020 年度申洲国际的销售毛利率约为 31.2%，较 2019 年度的 30.3% 上升了约 0.9 个百分点，若剔除零售业务的影响，2020 年度制造业的毛利率仍较上年上升了 0.4 个百分点。年内影响毛利率之主要因素为：年内人工成本较快上涨，与疫情防控相关的开支增加；五月份之后，人民币对美元之汇率快速升值；及海外工厂之产能规模上升及国内基地之人效产出提升，降低了固定成本之分摊，部分抵减了盈利之压力。

3. 谈判动因

美国服装业协会（USFIA）的调查显示，服装品牌商倾向于选择面料加代工一体化的供应商，选择意愿从 37% 上升到 59%。而面料的研发正是申洲国际的强项，作为真正的服饰行业隐形代工之王，申洲国际拥有从纺织、印染、设计、裁剪到成衣的全产链，以及世界一流的纺织面料研发实验室。申洲国际的先进的设备可以使印染准确率达到 99%，而同行只能做到 70%。申洲国际凭借其低廉的成本和高超的技术，为客户提供高附加值、便捷的服务。

此外，申洲国际的 OEM 与 ODM 制造模式的结合及其能够较快反应的供应链也吸引了来自世界各地的知名服装品牌商。1997 年，申洲国际签下第一个国际大客户优衣库，在 20 天内完成了 35 万件生产订单。此后，申洲国际和许多国际知名服饰品牌诸如耐克、彪马、阿迪达斯等建立有长期的、稳固的合作关系。来自运动品牌耐克、阿迪达斯、彪马以及休闲品牌优衣库的订单分别占其总订单量的 12%、14%、30%、14%。申洲国际每年平均生产超 3 亿件服饰，产品销往亚太和欧美的绝大部分市场。

申洲国际为了保护耐克、阿迪达斯作为运动用品行业的两大巨头的商业秘密、避免生产同质产品，申洲国际分别于 2006 年、2007 年为耐克、阿迪达斯成立了专属工厂。这一切无疑加深了双方的合作关系。2016 年起申洲国际成为 Nike、Adidas 的全球第一大服饰类供应商。

此时，恰逢耐克公司与申洲国际的代工合同已经到期，由于两家公司合作多年，耐克公司希望能与申洲国际签订 2021 年的生产订单数量。申洲国际和耐克公司有合作的基础，对彼此也较为信任，双方约定于 9 月 1 日进行谈判。

4. 品牌方和代工厂的谈判目标

4.1 耐克的谈判目标

为了此次的谈判，耐克公司中国区派出了一支具有丰富经验的谈判队伍。该谈判团队需要根据多年的采购和谈判经验，确定此次谈判的主要内容，包括代工耐克公司产品的类型及质量要求、原材料、单价、数量、生产时间，除了这些主要内容，该谈判团队还需要和申洲国际的负责人确定合同其他的条款。

代工服装的类型：此次耐克委托申洲国际代工的服装是耐克夹克，具体信息如表 9-6：

表 9-6 耐克部分夹克信息

	价格（元/件）	颜色	型号	尺码	面料
	1 799	队蓝/黑/帆白	CU1580-477	S, M, L, XL, 2XL	大身面料：100%锦纶。后片面料（背面）/内接片：100%聚酯纤维。拼接：100%聚酯纤维。手套：89%聚酯纤维/11%氨纶
	3 199	雾灰	CZ4697-097	XS, S, M, L, XL	锦纶。拼接：聚酯纤维/锦纶/棉。网眼布：聚酯纤维
	3 199	雾灰	CZ4678-097	XS, S, M, L	锦纶。拼接：聚酯纤维/锦纶/棉。网眼布：聚酯纤维
	1 199	白色/黑	DD4609-100	XS, S, M, L, XL	100%聚酯纤维

价格：一般来说，代工厂属于低附加值产业，利润率不会很高。例如晶苑国际同样作为服装纺织代工厂，2019 年总资产净利率仅 8% 左右，而申洲国际同期总资产净利率达到 17%，甚至与耐克总资产净利率旗鼓相当，有的年份还高于耐克。即使和中国服饰纺织行业的利润相比，比如，2018 年和 2019 年中国服饰纺织行业规模以上企业毛利润率分别为 15.1%，25.04%，申洲国际的利润仍然偏高，所以，耐克希望申洲国际能够降低价格。

当然，这并不是唯一的降价理由。随着新冠肺炎疫情在海外的蔓延，耐克、阿迪达斯、优衣库等国际运动休闲品牌纷纷关闭海外线下门店。对于近年来与这些品牌深度捆绑的申洲国际来说，新冠疫情是一次严峻的考验。2020 年 4 月 19 日，金融机构瑞士信贷（Credit Suisse）发布一份面向投资者的报告，报告显示，相比于正常的产品库存水平，目前，阿迪达斯自营及其经销商的库存过剩幅度大约达到 16 亿欧元（约合 17.4 亿美元），资产和利润率受到明显挤压。

数量：2020 年，由于受到新冠肺炎疫情的影响，耐克公司总部决定裁员，主要原因为受疫情影响亏损过大。在 2020 财年第四季度（3 月 1 日—5 月 31 日），耐克的总营收规模为 63 亿美元，同比下滑了 38%。并且净亏损了 7.9 亿美元，也就是亏去大约 53 亿元人民币。由于疫情，耐克的线下销售受到了巨大冲击。于是耐克就开始加速线上数字化模式的发展。而据 2020 年财报显示，数字业务收入同比增速达到 83%，效果显著。再加上其他零售龙头 Zara、Gap 转型数字化的收益都非常可观，耐克下定决心扩大数字化规模。虽然国外疫情过于严重，销售下滑，然而耐克大中华区 2020 财年的营收和净利润均实现增长，即使 2 月在中国疫情最严重的时期，中华地区仍然保持强劲的业绩增长。可以说，由于中国疫情管控良好，耐克的销售首先是从中国市场复苏，中国地区对耐克的销售做出了巨大的贡献。因此，耐克的谈判团队需要仔细斟酌此次采购的数量。

除此之外，耐克的谈判团队还需完成其他条款的谈判。

4.2 申洲国际的谈判目标

申洲国际与耐克公司合作已久，两家公司的联系十分紧密，申洲国际的谈判团队需要根据实际的情况合理安排此次谈判的议程。

价格：申洲国际希望此次谈判能够提高代工价格，提价是基于综合因素的考虑的结果。2020 年度，新冠疫情对全球经济造成了重大影响，纺织服装行业也承受了前所未有之经营压力，甚至出现了企业关闭及收缩产能之现象。受疫情之影响，服装消费需求骤然下降，全球服装产业的供应链配套受到冲击，造成企业的产能利用率降低；全球货物贸易进出口不平衡，部分海运航线的货柜紧缺，使得海运费一度大幅攀升；由于国际间的人员往来受限，增加了境外工厂的运营管理难度；受美元流动性加大之影响，年内人民币对美元大幅升值，出口企业盈利空间受到较大挤压；为管控疫情，企业额外增加了防疫开支，此外，其他经营成本也有上涨压力。

除此之外，和同行业的盛泰集团相比，申洲国际的工资偏低，需要给工人增加工资，这必然会引起代工成本的增加。盛泰集团2017—2019年员工总数分别为31 529人、31 389人、27 694人，而盛泰集团同期付出的薪酬总额分别为9.92亿元、11.32亿元、12.19亿元，也就是说，2019年盛泰员工平均薪酬为4.40万元，这个薪酬是要高于申洲国际的。所以，给工人增加薪酬，既是行业的要求，也是人性化的体现。

最后，服装制造业属于劳动密集型产业，人力成本是生产成本的重要组成部分。申洲国际主要生产基地位于越南，越南劳动力充足，人力成本相对较低，但随着越南经济的不断发展，以及更多企业将生产制造环节转移至越南，越南的劳动力成本不断上升。综合考虑下，申洲国际希望此次能够提高代工价格。

定金：2020年申洲国际也不可避免地受到了新冠肺炎疫情影响，客户在下订单时较为犹疑，每宗订单的单量亦比以往有所下降，有些甚至取消或者中止订单。同时，贸易环境更趋复杂多变，企业用工成本普遍上升，行业承受着需求不足和成本上涨的双重压力，申洲国际计划加快海外基地的扩建和提效。2019年，申洲国际在柬埔寨金边建立新制衣工厂，公司投资约2亿美元于柬埔寨建造下游制衣设施（以进行剪裁、缝纫、印刷、刺绣、包装及水洗等工序），有关金额将用作租地、兴建厂房及员工宿舍、兴建基础设施及购买机器及设备。因此，申洲国际的流动资金较为紧张，申洲国际希望耐克公司能预先支付25%的定金作为生产的费用。

产品数量：根据前期的市场调查，申洲国际的员工也了解到2020年以来，在新冠疫情的暴发和美国国内大规模抗议活动的影响下，耐克关闭了全球90%的门店。从运动鞋服市场需求来看，由于新冠肺炎疫情的暴发，体育赛事和运动市场受到严重打击，从而也影响了耐克相关运动鞋服产品的销售。考虑到整体服装行业不景气以及双方合作良好的关系，假如耐克公司要缩减订单数量，申洲国际也能在合理范围内予以同意。

但是，申洲国际的谈判团队要明确：虽然全球业绩惨淡，但是中国地区由于疫情控制良好，销售会持续保持增长，同时等待中国疫情基本稳定了之后，各个门店会开始复工复产，耐克销售量就会恢复。此外，在疫情期间，耐克公司也可以利用天猫、京东等电商平台，实现利润的增长，因此，站在长远的角度看，申洲国际还是建议耐克公司不用减少订单量。

而且，申洲国际了解到耐克和阿迪达斯近年来不断精简供应商，订单向头部供应商倾斜，因此，此次谈判申洲国际有望拿到更多的订单。

耐克和申洲国际除了完成以上的谈判，还需完成代工的其他条款的谈判。

第四部分
ODM 谈判案例

第十章　中韩公司关于手机 ODM 的谈判

1. 手机行业背景

　　智能硬件的研发制造模式分为委外模式和 In-house 模式。委外模式包含 ODM、EMS 和 IDH 模式，ODM 模式是指 ODM 公司为品牌厂商提供研发设计、生产制造、供应链及物流管理等全流程服务，其中的行业代表性企业为华勤技术、闻泰科技及龙旗科技等境内手机 ODM 厂商；此外，我国台湾地区广达、仁宝、和硕、纬创、英业达和境内华勤技术等传统笔记本电脑 ODM 厂商主要为惠普、戴尔、诺基亚、摩托罗拉、LG、亚马逊、谷歌、阿里等国内外知名品牌厂商服务，其发展历史较长，国际客户基础较好，生产制造实力较强。在国产手机品牌当中，小米绝大部分的手机都是由 ODM 厂商设计和制造，只有部分高端手机由它自己设计再交给代工厂商制造；华为的手机当中有半数左右由 ODM 厂商设计制造；魅族的魅蓝品牌手机也基本是由 ODM 厂商设计制造。据称向来坚持自行设计制造手机的 OPPO 和 vivo 也有意与 ODM 厂商合作；EMS 模式是指 EMS 公司根据品牌厂商的订单为其提供原材料代采购、生产制造、物流配送等服务，但不涉及产品研发设计服务；IDH 模式是指 IDH 公司根据品牌厂商的需求，仅为其研发设计产品，不提供生产制造及供应链运营服务，ODM/EMS/IDH 模式下的产品最终均以客户的品牌在零售市场进行销售。In-house 模式指硬件品牌厂商自行研发设计或生产制造，未与 ODM、IDH、EMS 公司合作。ODM、EMS 和 IDH 三种经营模式的特征分析如表 10-1 和图 10-1 所示：

表 10-1　ODM、EMS 和 IDH 三种经营模式的特征

项目	研发设计	采购	物流	生产制造	品牌	渠道销售
ODM	√	√	√	√	×	×
EMS	×	√	√	√	×	×
IDH	√	×	×	×	×	×

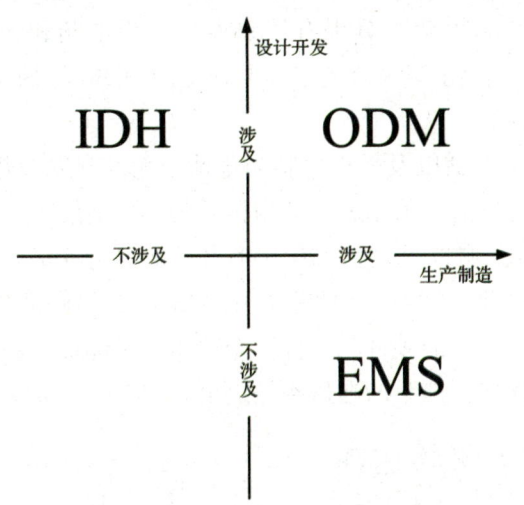

图 10-1　ODM、EMS 和 IDH 三种经营模式的特征

ODM 模式集合了 IDH 和 EMS 两种模式的特征，同时进行智能硬件产品的研发设计、原材料零部件采购运营和生产制造，相比 EMS，ODM 厂商拥有较强的核心技术和壁垒，相比 IDH 华勤技术，ODM 厂商可提供智能硬件产品的全流程、全周期服务。具体区别如下表 10-2：

表 10-2　ODM、EMS、IDH、In-house 四种经营模式的具体差异

模式名称	主要经营模式	经营特点
ODM	品牌商提供产品框架需求，制造商参与研发设计后采购原材料、生产产品，直接销售给品牌商	包含设计、研发、生产全流程服务
EMS	为品牌商提供原材料的采购、产品的制造和相关的物流配送、售后服务等环节服务	属于专业加工模式
IDH	作为设计公司仅从事研发设计活动，在取得品牌商的订单后，大多通过外协厂商进行委托加工，然后再销售给手机品牌厂商	属于产品方案设计模式
In-house	品牌商自行设计或生产制造	全流程完全掌握在品牌商手中

手机品牌的代工现状：在智能硬件产品开发周期短、更新迭代快的背景之下，智能硬件品牌商逐渐把品牌管理、市场营销、终端用户运维作为其核心竞争力，通过与智能硬件制造服务商进行长期、深度合作来有效整合供应链资源，提高供应链的核心竞争力。所以说，ODM 经营模式是智能硬件行业发展的必然趋势。根据 Counterpoint 数据，2020 年全球 ODM/IDH 模式出货的智能手机达到 4.8 亿台，ODM/IDH 模式出货量增加超 8 540 万台，增长率约为 22%。以 ODM/IDH 模式制造的智能手机占全球智能手机出货量的比例从 2016 年的 25% 上升至 2020 年的 36%，预计 2025 年智能手机 ODM/IDH 模式出货量将达到 6.5 亿台，渗透率将达到 40%。此外，根据

Counterpoint 数据，在 2020 年，分别有约 89% 的平板电脑和约 88% 的笔记本电脑是由 ODM/EMS 厂商生产，约 74% 的笔记本电脑是由 ODM 厂商生产，这一比例预计将长期维持甚至进一步提高。

智能手机、笔记本电脑以及平板电脑为全球个人及家庭渗透率最高的智能硬件产品，是引领消费电子终端的主力军，行业俗称其为"智能硬件三大件"。Counterpoint 数据显示，全球"智能硬件三大件"2010 年出货量仅为 5 亿台，2015 年已迅速增至 18 亿台。2015 至 2017 年，"智能硬件三大件"出货量持续增长，2017 年出货量超过 19 亿台。2018 年至今，"智能硬件三大件"全球出货量趋缓，但每年仍保持在 17 亿台左右。当前"智能硬件三大件"的渗透率是决定 ODM 行业市场规模的重要因素之一。

2. 品牌方和代工厂基本信息

2.1 品牌方三星电子的信息

三星集团（Samsung），成立于 1938 年，由李秉喆创办，是韩国最大的企业集团。在韩国，有一句广为流传的话，人的一生有三件无法避免的事：税收、死亡和三星。三星集团已经深入韩国的方方面面，直接或间接地养活了韩国一半人。韩国人在三星的医院出生，在三星的学校读书，穿三星生产的服装，用三星电子产品，在三星的酒店结婚，在三星造的公寓生活，最后在三星的医院离世。根据三星 2020 年初发布的财报显示，2019 年该集团的全总营收达到 212.73 万亿韩元，折合人民币 1.37 万亿元，约占韩国当年国民生产总值的 20%，因此，也有人把三星的总裁称之为经济总统。三星集团是家族企业，李氏家族世袭，旗下各个三星产业均为家族产业，并由家族中的其他成员管理。三星集团包含 80 多个下属企业及若干其他法人机构，在近 70 个国家和地区有多个法人及办事处，员工总数 23 万人，业务几乎涉及所有行业，包括电子、半导体、造船、金融、汽车、军工、机械等。三星集团旗下子公司包含：三星电子、三星 SDI、三星 SDS、三星电机、三星康宁、三星网络、三星火灾、三星证券、三星物产、三星重工、三星工程、三星航空和三星生命等，其中三家子公司被美国《财富》杂志评选为世界 500 强企业。三星电子是旗下最大的子公司，三星生命是韩国最大的寿险公司，三星物产是韩国最大的建筑公司，三星重工旗下造船厂是韩国第一大造船厂，韩国最大的军火商也是三星。

三星电子在 1969 年成立于韩国水原，已经成长为一个全球性的信息技术企业，在世界各地拥有 200 多家子公司。三星电子的产品包括家用电器和主要的移动通信产品，家用电器有电视、显示器、冰箱和洗衣机，移动通信产品有智能手机和平板电脑。此外，三星还是重要的电子部件比如 DRA 和非存储半导体领域值得信赖的供应商。

三星电子的发展并非一帆风顺，比如三星和苹果的专利纠纷。三星和苹果的专利纠纷开始于 2011 年 4 月，在 9 个国家针对 20 项专利立案诉讼，相互责备对方损害了自己的专利权。2013 年 10 月，美国国际贸易委员会裁定，三星部分智能手机和平板电脑将在美国市场遭到禁售，涉及产品包括 Galaxy S、Galaxy S2 和 Galaxy Tap 等。2018 年 5 月 25 日，美国陪审团达成一致，认为三星应该向苹果支付侵权费用 5.39 亿美元。而且，三星的 Note 7 电池爆炸事件也对三星电子影响深远。2016 年 10 月，三星电子召回 Galaxy Note 7 手机后宣布停止销售该手机，几乎宣布了这款旗舰手机的"死刑"，此举或令三星损失 170 亿美元。12 月 9 日，三星准备在美国升级软件，永久禁用 Galaxy Note 7 手机。

三星的 6 000 元以上的高端手机，在中国市场的消费用户极其稀少，再加上苹果和华为的冲击，三星市场占有率极低。三星的中端手机在中国市场竞争面临巨大的竞争压力，三星在中国市场推出的 A 系列机子，对比红米、荣耀等机型的配置根本没有竞争力。目前三星的手机销售平均价格在 2 000 元左右，也就是说三星面对国内厂商品牌的竞争，不得不一直售卖千元机维持市场。在印度手机市场，在 500 美元以上高端智能手机市场中，苹果以 47.4% 的市场份额超越三星成为高端手机市场中的绝对霸主，此外在 300—500 美元的手机市场中，vivo V15 Pro 助力 vivo 以 28% 的份额领先，其次是占据了 20.2% 高端市场份额的一加科技，其中一加 7 是主力机型。

中国是全球最大的手机市场，国内手机销量大约是全球手机销量的三成。虽然三星智能手机在国内市场毫无存在感，仅有 1% 市场占有率，但是三星智能手机在全球销量仍然保持第一。如表 10-3：

表 10-3 2019 年和 2020 年手机品牌在全球市场的销量及占有率

vendor	2019年 shipments（百万台）	2019年 Market share（%）	2020年 shipments（百万台）	2020年 Market share（%）
Samsung	298.0	22	255.6	20
Apple	198.1	14	207.1	16
Huawei (incl. honor)	240.6	18	188.5	15
Xiaomi	125.5	9	149.6	12
OPPO	120.2	9	115.1	9
others	384.3	28	348.9	28
total	1 366.7	100	1 264.7	100

在印度手机市场，小米获得 2020 年印度智能手机市场销量冠军，小米销量的"领头羊"是红米 8，下半年红米 9 系列取代该手机的势头。三星位居第二，在印度的销量主力是 Galaxy M 系列以及新发布的 Galaxy F 系列。如果把 OPPO 和旗下品牌 realme 出货量叠加，其市场份额达到 25%，轻松超过三星。OPPO 的一加手机，主攻高端智能手机市场。realme 最初是 OPPO 建立的旗下子品牌，随后宣布脱离 OPPO 独立运营，该品牌排名第四。如表 10-4：

表 10-4　2019 年和 2020 年各手机品牌在印度市场的销量及市场占有率

	2019 年 shipments（百万台）	2019 年 Market share（%）	2020 年 shipments（百万台）	2020 年 Market share（%）
Xiaomi	42.9	29	40.7	28
Samsung	32.2	22	28.6	20
vivo	24.6	17	26.9	19
realme	15.7	11	19.5	13
OPPO	16.1	11	17.3	12
others	16.6	11	11.7	8
total	148.3	100	149.7	100

Note：Xiaomi estimates include sub-brand Poco. Percentages may not add up to 100% due to rounding.
Source：Canalys smartphone analysis（sell-in shipments），January 2021

三星电子的 2020 年的营业收入比 2019 年增长了 2.8%，主要得益于被抑制的消费需求从第三季度开始逐步释放，以及非接触服务和宅家成为常态等，半导体、移动和家电部门取得不俗成绩。三星电子 2019 年和 2020 年的财务状况如表 10-5：

表 10-5　三星电子 2019 年和 2020 年财务状况（韩元单位为百万，美元单位为千）

项目	For the years ended December 31,			
	2019 年	2020 年	2019 年	2020 年
	KRW	KRW	USD	USD
Revenue	230 400 881	236 806 988	195 179 376	200 606 179
Cost of sales	147 239 549	144 488 296	124 730 961	122 400 294
Gross profit	83 161 332	92 318 692	70 448 415	78 205 885
Selling and administrative expenses	55 392 823	56 324 816	46 924 893	47 714 412
Operating profit	27 768 509	35 993 876	23 523 522	30 491 473
Other non-operating income	1 778 666	1 384 068	1 506 760	1 172 485
Other non-operating expense	1 414 707	2 488 902	1 198 440	2 108 422
Share of net profit of associates and joint ventures	412 960	506 530	349 831	429 096
Financial income	10 161 632	12 267 600	8 608 218	10 392 246
Financial expense	8 274 871	11 318 055	7 009 887	9 587 858
Profit before income tax	30 432 189	36 345 117	25 780 004	30 789 020

2.2 代工厂华勤技术的信息

华勤技术成立于2005年，深耕智能硬件ODM行业十余年，是智能硬件ODM领域的龙头企业。华勤技术在国内外积累了丰富且稳定的客户资源，如三星、OPPO、小米、vivo、亚马逊、联想、LG、宏碁、华硕、索尼等。华勤技术产品线涵盖智能手机、笔记本电脑、平板电脑、智能穿戴（包含智能手表、TWS耳机、智能手环等）、AIoT产品（包含智能POS机、汽车电子、智能音箱等）及服务器等智能硬件产品。华勤技术的发展经历了四个阶段，从最初的手机IDH阶段（2005年至2009年），到手机、平板ODM阶段（2010年至2014年），再到多品类ODM阶段（2015年至2019年），最后到智能硬件平台阶段（2020年至今）。如今，华勤技术2020年整体出货量达1.9亿台，位居全球智能硬件ODM行业第一。但是，华勤技术在2017年、2018年和2019年综合毛利率分别为6.51%、7.87%和9.90%，虽然呈现逐年上升趋势，不过整体毛利率水平较薄。

从ODM/IDH厂商角度看，华勤技术、闻泰科技、龙旗科技形成了智能手机ODM/IDH领域的龙头阵营，其余市场参与者还包括中诺、天珑、华勤技术。根据Counterpoint数据，行业龙头企业华勤技术、闻泰科技、龙旗科技合计的市场占有率从2018年的60%提升至2020年的77%。与同行业相比，华勤技术在技术实力方面的情况如表10-6：

表10-6 2020年华勤技术与同类公司技术对比情况

公司	主要产品	研发人员（人）	研发人员占比	研发费用	研发费用占比	授权专利数	营业收入	净利润
闻泰科技	智能手机、平板电脑、半导体等	5 459	21.75%	28.01亿元	5.42%	未披露	517.07亿元	24.60亿元
龙旗科技	智能手机、平板电脑、智能手表等	1 300以上	未披露	未披露	未披露	未披露	未披露	未披露
广达	笔记本电脑、智能手表、服务器等	未披露	未披露	167.53亿新台币	1.54%	5.201	10 908.59亿新台币	253.90亿新台币
仁宝	笔记本电脑、平板电脑、智能手表等	未披露	未披露	151.63亿新台币	1.45%	未披露	10 489.29亿新台币	104.10亿新台币
纬创	笔记本电脑、服务器等	5 253	53.76%	190.49亿新台币	2.25%	未披露	8 450.12亿新台币	129.08亿新台币
立讯精密	智能手表、TWS耳机等	15 154	8.79%	57.45亿元	6.21%	2 139	925.01亿元	74.91亿元
歌尔股份	智能手表、TWS耳机等	12 177	13.94%	34.26亿元	5.93%	12.85	577.43亿元	28.52亿元
英业达	笔记本电脑、服务器、TWS耳机等	未披露	未披露	97.15亿新台币	1.91%	未披露	5 082.94亿新台币	65.73亿新台币
浪潮信息	服务器等	2 861	40.12%	26.35亿元	4.18%	未披露	630.38亿元	15.09亿元
华勤技术	智能手机、笔记本电脑、平板电脑、智能手表、服务器	8 294	25.46%	24.31亿元	4.06%	1 603	598.66亿元	21.91亿元

目前，华勤技术已经形成了如图 10-2 所示的以智能手机为主，笔记本电脑、平板电脑、智能穿戴、AIoT 产品及服务器全面发展的多品类产品结构，发展为国际领先的多品类智能硬件 ODM 厂商。未来华勤技术将以智能手机为核心深度赋能各品类智能硬件产品，致力于打造"1+N+1+1+1"（智能手机＋消费类电子产品＋企业级数据中心产品＋汽车电子产品＋软件）的产品结构。

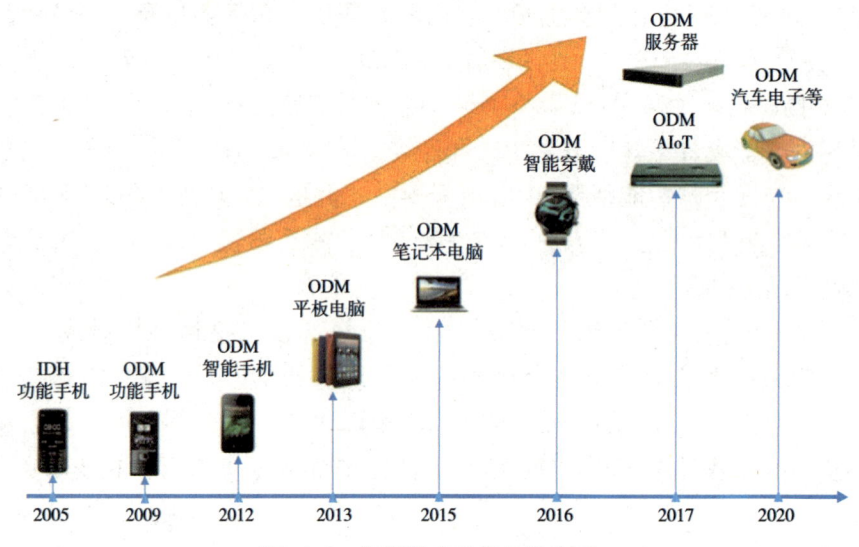

图 10-2　华勤技术的产品结构图

智能硬件 ODM 行业对技术研发水平要求较高，智能硬件产品的研发设计水平是华勤技术核心竞争力之一。华勤技术高度重视研发团队和创新能力，制定了《评估立项流程文件》《项目管理流程文件》《技术评审体系指南》《硬件开发流程文件》《软件开发流程文件》《研发试产流程文件》等研发制度，建立了完善的研发体系。华勤技术在上海、西安、无锡、东莞和南昌等地拥有多个研发团队。截至报告期末，华勤技术拥有超过 8 000 人的研发团队。为充分满足客户需求，华勤技术在工业设计、结构设计、硬件设计、软件开发、测试系统、项目管理等各个环节都配有专门的研发人员，建立了完善的研发体系，打造了一支具有丰富专业经验、紧密配合的研发团队。

华勤技术自成立以来始终坚持深耕智能硬件设计制造行业，通过对研发的持续投入，华勤技术积累了一系列与主营业务相关的核心技术。截至 2021 年 2 月 28 日，华勤技术拥有专利超过 1 600 项，其中发明专利超过 600 项，软件著作权近 1 000 项。目前，华勤技术依靠强大的设计、研发能力与成熟的核心技术体系在多个领域构建了较为完善的产品线，并持续致力于新产品、新品类的研发与先进技术的产业化实施。

ODM 模式即原始设计制造商模式，在此模式下 ODM 厂商根据品牌厂商（如三星、OPPO、小米等）的需求，为品牌厂商研发、设计及生产产品，其中 ODM 厂商提供的服务主要包括产品定义、结构设计、电路系统设计、软件设计开发、物料选型及零部件采购、测试与验证、生产制造、供应链及物流管理等，可覆盖产品研发和制造全流程。华勤技术代工的智能手机的部分代表性产品具体情况如表10-7：

表10-7 华勤技术代工的智能手机的部分代表性产品

序号	产品图片	产品名称	上市时间	产品特点
1		三星 Galaxy A11	2020.4	全面挖孔屏设计，正面配置了6.4寸HD+分辨率LCD屏幕，机身为塑料材质打造
2		OPPO A32	2020.8	5 000 mAh超大电池，18 W疾速快充，双扬声器，3D轻薄机身
3		红米9	2020.6	5 020 mAh充电宝级大电量，全高清大屏，全场景AI四摄，大功率扬声器
4		Nokia 8.3 5G	2020.8	搭载了高通骁龙765G处理器，支持全球多种5G频段，采用6.81英寸显示屏，屏幕为挖孔屏设计，后置PureView四摄像头模组，4 500 mAh的电池，指纹识别模块和电源键采用了二合一设计

华勤技术根据品牌厂商的订单完成产品设计、开发及生产后，将产品交付客户，客户自行在市场上进行销售。华勤技术2018—2020年主要产品的产量、产能情况如表10-8：

表10-8 华勤技术2018—2020年主要产品的产量和产能情况

年份	产品名称	产量（万台）自产产量	产量（万台）外协产量	产量（万台）年总产量	自有产能（万台）	产能利用率（%）
2018	智能手机	2 614.52	2 662.21	5 276.73	2 700.00	96.83
2018	笔记本电脑	84.47		84.47	95	88.92
2018	平板电脑	1 154.59	473.081 9	1 627.68	1 200.00	96.22
2018	其他（包含智能穿戴、AIoT产品、服务器等）	244.92	3.32	248.24	250	97.97

续　表

年份	产品名称	产量（万台） 自产产量	产量（万台） 外协产量	产量（万台） 年总产量	自有产能（万台）	产能利用率（%）
2019	智能手机	3 553.36	2 084.90	5 638.26	3 700.00	96.04
2019	笔记本电脑	310.89		310.89	330	94.21
2019	平板电脑	1 471.56	580.79	2 052.35	1 600.00	91.97
2019	其他（包含智能穿戴、AIoT产品、服务器等）	781.91	100.01	881.92	850	91.99
2020	智能手机	8 718.11	3 649.47	12 367.58	9 500.00	91.77
2020	笔记本电脑	821.72		821.72	900	91.30
2020	平板电脑	1 265.73	837.64	2 103.37	1 400.00	90.41
2020	其他（包含智能穿戴、AIoT产品、服务器等）	1 135.05	298.64	1 433.69	1 200.00	94.59

　　华勤技术客户主要为国内外知名智能硬件品牌商，华勤技术一般需要通过客户严格的资质认证后才能进入其合格供应商体系，且需要通过客户定期的考核、评审等，从而具备获取项目的资格。通常情况下，华勤技术进入客户合格供应商体系后，即与客户保持长期稳定的合作关系。

　　华勤技术与三星、OPPO、小米、vivo、亚马逊、联想、LG、宏碁、华硕、索尼等全球智能硬件知名品牌企业建立了稳定的上下游合作关系。根据Counterpoint数据，华勤技术在不同计算口径下均排名全球前列。以全球个人及家庭渗透率最高且为引领消费电子终端主力军，行业俗称"智能硬件三大件"的智能手机、笔记本电脑以及平板电脑计，2020年华勤技术全球"智能硬件三大件"出货量超1.9亿台，在智能硬件ODM/IDH行业位居全球第一。2020年，华勤技术智能手机ODM/IDH出货量占据了全球34%的市场份额，位居智能手机ODM/IDH行业第一；华勤技术前五大客户的销售情况如表10-9：

表 10-9　华勤技术前五大客户 2018 到 2020 年的销售情况

序号	客户名称	主要销售内容	金额（万元）	占营业收入比例（%）
	2020 年度				
1	三星	智能手机、智能穿戴、笔记本电脑等	1 760 328.70	29.40
2	联想	平板电脑、笔记本电脑、智能手机等	893 130.04	14.92
3	A 集团客户	智能穿戴、笔记本电脑、智能手机等	676 325.12	11.30
4	OPPO	智能手机等	561 161.05	9.37
5	宏碁	笔记本电脑等	432 230.96	7.22
		合计	4 323 175.88	72.21
	2019 年度				
1	联想	智能手机、平板电脑、笔记本电脑等	794 520.12	22.51
2	A 集团客户	智能手机、平板电脑、笔记本电脑、智能手表、服务器等	703 936.81	19.94
3	OPPO	智能手机等	549 752.51	15.57
4	亚马逊	平板电脑、AIoT 产品等	461 539.16	13.07
5	LG	智能手机、平板电脑等	374 402.08	10.61
		合计	2 884 150.68	81.70
	2018 年度				
1	A 集团客户	智能手机、平板电脑、笔记本电脑、智能手表等	940 931.76	30.47
2	联想	智能手机、平板电脑、笔记本电脑等	926 276.59	30.00
3	华硕	智能手机、笔记本电脑等	411 546.93	13.33
4	亚马逊	平板电脑、AIoT 产品等	341 438.56	11.06
5	中国移动通信集团终端有限公司	智能手机等	104 567.41	3.39
		合计	2 724 761.24	88.23

华勤技术主营业务收入主要包括智能手机、笔记本电脑、平板电脑、智能穿戴、AIoT产品和服务器，其中，智能手机所占比例最大，超过了50%。具体情况如表10-10：

表10-10 华勤技术的分产品线构成情况

项目	2018年度 金额（万元）	2018年度 占比（%）	2019年度 金额（万元）	2019年度 占比（%）	2020年度 金额（万元）	2020年度 占比（%）
智能手机	2 175 729.46	72.73	2 138 711.87	61.70	3 070 344.28	52.68
笔记本电脑	128 088.28	4.28	494 548.00	14.27	1 325 107.56	22.74
平板电脑	673 970.04	22.53	672 677.71	19.41	1 025 332.72	17.59
智能穿戴	6 688.46	0.22	85 582.97	2.47	268 047.52	4.60
AIoT产品	6 894.70	0.23	71 185.28	2.05	89 964.82	1.54
服务器	16.89	0.00	3 438.90	0.10	49 155.44	0.84
合计	2 991 387.83	100.00	3 466 144.73	100.00	5 827 952.34	100.00

华勤技术来自于境外的营业收入从2018年到2020年呈现持续增加的趋势，从2018年的占比31.38%上升到2020年的67.20%，来自于境内的营业则持续下降。如表10-11：

表10-11 华勤技术按销售地区划分的主营业务收入情况

项目	2018年度 金额（万元）	2018年度 比例（%）	2019年度 金额（万元）	2019年度 比例（%）	2020年度 金额（万元）	2020年度 比例（%）
境内	2 052 674.14	68.62	1 762 683.12	50.85	1 911 645.36	32.80
境外	938 713.69	31.38	1 703 461.61	49.15	3 916 306.98	67.20
合计	2 991 387.83	100.00	3 466 144.73	100.00	5 827 952.34	100.00

华勤技术的主要原材料包括屏幕、主芯片、存储器、机壳和摄像头等，其中，屏幕是最主要的原材料，占比超过15%以上。具体情况如表10-12：

表 10-12　华勤技术主要原材料采购情况

采购项目	2018 年度 金额（万元）	2018 年度 占比（%）	2019 年度 金额（万元）	2019 年度 占比（%）	2020 年度 金额（万元）	2020 年度 占比（%）
屏幕	629 752.84	22.92	729 979.64	22.70	908 920.47	17.60
主芯片	251 226.39	9.14	343 340.90	10.68	757 600.93	14.67
存储器	457 586.72	16.65	378 031.76	11.76	650 802.49	12.60
机壳	300 592.13	10.94	402 310.20	12.51	493 044.48	9.55
摄像头	250 174.56	9.11	246 052.91	7.65	383 149.94	7.42
功能 IC	115 968.26	4.22	148 343.35	4.61	295 039.48	5.71
电池	98 866.64	3.60	123 501.59	3.84	269 918.19	5.23
PCB	65 674.90	2.39	73 710.90	2.29	114 958.72	2.23
主要原材料合计	2 169 842.44	78.98	2 445 271.26	76.05	3 873 434.71	74.99
其他原材料	577 605.22	21.02	770 243.95	23.95	1 291 933.23	25.01
原材料总采购金额	2 747 447.66	100.00	3 215 515.21	100.00	5 165 367.94	100.00

华勤技术主要原材料采购单价以主芯片为最高，其次是屏幕，排在第三位的是存储器，具体情况如表10-13：

表10-13 华勤技术主要原材料情况

采购项目	2018年度平均单价（万元）	2019年度平均单价（万元）	2019年度变动幅度（%）	2020年度平均单价（万元）	2020年度变动幅度（%）
屏幕	96.41	97.76	1.40	107.35	9.81
主芯片	84.48	114.6	35.65	137.39	19.88
存储器	122.58	51.29	−58.16	49.43	−3.62
机壳	7.77	6.12	−21.21	6.21	1.38
摄像头	18.84	14.08	−25.25	12.83	−8.88
功能IC	1.65	1.32	−20.00	1.73	31.34
电池	35.05	40.25	14.83	40.96	1.76
PCB	6.46	4.52	−30.06	3.81	−15.73

华勤技术不属于高能耗产业，主要能源采购为水电，具体情况如表10-14：

表10-14 华勤技术2018年到2020年水电成本（单位：万元）

项目	2018年度	2019年度	2020年度
电	2 969.37	5 516.35	9 971.58
水	198.43	259.01	608.55
合计	3 167.80	5 775.36	10 580.13

华勤技术的前五大原材料供应商主要包括联想、宏碁、Qualcomm CDMA Technologies Asia-Pacific Pte.Ltd、三星和华硕电脑股份有限公司，其中，联想的占比最大，达到了11.37%，具体情况如表10-15：

表10-15 2020年度华勤技术前五大原材料供应商情况

序号	供应商名称	采购内容	金额（万元）	占采购总额比例(%)
1	联想	屏幕、存储器、主芯片、电池、摄像头等	587 498.57	11.37
2	宏碁	主芯片、屏幕、硬盘、存储器、电池等	353 482.27	6.84
3	Qualcomm CDMA Technologies Asia-Pacific Pte.Ltd	主芯片、功能IC等	339 078.12	6.56
4	三星	存储器等	283 419.80	5.49
5	华硕电脑股份有限公司	主芯片、屏幕、硬盘、存储器、电池等	251 988.74	4.88
	合计		1 815 467.49	35.15

3. 谈判动因

华勤技术主要通过投标及议标等方式获取其订单，此外，华勤技术也会根据过往销售情况及未来市场需求研判，向客户提供未来可能畅销的产品方案及项目服务方案，在得到客户认可后即开始研发设计并最终生产交付。华勤技术深耕智能手机、笔记本电脑、平板电脑等智能硬件ODM行业，始终致力于为智能硬件品牌厂商提供优质的ODM服务，并在业务发展中不断提高市场认可度、不断扩大客户范围，市场份额日益增加、客户结构日益多元，公司的持续盈利能力和抗风险能力也逐渐增强，这些都得到了三星的认可。

三星在中国市场的份额曾在2013年达到20%的巅峰，之后三星关注重点开始放在提升利润上，放弃机海战术，大幅缩减了手机款式、发力高端手机市场。三星在中国智能手机市场销售的手机仅有有限的数款手机，包括了高端的Galaxy S和Note系列以及几款中端手机，缺乏千元机，千元机恰恰是中国手机在国内市场份额飞速增长的利器，华为和小米有大量中低端手机，而向来在中端市场占据优势的OPPO和vivo的出货量其实有大比例也是依靠2 000元以下的手机。没有千元机的支持，三星在中国智能手机市场的份额逐渐下滑。与此同时三星正不断关闭在中国的手机工厂，目前仅剩的惠州工厂已将大量产能转移至越南。传言天津工厂也很可能会关闭，在这样的情况下它在中国市场销售的手机与ODM厂商合作也就成为必然的选择。

三星手机在中国市场的占有率一度高达 20%，由于 Note 7"电池门事件"处置不当，引起中国国内消费者的反感，市场占有率下跌到不足 1%。三星在中国市场全面反思后，计划在中国市场采取 ODM 模式委托代工部分机型，与中国本土智能手机，如华为、小米等手机品牌竞争。三星出于产能增加的及时性、新产品开发时间的紧迫性及占领市场的迅速性等方面产品竞争力考虑，将旗下的主流价格段的智能手机的部分产品外包给研发技术实力较为雄厚的 ODM 厂商，这样就可以使自己从繁重的研发、制造等环节脱离出来，将更多的精力投入营销环节以扩大品牌影响力，在存量竞争市场中扩大竞争优势。与华勤技术合作可以大幅降低它在中国市场销售的手机成本，迅速推出更多款式的中低端手机，特别是它当下缺乏的千元机。三星也不是第一次使用 ODM 的模式，早在 2018 年 10 月，三星的 Galaxy A6 和 Galaxy A20 由中国 ODM 企业——闻泰科技代工生产。而且三星 2020 年和华勤技术合作过一次，代工的手机是 Galaxy A01，这款于 2020 年 3 月在印度上市的手机采用了高通骁龙 439 八核处理器，搭配 6GB 或 8GB RAM，以及 128GB ROM，可通过 microSD 卡将存储空间扩展至 512GB，三星 Galaxy A01 还搭载了 3 000 mAh 容量的电池。该手机顶部拥有 3.5 毫米的耳机孔，同时具备调频收音机功能。该款手机售价约为 130 000 韩元，折合人民币 700 多元，属于性价比极高的百元机。并且该手机还获得了美国联邦通信委员会的认证，Galaxy A01 即将进入美国市场，Galaxy A01 很可能是三星产品中最便宜的手机，售价已经跌破了 100 美元。

此次谈判打算将华勤技术作为主要的供应商。图 10-3 为华勤为三星代工的 Galaxy A01：

图 10-3　华勤技术拟代工的手机 Galaxy A01 外观图

4. 品牌方与代工厂的谈判目标

4.1　品牌方三星电子的谈判目标

三星电子不会急于将大量订单交给一家公司，作出决定的依据是供应商的质量。虽然华勤是三星 ODM 供应商名单中的后来者，但是三星对于华勤代工的 Galaxy A01

的质量还是比较认可的，因此三星决定给予华勤技术更多的中低端手机的订单。此次会谈的内容有新机型的类型、价格、数量以及其他的条款。

三星认为，印度手机市场的当地用户目前还是以 2G、3G 网为主，4G 网络普及率也不高，更别说建设难度极大的 5G 网了，因此很多手机厂商会针对印度市场打造 4G 特供机，很多机型并不会在中国内地售卖，考虑到印度当地用户的实际消费能力，主推 4G 手机的思路还是很奏效的。印度市场很像十年前的国内市场，主要还是千元机为主，因此主打性价比策略的小米、realme 在当地卖得特别好。

三星上次委托华勤代工的 Galaxy A01 是一款入门智能手机。对于入门智能手机市场来说，一般指价格在 1 000 元以内的智能手机市场。虽然入门智能手机市场不是智能手机厂商较高的利润的来源，但是，这对于巩固各大智能手机厂商的出货量和市场份额，还是具有重要作用的。特别是在印度智能手机市场，入门智能手机市场覆盖了众多的用户，从而受到了三星、华为、小米、OPPO、vivo 等智能手机厂商的重视。

所以，三星电子此次委托代工的是入门智能手机 Galaxy A01 的升级版，因此三星电子的谈判代表想听听华勤技术对于此次代工的新手机 Galaxy A02 的专业建议。至于代工价格和数量，三星结合现实情况制定出了此次谈判的代工价格和数量。

4.2 代工厂华勤技术的谈判目标

移动终端设备和计算机设备属于需要政府相关部门和认证机构强制认证的产品，需经指定认证机构认证合格并标注认证标志后，方可出厂、销售、进口或者在其他经营活动中使用。此外，在华勤技术生产过程中还会涉及生产制造环节的认证标准和许可。主要认证标准及许可具体如下所示：

智能硬件的研发与生产横跨工业设计、芯片技术、人工智能技术、屏幕显示技术、生物识别技术、软件算法、硬件驱动、自动化技术等各个领域，需要将上千个零部件通过精密设计与硬件、软件之间的相互配合、优化调试最终形成智能手机、笔记本电脑、平板电脑、智能穿戴、AIoT 产品、服务器等智能硬件产品。在智能硬件整机设计和生产制造过程中，涉及的零部件种类繁多，产品迭代速度较快，对智能硬件 ODM 华勤技术的技术工艺经验积累、产品自主开发及技术工艺创新能力提出了较高的要求与诸多挑战。

华勤技术与品牌客户采取深度合作的方式，从客户的产品定义阶段开始介入，深度挖掘客户需求，并在研发设计、生产制造阶段积极对接客户，形成对客户产品的全链条、全周期管理，尽最大努力满足客户的需求。华勤技术将依靠华勤技术自身的技术积累与市场洞察，助力现有客户进入高速成长的新兴产品领域，帮助客户与华勤技术跨越式发展，实现华勤技术与客户的共赢。

华勤技术给下游供货的手机型号主要为千元左右的智能机，但 200 元左右的销售单价贡献的利润率并不高，智能手机市场定价权不足。

华勤技术的谈判团队并不是第一次和三星电子打交道，双方已经合作过一款手机

Galaxy A01，在印度通过了 BIS 认证，该手机的售价是 149.99 美元。华勤技术的谈判人员明白三星以其 Galaxy S 和 Galaxy Note 系列产品而闻名，但其 Galaxy A 系列入门级和中端智能手机比那些旗舰产品更加经济实惠。三星在印度市场和美国市场需要的并不是能够在高端领域和苹果、华为进行竞争的手机，而是中低端市场甚至是入门级智能手机进行竞争的智能手机。上次华勤技术为三星量身定做的就是三星 Galaxy A01（149.99 美元），这款手机是该系列中最低端的产品。三星在 2021 年 2 月份，在印度智能手机市场发布了 Galaxy A12 入门级新机以及 Galaxy M12。为了更好地理解市场的需求，华勤谈判人员对 Galaxy A12、Galaxy M12、Galaxy A01 和小米在印度市场的两款最畅销的手机对比如表 10-16：

表 10-16 印度市场的三星和小米手机的对比

	红米 8	红米 9	Galaxy A12	Galaxy M12	Galaxy A01
价格	799 元	769 元	1 153/1 242 元	980/1 200 元	149.99 美元
处理器	骁龙 439	联发科 MTK8 核	联发科 Helio P35	Exynos 850	骁龙 439
LCD 显示屏（英寸）	6.22	6.53	6.5	6.5	5.7
屏幕分辨率	1 520×720 HD	2 340×1 080 HD	1 600×720		1 520×720
电池	5 000 mAh	5 020 mAh	5 000 mAh	6 000 mAh	3 000 mAh
后置与前置摄像头（万像素）	1 200/800	1 300/800	1 600/800		1 300/200
版本	4GB+64GB	4GB+64GB	4GB+64GB/4GB+128GB	4GB+64GB/4GB+128GB	6GB 或 8GB RAM，以及 128GB ROM
防水	否	否	否	否	否
指纹识别	有	有	有	有	无
芯片制程			12 nm		

此外，华勤技术的谈判人员指出 Galaxy A01 的一些缺点（表 10-17），结合别的品牌的入门智能手机的优点以此来改进 Galaxy A01 的缺点，从而提出 Galaxy A02 的设计建议。

表 10-17　Galaxy A01 的缺点

存储空间	这款手机配有 2GB RAM 和 16GB 的板载存储空间，其中只有 3.4GB 可用。用户可以通过 microSD 卡添加 512GB 的外部存储空间。然而，摩托罗拉 Moto e 随附了 Qualcomm Snapdragon 632 芯片组，2GB RAM 和 32GB 存储空间。两者价格相差无几
预装应用程序太多	Cricket 已将手机与预装的应用程序塞在一起。预装的 29 个过时软件应用程序消耗了将近一半的可用存储空间
软件升级	Galaxy A01 无法升级到 Android 11
处理器太低端	Snapdragon 439 处理器除了最基本的任务外，其他所有任务都会飞溅
简易模式	没有 UI 设置，三星多数手机上用户可以创建一个基本的 UI，非常适合儿童、老年人和不喜欢复杂功能的手机的人
单核与多核	在量化原始计算能力的基准测试 Geekbench 5 上，Galaxy A01 得分为 150 单核（SC）和 540 多核（MC）。摩托罗拉 Moto e 在同一测试中管理 248（SC）和 781（MC）
屏幕	水滴屏而不是常规全面屏

总的来说，这款 Galaxy A02 能让低端手机保持一定的硬件及系统更新，同时又不会过度消耗低端硬件资源。最后，华勤技术的谈判人员还需要根据实际情况商谈合同的其他条款。

代工合同经常出现的内容如表 10-18：

表 10-18　OEM 代工合同常见条款

1. 原材料（如果是代工厂提供，还需计算出原材料费用）	谁提供、提供多少	11. 违约责任
	什么时候、交货地点	12. 仲裁
	质量要求、备损率是多少	13. 担保
2. 加工费	加工费的计算标准（按件）	14. 转让
	如何支付（付多少、用什么支付、什么时间支付）	15. 有效期和续订
3. 专家与培训费用	数目、时间、任务费用	16. 文本
4. 交货时间		17. 补充或修订
5. 包装费和辅料费	大概多少，谁出、什么时候出	18. 适用法律
6. 运费保险费	原材料的运费和保险费	
	成品的运费和保险费	
7. 质量检验	代工厂检验原材料	
	品牌方检验成品	
8. 保修		
9. 不可抗力		
10. 保密条款	对于设计的保密	

第十一章　中日公司关于打印机 ODM 的谈判

1. 打印机行业背景

　　随着互联网不断发展，无纸化办公愈发地深入人们的生活，而传统的打印行业，仿佛被当作用完的废纸一样抛弃了。然而事实是，打印不仅没有消亡，反而在不起眼的位置占据着巨大空间。目前，打印机作为重要的文字、图形图像输出设备在家用、商用和 SOHO（居家办公）应用场景下占据着巨大的地位。中国有着数量庞大的图片打印、临时办公、作业打印等需求的家庭。根据 Global Workplace Analytics 调查显示，中国存在着 490 万远程办公需求的劳动者。此外，中国目前存在着 4 000 万家中小型企业。这些家庭，劳动者和中小型企业都是打印机需求方。打印机的主要行业在政府、工商、税务、金融、保险、通信、医疗卫生、商超连锁等。根据北京诺拓信息咨询有限公司研究数据显示，2020 年中国打印机市场规模为 176.73 亿元，预测到 2027 年中国打印机市场规模将近 178.17 亿元。在接下来的多年里，打印机行业都会继续逐渐发展。

　　打印机产业的壁垒非常高，打印机涉及光学、机械、电子、精密制造、材料学、芯片、控制语言等综合学科，核心组件拥有 60 万以上的全球知识产权。经过几十年的发展，打印机目前进化出了很多种类型，可以满足不同的场景需求。目前打印机按工作方式来划分的种类主要包括喷墨打印机、激光打印机、针式打印机、热敏式打印机，除此之外，还有 3D 打印机以及大幅面打印机。具体如表 11-1：

表 11-1　打印机的分类情况

常见打印机的分类情况			
打印机类型	工作原理	特点	适用范围
喷墨打印机	在打印机内部配备了墨囊（墨盒式）或者墨仓（墨仓式），通过喷头将墨喷到特定的位置进行打印	耗材通常为墨囊或者普通墨水，成本较低，打印清晰，打印彩色信息有较大的优势	信封、信纸、胶片、相纸、光盘封面、卷纸、T恤
激光打印机	通过处理器将对应的打印材料的文字，图形，颜色等信息转化为电信号，然后把电信号发送到激光发射器，激光发射器发射对应的激光到硒鼓，当纸张经过硒鼓时，硒鼓就会把鼓粉盒里的墨粉印在纸上，随后当纸张经过加热辊的时候，加热辊就会把墨固定在纸上完成打印	打印速度快、成像质量高，但成本相对较高	家用、商用，以及SOHO
针式打印机	在打印头上安上一些针头，多为9针、18针、24针，用针头击打色带，把色带的墨印在经过的纸上	针式打印机可以打印多联纸	银行、超市、税务局等场所
热敏打印机	通过电信号流过装有半导体和电阻的打印头，使打印头发热，涂有特殊热敏材料的纸经过时就会显出字迹	速度快、噪声低，打印清晰，使用方便	POS终端系统、银行系统、医疗仪器、超市、电影院用作小票的打印
不常见打印机分类情况			
打印机名称	特点		适用范围
3D打印机	节省材料、较高的精度和很高的复杂程度、自动、快速、直接和比较精确地将计算机中的三维设计转化为实物模型、成型时间短		汽车、航空航天、日常消费品、医疗、教育、建筑设计、玩具等各个领域
大幅面打印机	应用于专业方面的打印机机型		广告制作、大幅摄影、艺术写真和室内装潢等装饰宣传领域

目前市场上的主流打印机还是喷墨打印机和激光打印机。激光打印机科技含量较高，其是高科技发展的一种新产物，分黑白和彩色两种，是有望代替喷墨打印机的一种机型。激光打印机涉及半导体、光学材料、计算程序等多个方面。针式打印机功能极其简单，无法复印，也无法彩印，没办法打印图形。热敏打印机不能直接打印双联，打印出来的单据不能永久保存。3D打印是第四次工业革命的代表技术之一，越来越受到工业界和投资界的重视，可以应用到独立制造、医疗保健、教育领域、专业服务领域以及消费者服务领域。目前投资于3D打印技术研发的企业包含空中巴士、阿迪达斯、福特、丰田等知名企业，2018年全球有能力自主"研发与生产"3D打印机的企业有177家。

这四种常见的打印机都有着各自的优缺点，特征鲜明。但是具体到特定的某个打印机，对其好坏的评价多从"速度"和"分辨率"这两个方面进行考虑。非击打式打印机的速度衡量标准一般是ppm（pages per minute），除此之外，部分非击打式打印机的速度标准采用了ipm（imagines per minute）计算方法。如部分惠普中高端激光打印机的打印速度可达20ppm，对应的爱普生喷墨式打印机的打印速度为10.5ppm。一般来说，数值越大，代表着打印机在打印时所需要的时间越少，打印机质量也越高。另外一个决定打印机价值的因素则是打印机的分辨率，一般记为dpi（dot per inch）。分辨率越高，意味着每英寸里所需要打印的点就越多，所以打印的文字，图片就会越精准、清晰。同样，惠普一些高端激光打印机可以达到600dpi，同样作为对比的爱普生喷墨式打印机则可以达到1 200dpi。除了这两个重要的标准以外，衡量一个打印机的好坏还可以从打印幅面、易用性、耗材成本、稳定性、纸匣容量、卡纸等方面判断。

目前来说，在中国的激光打印机领域，主要的打印机品牌有惠普、佳能、爱普生、兄弟、联想、富士施乐等。其中，市场实力最强的当属惠普，在中国惠普的打印机市场份额高达43.6%；佳能产品线丰富，售后有保障，操作性强；爱普生系列齐，质量高，整机价格较便宜但使用耗材较贵；兄弟产品历史悠久，操作性强，运行稳定；联想是国内知名品牌，价格比较实惠，整体实力略逊国外品牌；富士施乐彩印技术先进，大力发展低端打印产品。在喷墨打印机领域，主要的品牌的三个主角一直是爱普生、佳能、惠普，分别占据全球喷墨打印机市场的39.1%、30.4%和27.0%。喷墨打印机在中国市场也出现了令人欣喜的变化，比如小米发布了米家喷墨打印产品，得力推出了超大墨仓的喷墨打印机一体机，黑白和彩色墨水各1万页印量。喷墨打印机产品最受欢迎的还是爱普生的L805，这也是爱普生唯一一款6色的A4墨仓式产品。

我国打印机（包括耗材）产业规模比较小，大部分打印机生产厂家都是依附在集团（公司）中，或仅仅作为集团（公司）的打印机事业部，如联想、方正、长城，这就使得打印机领域研发投入少，发展缓慢。而且，我国的内外资打印机企业表现出明显的不均衡，不仅国际市场为大型跨国企业所垄断，国内的打印机市场也已经被惠普、爱普生、佳能等跨国公司控制，而核心技术的缺乏是我国打印机产业和对外贸易进一步发展的主要"瓶颈"。

我国作为打印机的制造国和消费国，近五年的打印机情况如图 11-1、图 11-2 和图 11-3：

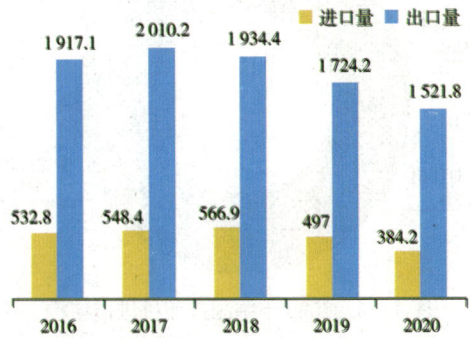

图 11-1　2016 年到 2020 年中国打印机进出口量情况（单位：万台）

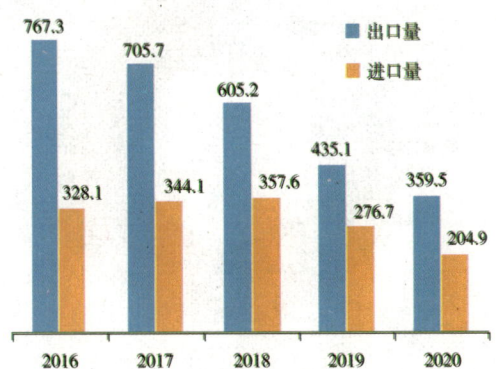

图 11-2　2016 年到 2020 年中国激光打印机进出口情况（单位：万台）

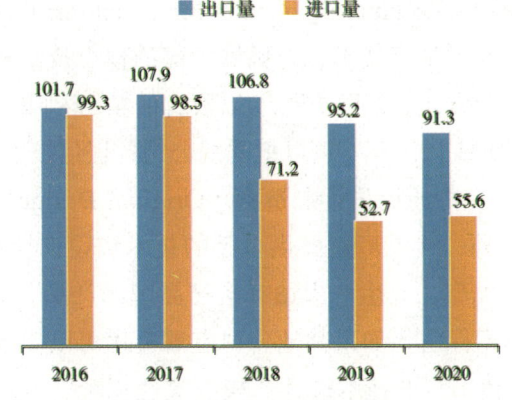

图 11-3　2016 年到 2020 年中国喷墨打印机进出口情况（单位：万台）

2020 年我国打印机产品进口主要品类是激光打印机和针式打印机，出口品类主要是热敏打印机和激光打印机。2020年我国打印机进出口主要产品结构如图11-4和图11-5：

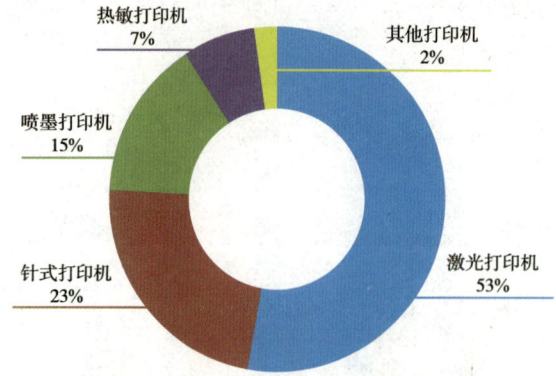

图11-4　2020年中国打印机进口结构

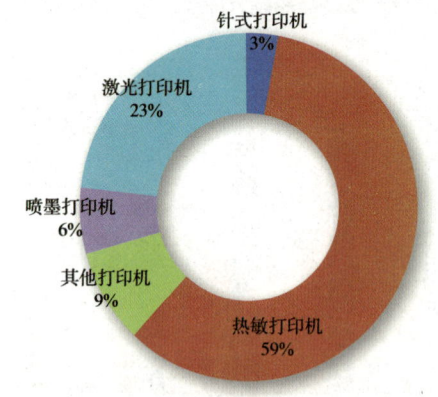

图11-5　2020年中国打印机出口结构

目前打印机行业流行代工的生产方式。代工分为两种：第一种是传统意义的代工OEM，即原始设备制造商（Original Equipment Manufacturer），OEM就是品牌公司只借助代工厂的完整生产线和生产技术，而机器内部的核心技术和设计要求，都由品牌方完成。通过这样的生产方式，品牌方可以以极少的精力和成本投入来获得自主品牌的产品。在此过程中，OEM代工厂不可以把委托公司的任何技术和设计方案泄露出去。第二种是ODM"贴牌"，即原始设计制造商（Original Design Manufacturer），ODM的代工厂除了提供生产外，代工厂还提供自己的技术和设计，品牌公司可以从ODM代工厂选择技术和设计类型，来生产出贴有自己品牌的产品。但是ODM代工厂不会对自己的技术和设计方案保密，如果其他公司有需要还可以卖给其他品牌用，除非某一个品牌公司将ODM代工厂的技术设计产权一次性买断。由此可见，在这种代工模式下，受托方进行自主设计，制造，并将成品交予委托方。

虽然打印机最先由西方人发明出来，但是日本办公设备处于绝对的垄断地位，涌现出了很多知名日本品牌，比如日本的爱普生、柯尼卡美能达、理光、Brother、佳能、富士。打印机、复印机、传真机、扫描仪等这些在日常生活中经常看到及使用的产品，大部分都是日本的品牌。这些日本品牌方的营销能力却并非是世界之冠，在不少办公市场中，日本企业并非是最大的销售商，但是却掌握着大量专利，技术先进，生产能力强大，生产效率高，生产能力有盈余，除了研发、生产自己的品牌外，也为其他的打印机、复印机知名品牌进行代工。目前惠普的大部分激光打印机由日本佳能代工生产，联想的打印机则由柯尼卡美能达和兄弟进行代工，而韩国三星则代工了包括富士施乐和戴尔的部分型号打印机。即使联想的领像系列、得力打印机、奔图打印机等国产打印机在核心技术上也需要得到国外的授权或者购买国外的专利。

2. 品牌方和代工厂基本信息

2.1 品牌方联想图像的信息

联想图像是联想集团的全资子公司，在全球约有 5.2 万名员工，业务遍布 160 多个国家和地区。联想图像 1991 年研发全球第一块中文加速卡；2012 年，全球首发家用激光打印机；2015 年，创新发布全面支持移动互联网平台激光打印机；2017 年，联想集团原有打印机业务部门以联想图像新的身份独立运作，联想图像成立。联想图像专注联想品牌打印机的生产研发，不断探索打印机领域的前沿技术，得到了业界和用户的一致认可。未来，联想图像将继续结合用户实际需求，为用户提供更加科学全面的打印解决方案。

全球每年售出 9 900 万台打印机，其中中国有 1 700 万台，包括了激光打印机、喷墨打印机和针式打印机，占了全球的 18%。而在中国 1 700 万台打印机中，激光打印机市场占比最大，超过 56.6%；另外是喷墨和针式打印机，占比 36.4%。与此同时，3D 打印技术市场将迎来发展。联想激光打印机市场占有率在全球激光打印机市场占有率为 12.2% 左右，中国激光打印市场可以排在第二，市场占有率呈现稳定的增长，从 2015 年的 11% 增加到 2018 年的 16% 左右，仅次于市场排名第一的惠普。

作为国产打印机的领头羊，联想图像注重在多品类市场上展示全方位实力，以 MIC 业务为支点撬动政府市场，也充分利用电商渠道，比如京东旗舰店和天猫旗舰店，进一步完善和发展家用和办公市场。如今，联想打印机拥有 90 余款产品机型，安全可靠、性能稳定，能够满足政府、商用、家用等多种应用场景，同时结合不同行业需求，个性定制行业打印解决方案。

联想图像深入了解用户需求，从用户实际打印场景出发，将用户分为政府、大企业、中小企业、家庭等四类不同用户群体。针对这四类不同的用户群体，推出了七大产品线，分别是 A4 Mono 低端激光、A4 Mono 中高端激光、A3 激光、A4 彩色激光、SIDM、3D 打印、软件及解决方案。联想图像全方面、多角度解决用户的打印问题，为用户提供高效便捷的打印体验。联想图像的打印机产品如图 11-6：

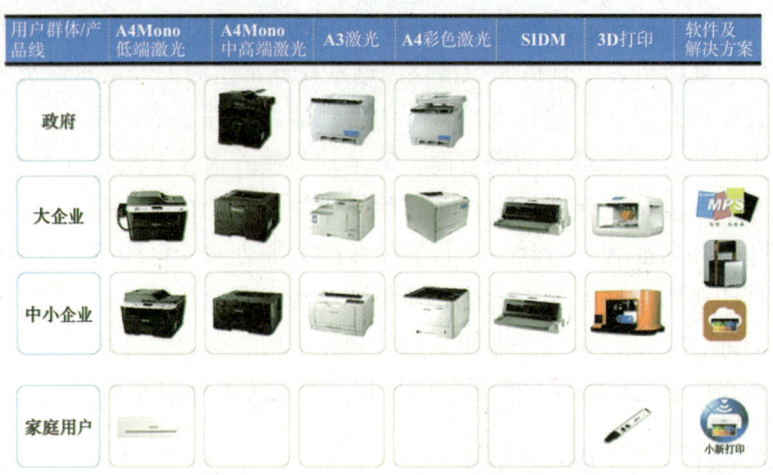

图 11-6　联想图像的打印机产品的部分型号分类

联想图像的打印机经过严格的开发、测试、生产和品控，产品性能可靠，稳定耐打。联想图像打印机的原装耗材可打印出细腻出众的效果，在稳定性、清晰度、灰阶过度等多个方面表现更优。联想图像的打印机和原装耗材更匹配，打印机使用寿命更长。联想图像的打印机及原装耗材具体参数如表 11-2：

表 11-2　联想图像打印机和原装耗材情况

家用黑白激光打印机和多功能一体机							
名称	毛重（kg）	最大支持幅面	自动双面打印	附加功能	无线打印	价格（元）
联想小新 M7268W 激光打印机黑白	7.55	A4	不支持	复印，扫描，打印	支持	999
M7206 黑白激光打印多功能一体机	9.37	A4	不支持	复印，扫描，打印	不支持	999
领像 M101DW 黑白激光无线 Wi-Fi 双面打印多功能一体机	10.0	A4	支持	复印，扫描，打印	支持	1 299
领像 M101W 黑白激光多功能一体机	9.71	A4	不支持	复印，扫描，打印	支持	1 099
小新 LJ2268W 黑白激光无线 Wi-Fi 打印机	6.25	A4	不支持	打印	支持	799
LJ2205 黑白激光打印机	5.65	A4	不支持	打印	不支持	699
领像 L100DW 黑白激光自动双面打印机	7.8	A4	支持	打印	支持	1 099

续 表

无线 Wi-Fi 黑白激光打印机和多功能一体机

名称	毛重（kg）	最大支持幅面	自动双面打印	附加功能	无线打印	价格（元）
M7206W 黑白激光无线 Wi-Fi 打印多功能一体机	9.35	A4	不支持	复印，扫描，打印	支持	1 149
小新 M7208W Pro 黑白激光无线 Wi-Fi 打印多功能一体机	7.74	A4	不支持	复印，扫描，打印	支持	999
LJ2206W 黑白激光无线 Wi-Fi 打印机	5.7	A4	不支持	打印	支持	999
M7216NWA 黑白激光有线网络+无线 Wi-Fi 打印多功能一体机	10.2	A4	不支持	复印，扫描，打印	支持	1 399
M7256WHF 黑白激光无线 Wi-Fi 打印多功能一体机	10.96	A4	不支持	复印，扫描，传真，打印	支持	1 499

商用黑白激光打印机

名称	毛重（kg）	最大支持幅面	自动双面打印	附加功能	无线打印	价格（元）
领像 M101 黑白激光打印多功能一体机	9.9	A4	不支持	复印，扫描，打印	不支持	1 049
领像 L100D 黑白激光自动双面打印机	7.8	A4	支持	打印	不支持	999
LJ2605D 黑白激光自动双面打印机	8.54	A4	支持	打印	不支持	1 149
M7605D 黑白激光自动双面打印多功能一体机	12.54	A4	支持	复印，扫描，打印	不支持	1 549
M7400 Pro 黑白激光多功能一体机	12.7	A4	不支持	复印，扫描，打印	不支持	1 419

续　表

商用针式打印机					
名称	毛重（kg）	复写能力	列宽	打印厚度（mm）	价格（元）
DP610KII 24 针式平推打印机	3	4 份（1 份原件 +3 份拷贝）	82 列	0.065—0.84	749
DP515KII 24 针式平推打印机	3.5	7 份（1 份原件 +6 份拷贝）	82 列	0.065—0.84	839

彩色激光打印机					
名称	毛重（kg）	最大支持幅面	自动双面打印	附加功能	无线打印	价格（元）
CS1821W 彩色激光有线网络 + 无线 Wi-Fi 打印机	12.05	A4	不支持	打印	支持	1 749
CS1821 彩色激光打印机办公商用家用彩色打印	12.06	A4	不支持	打印	不支持	1 599
CM7110W 彩色激光有线网络 + 无线 Wi-Fi 打印多功能一体机	15.7	A4	不支持	复印，扫描，打印	支持	2 439
CS2410DN 彩色激光打印机	23.0	A4	支持	打印	不支持	6 629
CS3320DN 彩色激光打印机	23.46	A4	支持	打印	不支持	7 999

续　表

型号	适用机型	打印页数（5%覆盖率下）	配合的墨粉	毛重（kg）	颜色	价格（元）
LD2268 黑色原装硒鼓小新耗材	LJ2268/LJ2268W/M7268/M7268W/M7208W Pro	约 10 000 页	LT2 268	0.55	黑色	229
LD228 黑色硒鼓	第一代小新打印机 LJ2208/LJ2208W/M7208/M7208W	约 1 500 页	一体式硒鼓	0.95	BK 黑	299
LT201 黑色墨粉	LJ2205/LJ2206W/M7206/M7206W/M7216NWA/M7256WHF/M7216/M7255F/M7256HF/S2001/S1801/M1840/M1851/M2040/M2051/F2070/F2071H/F2081/F2081H/LJ2206	约 1 500 页	LT201 黑色墨粉	0.50	BK 黑	199
LD201 黑色硒鼓	S1801/LJ2205/M1851/M7206/M7255F/F2081/LJ2206W/M7206W/M7256WHF 打印机	A4 5% 覆盖率约 10 000 页	LT201	0.41	其他颜色	459
LD100 黑色原装硒鼓	领像 L100/M100/M101/M102/M1520/M1688 系列产品	约 10 000 页	LT100	0.54	其他颜色	229
LT100 黑色原装墨粉	L100/M100/M101/M102 系列产品	约 1 500 页	LT100	1.5	BK 黑	99

自联想创办以来，联想打印机的销量就呈现出总体上升的趋势，在2021年，联想创办30年之际，联想打印机的销量也已经达到了1 600万台。联想图像及其他知名激光打印机品牌在中国激光打印机市场和全球激光打印机市场份额如表11-3和表11-4：

表11-3　2016年至2020年中国激光打印机市场各大品牌市场占有率（%）

厂商	2016年	2017年	2018年	2019年	2020年
惠普	34.1	35.1	44.5	38.5	41.3
兄弟	12.6	14.0	14.2	14.4	16.8
佳能	11.5	11.6	11.0	11.2	10.6
京瓷	5.2	5.5	5.7	5.3	5.2
联想	2.6	2.9	3.4	3.6	4.8
利盟	3.2	3.6	3.4	3.7	2.7
富士施乐	4.5	3.9	2.4	1.8	1.6
施乐	2.4	2.6	2.9	2.8	2.9
理光	5.4	4.9	4.4	3.9	3.6
OKI	1.2	1.1	1.1	1.0	0.7
柯美	2.5	2.5	2.5	2.4	2.4
纳思达/奔图	0.9	13	1.6	2.1	4.0
其他	13.9	10.8	3.0	9.3	3.4

表11-4　2016年至2020年全球激光打印机市场各大品牌市场占有率（%）

厂商	2016年	2017年	2018年	2019年	2020年
惠普	42.8	44.2	47.8	46.5	46.2
联想	10.9	11	12.2	13.5	12.2
兄弟	10.4	11.5	11.9	11.5	11.6
佳能	7.6	7.1	7.7	7.5	7.4
京瓷	4.0	4.3	4.2	4.0	4.1
柯美	2.1	2.5	2.3	2.3	2.3
施乐	8.9	8.1	4.9	2.8	2.3
理光	1.9	1.8	1.8	1.7	1.8
利盟	0.3	0.5	0.6	0.5	0.5
OKI	0.1	0.1	0.1	0.1	0.1
纳思达/奔图	2.1	2.6	2.8	4.0	7.7
其他	8.9	6.4	3.7	5.7	3.7

联想图像的打印产品可以通过线下和线上的方式购买，线上的购买方式主要有联想商城、京东旗舰店和天猫旗舰店。不过，不同的线上商店，即使是同一款商品，价格也会有所不同，以联想初彩 CS1821W 彩色激光打印机为例，联想商城的价格为 1 699 元，京东旗舰店只有 1 599 元。

联想图像对于打印机和原装耗材提供全方位的服务，通过在全国 100 个城市提供 1 年的免费上门服务，以及在全国建立的 214 个服务中心解决了客户购买之前和购买之后的担忧，具体的售前咨询支持和售后咨询支持如图 11-7：

图 11-7　联想图像的售前和售后咨询支持图

2.2　代工厂柯尼卡美能达的信息

柯尼卡美能达是全球领先的数字化整合增值服务商，总部位于日本东京，在全球约 50 个国家和地区设有分公司，现有员工近 44 000 名，在 A3 彩色复合机、生产型数字印刷领域具备显著优势。在 2003 年底与感光技术专家柯尼卡、摄影与光学技术专家美能达两家合并形成柯尼卡美能达。柯尼卡和美能达均以光学器材起家，在光学领域有着先进的造诣，世界上第一台能够自动对焦的摄像机就是由美能达发明的。柯尼卡在光学和光学镜头等方面的研究，使得柯尼卡美能达在激光器、定影器等方面都保持领先地位，在日本甚至世界范围内都是屈指可数的，与同样深入研究光学器材的佳能不分伯仲，领先诸如兄弟、三星、富士施乐、爱普生等知名激光打印机生产大厂。同样的，因为柯尼卡美能达积累的光学技术，也使得柯尼卡美能达的复印机技术十分强悍。不仅如此，即使目前柯尼卡美能达在世界范围内打印机的市场占有率不如惠普、佳能、爱普生等，但是凭借悠久的商用打印机生产历史和技术积累，柯尼卡美能达在打印机耗材、产品维修、稳定性和售后维修方面占有较大优势，与惠普、京瓷等品牌形成鲜明对比。

柯尼卡美能达办公系统（中国）有限公司（以下简称"柯尼卡美能达"）成立于2005年，是日本柯尼卡美能达株式会社在中国的全资子公司。总部设在上海，目前在北京、广州、深圳、成都、无锡、武汉、西安、大连、苏州、沈阳共设有10家直属分支机构，渠道服务网络覆盖全国。柯尼卡美能达凭借行业领先的彩色输出设备制造技术，以及丰富全面的产品线和专业的售后服务，现已为制造、医疗、金融保险、物流、教育等多个行业用户提供了专业、高效的数字化整合增值服务。柯尼卡美能达的产品情况如表11-5：

表11-5 柯尼卡美能达产品情况

产品与服务器名称	具体内容
数字商用系统	多功能复合机
	打印机/一体机
数字互联商务	打印管控、内容管理
	自助文印、远程服务
数字印刷系统	生产型数字印刷
	工业型数字印刷
喷墨纺织印刷	
测量仪器	
医疗保健	数字化摄影X射线机
	超声诊断系统
	医用激光胶片
材料、组件	
图像LOT	
天文馆事业	
Mobotix智能视频监控	
3D打印	

柯尼卡美能达的产品种类丰富、技术高端，比如，柯尼卡美能达AuccrioJet KM-1工业型数字印刷系统在中国数字印刷领域颇有声誉，这款B2幅面单张纸4色UV墨数码印刷机，支持0.06—0.6 mm厚度的介质，采用柯尼卡美能达的高性能工业喷头实现1 200dpi×1 200dpi的分辨率，单面每小时产能3 300张，并支持双面打印、

可变量数据打印等。可以打印包装纸、海报、装饰画、卡片、明信片、贺卡、个人写真集、餐厅菜单等各类介质。

柯尼卡美能达制定了聚焦全球发展战略的目标，比如，柯尼卡美能达与微软达成合作，与微软联合开发行业定制化解决方案与服务；柯尼卡美能达与纳思达在2016年建立合作伙伴关系，纳思达是全球通用耗材行业领导型企业、全球前五大激光打印机厂商，旗下的"奔图"是最早的国产打印品牌之一。柯尼卡美能达在A4打印机领域与纳思达旗下"奔图"品牌展开合作；2018年，双方正式构建了全面战略合作伙伴关系，增加了3D打印业务的合作。

得益于其强大的实力，柯尼卡美能达还为联想、震旦、汉柯等打印机企业代工。在ODM的代工模式下，柯尼卡美能达主要利用本身已经成熟的产品线进行设计以及加工组装。

柯尼卡美能达株式会社在2019年获得日本发明专利1 101项，在日本专利授权数量排名第19位。相对来讲，柯尼卡美能达株式会社专利研发的优势领域是：纺织造纸和印刷、计算机接口、光学和摄影、图像通信、图像处理。在这5个技术领域上，柯尼卡美能达株式会社的专利份额相对较高，分别均占同领域日本专利数量的4%到2%。从绝对数量上来看，柯尼卡美能达株式会社的重点技术领域是：光学和摄影、纺织造纸和印刷、图像通信、计算机接口、包装和储运。在这5个领域上获得了数量最多的日本专利，为504至111项。

3. 谈判动因

联想从1991年就进入了打印机行业，多年以来联想打印机覆盖了激光打印机、喷墨打印机、针式平推打印机以及多功能一体机等，一度成为国内的一线品牌。虽然联想还宣布将在深圳地区设立全新的研发中心，并且计划持续加大对创新技术的研发的力度，但是却没有自己的核心专利技术。联想一直使用ODM模式让有丰富生产经验的厂商生产打印机以及多功能一体机，如表11-6：

表11-6 联想图像打印机的代工情况

品牌方	代工企业	代工产品
联想	日本柯尼卡美能达	彩色激光打印机
联想	日本兄弟	黑白激光打印机
联想	美国利盟国际（Lexmark）	喷墨打印机
联想	日本爱普生	针式打印机技术

从上表可以看到，彩色激光打印机是日本柯尼卡美能达的，黑白激光打印机是日本兄弟公司贴牌的，喷墨机是美国利盟国际（Lexmark）的，针式打印机用的是日本

EPSON 的技术，由此可见联想的打印机基本使用了贴牌的模式进行设计和制造，联想则侧重品牌的塑造和销售。所以，独立之后的联想图像此次选择的依然是代工模式。

对于联想图像来说，可选择代工合作的公司并不是很多。尤其是惠普 2017 年 11 月 1 日花费了 10.5 亿美元收购了三星的打印机业务，由此惠普获得了三星打印机拥有的超过 6 500 项强大的打印专利和由近 1 300 名研发人员和工程师组成的顶级团队，该团队由激光打印、电子成像及耗材和配件领域的专家组成。在这次收购之后，联想图像的选择只有传统的代工合作对象——柯尼卡美能达和兄弟。

联想和柯尼卡美能达在打印机领域的合作可以追溯到 2007 年前，在没有找到日本的兄弟打印公司代工之前，柯尼卡美能达很符合联想的理想选择，一直为联想代工。比如，联想打印机 C8100 和柯尼卡美能达的 MC2400W 相似度非常高，如图 11-8：

左：联想 C8100；右：柯尼卡美能达 MC2400W

图 11-8　联想打印机 C8100 和柯尼卡美能达 MC2400W

作为全球第二大打印机芯生产商，柯尼卡美能达是目前世界上唯一一家在机芯、主板、耗材、打印语言等全方位都参与前瞻性研发并拥有自主专利的激光打印机生产厂商。柯尼卡美能达的打印机质量高，故障率小，而且此前还主攻光学设备，对于激光打印机有深厚的技术积累。不仅如此，柯尼卡美能达还有完善的产品线，也有丰富的代工经验。因此联想图像决定黑白激光打印机交由兄弟代工，彩色激光打印机仍然交由柯尼卡美能达来负责代工。柯尼卡美能达也很高兴双方能够继续合作，双方约定三天后在柯尼卡美能达的上海总部进行谈判。

4. 品牌方与代工厂谈判目标

4.1 品牌方联想图像的谈判目标

联想图像需要提出自己对于新的彩色激光打印机的要求，确定价格、数量以及其他的条款。

关于新的彩色激光打印机的要求，联想图像认为一个好的打印机是能够满足一个时代的用户的需求的打印机，主要包含六个方面，分别是功能、打印质量、打印速度、堵头风险、细节体验、售后服务。所以，应该结合用户的需求提出新的要求。

在功能方面，智能手机、5G 的出现让很多用户和公司通过手机和其他的部件接入打印机开始打印，而不是通过 PC 打印，这就使得去 PC 中心化在打印机设备上已经成为普遍。具体来说，通过微信打印、百度云打印和 QQ 打印是更多用户和公司的需求。所以，一台好的打印机应该做到以上几点对打印机功能的要求。也就是说，Wi-Fi 连接，手机打印，远程打印。具体情况如表 11-7：

表 11-7 联想彩色激光打印机

名称	毛重（kg）	最大支持幅面	自动双面打印	附加功能	无线打印	价格（元）
CS1821W 彩色激光有线网络+无线 Wi-Fi 打印机	12.05	A4	不支持	打印	支持	1 749
CS1821 彩色激光打印机办公商用家用彩色打印	12.06	A4	不支持	打印	不支持	1 599
CM7110W 彩色激光有线网络+无线 Wi-Fi 打印多功能一体机	15.7	A4	不支持	复印，扫描，打印	支持	2 439
CS2410DN 彩色激光打印机	23.0	A4	支持	打印	不支持	6 629
CS3320DN 彩色激光打印机	23.46	A4	支持	打印	不支持	7 999

然而，联想图像的 5 款彩色激光打印机中有三款不支持无线打印。打印机配置无线功能在过去的长时间里面，无线功能都是作为一个"高级功能"出现在同系列的高配产品上。但现在人们手机打印、笔记本电脑办公已经让无线成为刚需，打印机标配无线功能也是势在必行。联想图像自己研发的领像 100 在体验与用户使用场景的匹配上可以做到微信打印、百度网盘打印、智能二维码以及扫描和一键证卡扫描复印。在打印品质方面，国家标准是 12 级灰度和 0.2 底灰，联想图像的领像 100 已经做到了 15 级灰阶和 0.05 的底灰。衡量打印质量的另一个标准就是分辨率，打印机分辨率越高，输出的效果就越精密。一般情况下激光打印机在纵向和横向两个方向上的输出分辨率几乎是相同的，彩色页式打印机的物理分辨率最高在 1 200dpi×1 200dpi 左右。在用户体验这一方面，大多数的打印机已经能够做到在无设备硬件故障情况下，卡纸率不得高于 3%，打印噪声不得高于 60 分贝，能耗等级不高于 2 级。

所以，联想图像的谈判代表要做的第一件事就是根据现实情况确定新款的彩色激光打印机的一些具体要求。

联想图像的谈判人员在确定了新产品的要求后，就应该开始确定新产品的代工价格。彩色激光打印机不同于黑白激光打印机，黑白激光打印机的组成部件为硒鼓、粉盒、激光器、进纸器、加热定影组件、出纸器、纸盒、电源板、主板、对位离合器、齿轮组、电磁铁、电机、双面器、网卡。彩色激光的比黑白的多三个彩色粉盒或硒鼓。再加上激光打印机一般有 A3、A4 之分，所以，新款打印机的价格不好确定。该公司的谈判人员认为参考其他品牌的打印机价格是一个很好的选择。其他同类型打印机品牌的价格情况如表 11-8：

表 11-8　其他品牌的同类型打印机相关情况

	惠普 M479FDW	佳能 LBP663Cdw	柯尼卡美能达 bizhubC3100P	兄弟 HL-3160CDW	联想 CS2410DN
无线打印（手机、Wi-Fi、蓝牙）	√	√	√	√	×
自动双面打印	√	√	√	√	√
附加功能（复印、扫描、打印）	√	打印	打印	打印	打印
最大支持幅面	A4	A4	A4	A4	A4
打印速度	27 页/min（黑色、彩色）	27 页/min（黑色、彩色）	31 页/min（黑色、彩色）	24 页/min（黑色、彩色）	24 页/min（黑色、彩色）
打印负荷	50 000 页	50 000 页		20 000 页	
光学扫描分辨率	1 200dpi×1 200dpi	1 200dpi×1 200dpi	1 200dpi×1 200dpi		
打印质量	600dpi×600dpi 分辨率 3 840dpi×600dpi 增强分辨率	600dpi×600dpi 分辨率	1 200dpi×1 200dpi 600dpi×600dpi	600dpi×600dpi	600dpi×600dpi
远程打印	×	√	×	×	×
打印场景	日常文档、报销凭证、红头文件、数据图表、彩色证照			日常文档、报销凭证、红头文件、数据图表、彩色证照	
内存			1GB/2GB	256MB	256MB
硬盘			1GB/2GB		
价格（元）	4 249	4 529	13 800	3 259	6 629
耗材	W2040A 黑色硒鼓（约 2 400 页） W2041A 青色硒鼓（约 2 100 页） W2042A 黄色硒鼓（约 2 100 页） W2043A 红色硒鼓（约 2 100 页）	标准硒鼓黑色 2 300 页，彩色 2 100 页 大容量硒鼓黑色 7 600 页，彩色 5 900 页	黑色 4 700 页 青色/品红色/黄色 4 700 页	黑色约 1 400 页 彩色约 1 300 页	黑色约 2 000 页 彩色约 1 500 页
鼓粉一体/分离	分离	一体式		分离	
支持文件格式	PDF、JPG、BMP、PNG	USB 打印支持 JEPG、TIFF、PDF	USB 打印支持 JPG、PDF		

另外，打印机公司的盈利模式是先把打印机亏本、保本或者略有盈利卖给消费者，然后通过后续的耗材等赚取高额利润，也就是说，打印机卖出去之后，消费者必须要更换墨盒、硒鼓才能使用。当然，打印机也不是完全没有利润，不同类型的打印机有不一样的利润，打印机行业的利润为1%—10%，但是获利是1%和10%的很少见，大多数的打印机利润处于这个数值的中间。激光类型的打印设备，高端打印机的利润则要高于200元，这中间早已包含了送货上门、安装、调试以及人工的费用，低端的打印机也就是100元左右。喷墨打印机的低端产品毛利润10—50元，高端机器200元以上。

通过这个模式，联想图像的谈判人员可以确定出彩色激光打印机的价格区间。当然，这款彩色打印机代工的数量也可以通过联想图像的过去的信息推断出来。

谈判的第三点主要集中在耗材的价格，包括硒鼓和碳粉。硒鼓，也称为感光鼓，一般在激光打印机中，70%以上的成像部件集中在硒鼓中，打印质量的好坏在很大程度上由硒鼓决定的。硒鼓不仅决定了打印质量的好坏，还决定了使用者在使用过程中需要花费的金钱多少。硒鼓分为一体硒鼓、二体硒鼓和三体硒鼓。

一体硒鼓指的是把光导鼓（感光鼓）、磁鼓（显影辊）以及墨粉盒装在同一装置上，当碳粉被用尽或感光鼓被损坏时，整个硒鼓就得报废。

二体硒鼓指的是硒鼓为两个独立的部分：一部分为感光鼓，另一部分为磁鼓和墨粉盒。用户用完墨粉后，只需要更换磁鼓和墨粉盒，而不用更换感光鼓。

三体硒鼓指的是硒鼓为三个独立的部分：感光鼓、磁鼓、墨粉盒。用户用完墨粉后，只需更换墨粉盒。有的厂家称其为鼓粉分离技术。

因为打印机的耗材、配件才是商家最大的利润点，比如三星每千克碳粉的生产成本是60美元/千克，所以，联想图像搜集了惠普、佳能、柯尼卡美能达、兄弟的同类型产品，做出对比，确定耗材的代工价格，具体数据如表11-9：

表11-9　不同品牌彩色激光打印机的硒鼓情况

	硒鼓/感光鼓	黑色墨粉	黄色墨粉	青色墨粉	品红墨粉
兄弟 TN-287/283	625元/18 000页	339元/1 400页	349元/1 300页	349元/1 300页	349元/1 300页
佳能		549元/2 300页	615元/2 100页	615元/2 100页	615元/2 100页
柯尼卡美能达 bizhubC226/C266		584元/10 000页	1 024元/5 000页	1 024元/5 000页	1 024元/5 000页
惠普 M479FDW		619元/2 400页	1 099元/2 100页	899元/2 100页	1 099元/2 100页
联想 CS2410DN		599元/2 000页	649元/1 500页	649元/1 500页	649元/1 500页

关于厂家提供的服务，联想图像认为本商品质保周期为 1 年质保，在此时间范围内可提交维修申请，具体请以厂家服务为准。如因质量问题或故障，凭厂商维修中心或特约维修点的质量检测证明，享受 7 日内退货，15 日内换货，15 日以上在质保期内享受免费保修等三包服务。

最后，联想图像还需要按照现实的情况和柯尼卡美能达商谈 ODM 其他的条款。

4.2　柯尼卡美能达的谈判目标

柯尼卡美能达和联想图像已经有了很长的合作关系了，双方可谓是知根知底。柯尼卡美能达的谈判团队很快就列出了此次谈判的议题，主要包括打印机的差异化定制、打印机的价格及数量、硒鼓的价格及数量，其他的 ODM 的条款也需要商谈，但是远不如这几个议题重要。

首先，差异化的定制：激光打印机的榜单里面，惠普的经典打印机产品有 P1106、P1108 和 1020Plus，这些打印机现在依旧还在销售，而且市场保有量极大，为此，兄弟和联想图像都设置了差异化的打印机，比如兄弟 1208、联想的 2605，这些打印机要么价格更便宜、要么同样价格速度更快。针对惠普、佳能和兄弟的彩色激光打印机，柯美此次提出的打印机具有以下特点：

连续供粉硒鼓：中国耗材产业大力发展耗材"回收再造业"，发展环保新产品，倡导"绿色打印"理念。在这一理念下，柯美设计出了连续供粉硒鼓，也就是可以多次充粉重复再利用的硒鼓。这样采用了高品质长寿命配件，保证其真正地具有超长的使用寿命（超过 12 000 页）。而且，充粉操作极其简单快捷，既不用对硒鼓进行拆分，也不需做任何清洁，每次只要打开硒鼓圆盖，往里加粉。加粉时，没有碳粉会飘洒出来，不会对加粉操作人员及办公环境造成任何危害。

碳粉按需分配：在彩色打印中，黄色通常用得最快，其他的相对较慢，针对这个情况，柯美做了以下调整。碳粉的净重并不相同，比如，黑色 229g、青色 110g、红色 107g、黄色 118g。

高清晰聚合碳粉：打印品牌在行业的地位不仅由打印机决定，更大程度上是由打印品牌的碳粉研发制造水平决定。以碳粉为标准可以将打印品牌划分为三个梯队，第一梯队是和光学照相相关的佳能理光柯美施乐，第二梯队是出生于和计算机、半导体材料相关的惠普利盟和京瓷，第三梯队是以前做家电的夏普、东芝、松下、三星、兄弟、OKI 等。

柯美此次研发的碳粉相对于传统碳粉，柯美的 Simitri HD 高清晰聚合碳粉颗粒更小，更均匀，可清晰再现文本和精细的灰阶。该碳粉定影温度低，降低了能耗并减少纸张卷曲的发生。

没有无线网络也能连接打印，如图 11-9：

没有无线网络时，移动设备如何连接打印？

直接连接（访问点模式）

即使在没有无线局域网路由器的环境中，也可使用"访问点模式"直接将移动设备与本机无线连接。用户能够在需要时随时从移动设备进行打印，而无需进行复杂的连接设置。

通信设备　　本机

*直接连接中，可能会发生由于使用的设备原因而无法连接的情况。

图 11-9　柯尼卡美能达的无线网络打印技术

打印场景清晰正规：采用彩色打印的数据图标，生动精致。电子报销凭证，机关文书，更加正规。如图 11-10 和图 11-11：

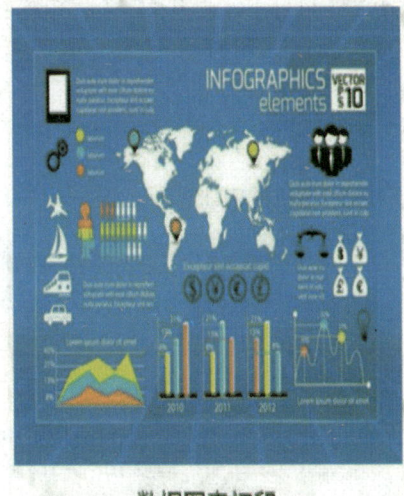

图 11-10　柯尼卡美能达数据图表的清晰的打印效果

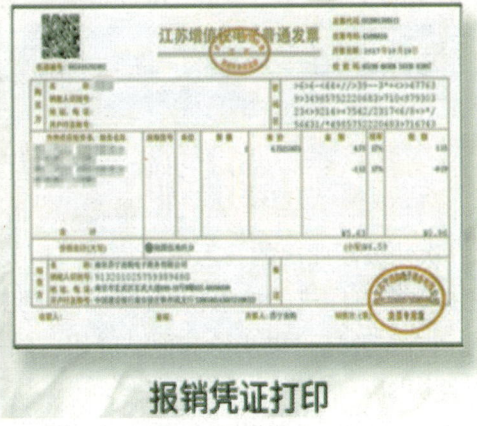

图 11-11　柯尼卡美能达工作证和报销凭证的清晰的打印效果

鼓粉分离：柯美采用了鼓粉分离设计，墨粉盒和硒鼓独立分开，当墨粉使用完后仅需要更换墨粉盒，而不需要更换硒鼓，有效降低用户的耗材使用成本。

EMPERON印宝珑打印控制系统：新的打印机采用了柯美专门开发的EMPERON印宝珑打印控制系统，提供诸如安全打印设置、N-Up打印设置等更多、更实用的打印功能，从而实现了色彩和打印速度等打印性能的兼得。采用此技术的彩色激光打印机不仅可以在Windows、Mac、Linux、Unix等多种系统中完成打印任务，而且对各种网络和设备管理工具如PageScope Net Care等也都可以借助印宝珑技术应用于打印机上。当然该技术还支持HP的Web JetAdmin和Tray mapping（纸盒串联），兼容HP的打印环境，使得打印更加自如流畅，真正做到了全面兼容，其整体性能大大高于以往的彩色激光打印机。

第二，打印机价格及数量、硒鼓的价格及数量：柯美的谈判人员参考其他品牌的打印机价格和行业目前的利润，以此来决定新的打印机的ODM价格和数量。至于打印机的耗材的价格和数量，这是柯美最大的利润点，所以，柯美搜集了惠普、佳能、柯尼卡美能达、兄弟的同类型产品，做出对比，确定耗材的代工价格，具体数据如表11-10：

表11-10 不同品牌彩色激光打印机的硒鼓情况

	硒鼓/感光鼓	黑色墨粉	黄色墨粉	青色墨粉	品红墨粉
兄弟 TN-287/283	625元/18 000页	339元/1 400页	349元/1 300页	349元/1 300页	349元/1 300页
佳能		549元/2 300页	615元/2 100页	615元/2 100页	615元/2 100页
柯尼卡美能达 bizhubC226/C266		584元/10 000页	1 024元/5 000页	1 024元/5 000页	1 024元/5 000页
惠普 M479FDW		619元/2 400页	1 099元/2 100页	899元/2 100页	1 099元/2 100页
联想 CS2410DN		599元/2 000页	649元/1 500页	649元/1 500页	649元/1 500页

第三，一次性买断此次的技术设计产权。柯美作为此次ODM的代工厂，除了提供生产外，还提供新打印机的技术和设计，但是柯美不会对自己的技术和设计方案保密，如果其他公司有需要还可以卖给其他品牌用，除非联想图像将此次新打印机的技术设计产权一次性买断。

最后，双方的公司还需要结合现实以及图11-12完成表11-11的其他条款的谈判。

第十一章　中日公司关于打印机 ODM 的谈判

表 11-11　OEM 代工合同常见条款

常见条款		
1. 原材料（如果是代工厂提供，还需计算出原材料费用）	谁提供、提供多少	10. 违约责任
	什么时候、交货地点	11. 仲裁
	质量要求、备损率是多少	12. 担保
2. 加工费	加工费的计算标准（按件）	13. 转让
	如何支付（付多少、用什么支付、什么时间支付）	14. 有效期和续订
3. 专家与培训费用	数目、时间、任务费用	15. 文本
4. 交货时间		16. 补充或修订
5. 包装费和辅料费	大概多少，谁出、什么时候出	17. 适用法律
6. 运费保险费	原材料的运费和保险费	
	成品的运费和保险费	
7. 质量检验	代工厂检验原材料	
	品牌方检验成品	
8. 不可抗力		
9. 保密条款	对于设计的保密	

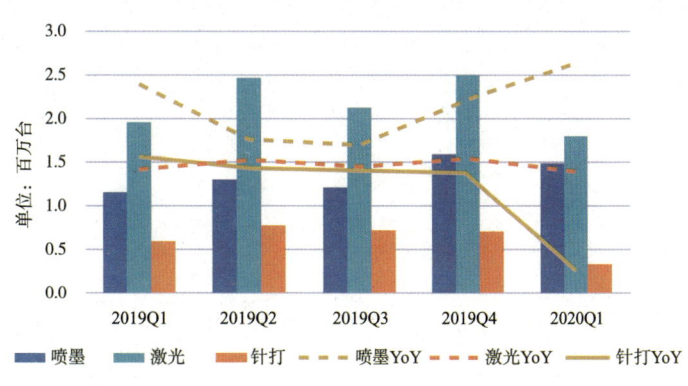

来源：IDC 中国，2020

(a)

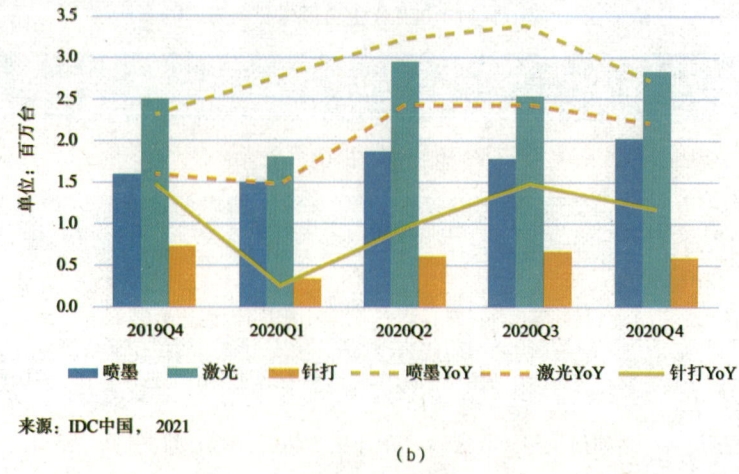

（b）

图 11-12　2019—2020 年中国打印机外设市场出货量及增长率

第五部分
EMS 谈判案例

第十二章　中美公司关于智能手机 EMS 的谈判

1. 谈判背景

苹果宏大的产业链中，两个环节最受瞩目，一是芯片环节，二是 iPhone 整机组装环节。在 iPhone 组装领域，三个中国台湾企业称霸业内，其中富士康独占 50% 订单、和硕占 30%、纬创占 10% 左右。这种局面因为立讯精密的出现而被打破，2013 年，苹果为了制衡富士康一家独大，扶持立讯精密做 iPhone 代工，以便降低对富士康的依赖。2017 年，立讯精密手握苹果 60%—65% 的 AirPods 订单，2019 年发布的降噪版 AirPods Pro，更是做到 100% 独家代工。2020 年 7 月，苹果扶持立讯精密继续扩张，以 33 亿元收购纬创资通直接及间接控制的全资子公司纬创投资（江苏）有限公司及纬新资通（昆山）有限公司 100% 股权，从而进入 iPhone 制造业务，从 AirPods 耳机正式杀入 iPhone 组装业务。

2. 品牌方和代工厂的信息

2.1 品牌方信息：苹果

苹果公司是全球一流的软件和硬件公司，该公司由史蒂夫·乔布斯、斯蒂夫·盖瑞·沃兹尼亚克和罗纳德·杰拉尔德·韦恩等人于 1976 年创立，2007 年更名为苹果公司，总部位于加利福尼亚州。苹果公司于 1980 年 12 月 12 日在美国纳斯达克证券交易所公开上市，目前证券总股本为 166.88 亿股。苹果公司的前三名股东分别是领航集团有限公司，持股 7.72%，第二名贝莱德集团公司，持股 6.77%，第三名是伯克希尔哈撒韦公司，持股 5.82%。公司的董事兼董事长 Arthur D. Levinson 持股 0.03%，董事兼首席执行官库克持股 0.02%。

根据全球专利数据库、分析解决方案以及网络服务制造商 IFI Claims Patent Services 统计，苹果公司总计获得的专利超过了 2 000 多项。这些专利的获得、苹果手机和其他产品的创新，得益于苹果公司一向注重研发，为了保持创新，在研发方面投入了巨资。如果仅从研发费用的投入看，苹果公司排在世界研发投入最多的公司的第六位，如图 12-1：

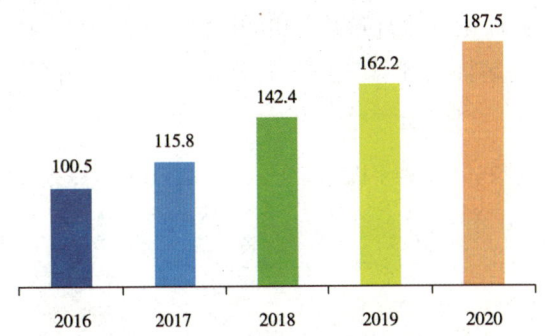

图 12-1　2016 年到 2020 年苹果公司的研发费用（单位：亿美元）

苹果公司设计、制造和销售的移动通信产品和服务多种多样，既有一流的通信硬件，比如苹果手机、电脑、苹果手表系列，也有顶尖的软件系统，诸如 iOS、macOS、watchOS 和 tvOS 操作系统、iCloud、Apple Pay。它通过 iTunes 商店、App Store、Mac App Store、TV App Store、iBooks Store 和 Apple Music（统称为"互联网服务"）销售和提供数字内容和应用。苹果公司的销售模式也灵活多变，既有零售商店、在线商店和直销团队，还有第三方蜂窝网络运营商、批发商、零售商和增值分销商，在全球范围内销售其产品。然而，这些产品和服务对于苹果公司的贡献并不是均等的，苹果公司的营收在全球也不是平衡的。如果从产品的角度看，贡献最多的是苹果手机，如果从地区看，美国对于苹果公司的贡献独占鳌头。如图 12-2 和图 12-3：

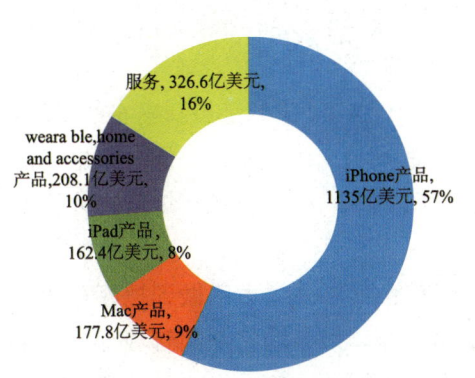
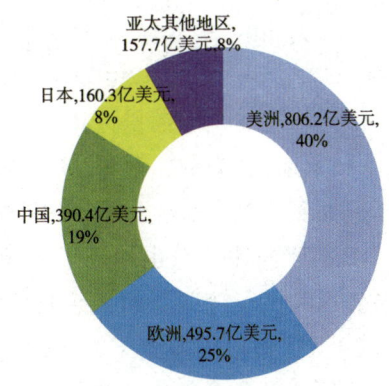

图 12-2　苹果 2020 年营收及各项产品占比　　图 12-3　苹果 2020 年营收及区域占比

苹果手机是苹果公司利润的主要源泉，日本的调查公司 Fomalhaut Technology Solutions 对苹果公司的 iPhone 12 成本进行了分析，推算出了 iPhone 12 的物料成本价为 373 美元（约合人民币 2 458 元），其中 OLED 面板推算价格约为每张 70 美元，芯片为 40 美元，SK 海力士 DRAM 为 12.8 美元，三星电子闪存为 19.2 美元，索尼 CMOS 则为 7.4—7.9 美元。如果从国别的角度看，韩国零部件供应商占 27.3%，美国的比例为 25.6%。日本占 13.2%，中国台湾地区供应的零部件占 12.1%，中国大陆的零部件占比仅为 4.7%。

苹果公司的手机出货量在 2017 年到 2020 年一直位于全球出货量排名的前三位，除了在 2019 年被华为超越而处于第三位外，其余三年都排名第二位。具体的出货量如表 12-1：

表 12-1　智能手机厂商全球出货量（单位：百万台）

厂商	2017 年出货量	2018 年出货量	2019 年出货量	2020 年出货量
三星	317.7	292.3	295.8	266.7
苹果	215.8	208.8	191.0	206.1
华为	154.2	206	240.6	189.0
小米	92.7	122.6	125.6	147.8
vivo			110.1	111.7
OPPO	111.7	113.1		
其他	573.4	462	409.5	371.0
合计	1 465.5	1 404.9	1 372.6	1 292.2

苹果手机每年的全球销量保持在 2 亿台左右，其中大约 1 亿台是最新发布的手机。以苹果 11 和苹果 12 为例，苹果 11 系列三款新机出货量是 7 000 万台，但是苹果后来对代工厂追加到 7 500 万台，预计停产之前总销量能达到 2 亿台。2020 年苹果公司的 iPhone 12 系列新机出货量也达到了 7 500 万部。

苹果公司和供应链厂商的关系非常特别，1999 年，苹果公司可以做到把库存的周转天数从 30 天大幅度缩减到了 6 天，这一切，都离不开苹果公司特别的管理方式。苹果公司每年要花费几百亿美元来帮助它的供应链的企业购买设备，比如富士康，就有超过 30% 的设备来自苹果的选型和购买。苹果公司不仅帮助供应链的企业购买设备，还会派出上千名的高级工程师前往进驻供应链的企业，帮助这些企业改善制造工艺，优化生产流程。当然，这一切都不是天上掉的馅饼。俗话说，天下没有免费的午餐。一旦供应链企业使用了苹果公司提供的免费的机器，那么整条生产线只能生产苹果产品，一旦为苹果代工，那么不管是控制系统、ERP，还是后台的权限，全部来自苹果。苹果公司可以看到全球任何一家供应链企业的工厂，任何一条苹果产线的生产状况。这种特别的管理关系使得苹果公司可以牢牢地控制供应链企业的技术命脉。正因为如此，苹果的利润相当高，如表 12-2：

表 12-2 苹果公司 2017 年到 2020 年财务状况（单位：亿美元）

项目	2017 年	2018 年	2019 年	2020 年
营业收入	2 292	2 656	2 602	2 745
营业成本	1 410	1 638	1 618	1 696
毛利	881.9	1 018	983.9	1 050
研发费用	115.8	142.4	162.2	187.5
营销费用	152.6	167.1	182.4	199.2
营业费用	268.4	309.4	344.6	386.7
营业利润	613.4	709.0	639.3	662.9
税前利润	640.9	729.0	657.4	670.9
净利润	483.5	595.3	552.6	574.1

2.2 代工厂信息：工业富联

工业富联是全球领先的通信网络设备、云服务设备、精密工具及工业机器人专业设计制造服务商，为客户提供以工业互联网平台为核心的新形态电子设备产品智能制造服务。工业富联的控股股东为中坚公司，中坚公司成立于 2007 年 11 月 29 日，注册地在香港。中坚公司为一家投资控股型公司，由鸿海精密间接持有其 100% 的权益，因鸿海精密不存在实际控制人，故而工业富联公司不存在实际控制人。工业富联的全资及控股境内子公司共 31 家，全资及控股境外子公司共 29 家。工业富联及相关子公司符合高新技术企业税收优惠的申请条件或高新技术企业、西部大开发优惠政策等有关的税收优惠，因此工业富联及相关子公司享受 15% 的优惠税率。

截至 2018 年 2 月 1 日，工业富联及控股子公司在境内拥有专利共 156 项，在境外拥有主要专利共 48 项，从关联方处受让专利权或专利申请权共 3 280 项。工业富联主要从事各类电子设备产品的设计、研发、制造与销售业务，出口销售的产品主要销往美国、欧洲等国家或地区。依托于工业互联网为全球知名客户提供智能制造和科技服务解决方案，工业富联主要产品涵盖通信网络设备、云服务设备、精密工具和工业机器人，如表 12-3。相关产品主要应用于智能手机、宽带和无线网络、多媒体服务运营商的基础建设、电信运营商的基础建设、互联网增值服务商所需终端产品、企业网络及数据中心的基础建设以及精密核心零组件的自动化智能制造等。工业富联在通信网络设备领域的主要竞争对手包括伟创力、捷普、新美亚、天弘、可成科技、比亚迪电子、环旭电子、卓翼科技、欧菲科技、共进科技、长盈精密等。工业富联在云服务设备类产品的主要客户包括 Amazon、Dell、HPE 等。工业富联的主要竞争对手包括广达、纬颖科技等。

表 12-3 工业富联的主要产品情况

通信网络设备	网络设备	网络交换机、路由器、无线设备、网络服务器、机顶盒、智能家庭网关
	电信设备	行动基站、光传输设备
	通信网络设备高精密机构件	智能手机高精密金属机构件、智能手机高精密高分子聚合物机构件、网络电信设备高精密机构件
云服务设备	服务器	服务器、数据中心设备
	存储设备	存储设备
	云服务设备高精密机构件	云服务设备高精密机构件
精密工具和工业机器人	精密工具	金刚石工具、钨钢工具、微细丝锥
	工业机器人	

按产品类别区分，工业富联的主要产品生产情况如表 12-4：

表 12-4 工业富联的主要产品产量情况（单位：万个）

	产品	2016 年	2017 年	2018 年	2019 年	2020 年
通信网络设备	网络设备	19 087.83	20 170.40	21 273	21 640	21 612
	电信设备	812.65	566.50	974	1 002	950
	通信网络设备高精密机构件	50 226.00	55 197.83	64 974	77 815	92 435
云服务设备	服务器	1 903.37	1 970.39	1 602	1 391	1 396
	存储设备	623.37	437.40	242	243	253
	云服务设备精密机构件	99.98	91.66	2 182	2 514	2 883
精密工具和工业机器人	精密工具	315.22	862.87	594.7	658.3	718
	工业机器人	0.38	0.35	0.299 4	0.163 8	0.169 3

工业富联三大业务的财务状况如表 12-5：

表12-5 工业富联三大业务财务情况

财务情况		2017年	2018年	2019年	2020年
通信及网络移动设备	营业收入（万元）	20 519 818 8	25 915 406 4	24 455 363 8	25 401 849 6
	营业成本（万元）	17 416 107 0	23 046 324 0	21 723 288 1	22 702 790 8
	毛利率（%）	13.65	11.07	11.17	10.63
云计算	营业收入（万元）	11 143 974 1	15 322 389 8	16 292 263 7	17 530 589 6
	营业成本（万元）	10 584 845 2	14 682 820 3	15 637 705 4	16 718 756 4
	毛利率（%）	4.65	4.17	4.02	4.63
工业互联网	营业收入（万元）		51 866 5	62 437 6	144 135 7
	营业成本（万元）		34 881 8	42 300 0	84 078 8
	毛利率（%）	49.23	32.55	32.25	41.67

工业富联主要产品价格的波动情况如表12-6：

表12-6 工业富联主要产品价格的波动情况

类别		2015年	2016年		2017年	
		平均售价（元）	平均售价（元）	变动率（%）	平均售价（元）	变动率（%）
通信网络设备	网络设备	343.20	381.12	11.05	451.62	18.50
	电信设备	2 255.25	2 178.75	−3.39	3 036.96	39.39
	通信网络设备高精密机构件	122.85	111.35	−9.36	187.36	68.26
云服务设备	服务器	4 654.19	4 861.15	4.45	5 257.20	8.15
	存储设备	1 037.06	1 390.14	34.05	3 214.09	131.21
	云服务设备高精密机构件	2 374.24	2 151.71	−9.37	2 251.55	4.64
精密工具和工业机器人	精密工具	173.02	124.62	−27.97	88.11	−29.29
	工业机器人	66 115.01	77 840.87	17.74	78 778.83	1.20

工业富联的主要客户（按字母排序）包括 Amazon、Apple、ARRIS、Cisco、Dell、HPE、华为、联想、NetApp、Nokia、nVidia 等，皆为全球知名电子行业品牌公司。凭借业内领先的产品研发、先进制造、品质管控和供应链管理等优势，工业富联已成功进入主要客户的合格供应商体系，并已与其建立了长期的战略合作伙伴关系。因工业富联的主要客户均为全球电子设备市场中处于领先地位的品牌商，且全球电子设备品牌商市场集中度较高，工业富联的主要客户在该市场领域占据较大的市场份额。具体业务流程图如图 12-4 所示：

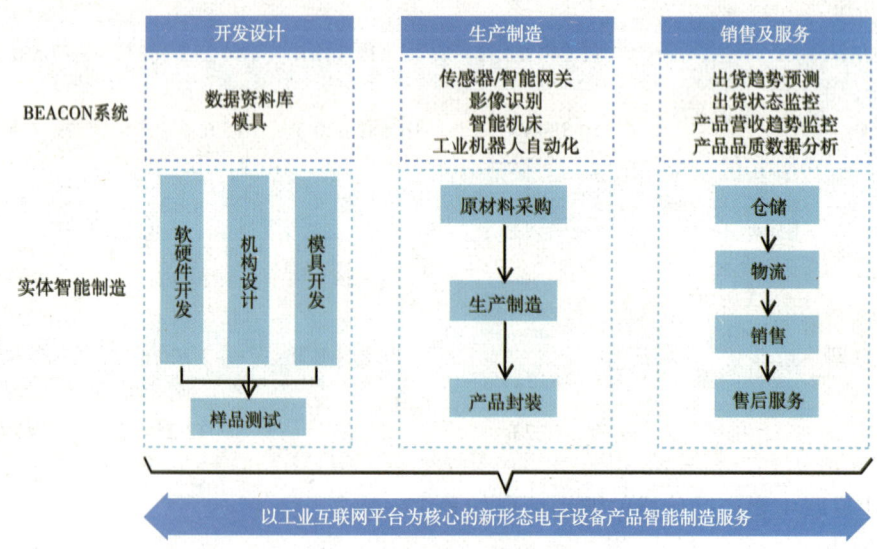

图 12-4　工业富联的业务流程图

工业富联生产所需的主要原材料为印制电路板（PCB）、零组件、集成电路板（IC）、玻璃、金属材料、塑料等。该等主要原材料采购额占工业富联主营业务成本的比例均超过 90%，原材料价格的波动将直接影响工业富联的毛利率水平。如果未来主要原材料价格持续出现大幅上涨，而工业富联无法将增加的采购成本及时向下游客户转移，则工业富联的成本控制和生产预算安排将受到不利影响，工业富联将面临营业成本上升、毛利率水平下降的风险，进而可能对工业富联的盈利能力造成不利影响。

工业富联原材料采购均价主要受市场供需变化和原材料种类需求的变动影响。各原材料的均价和变动情况具体如表 12-7 所示：

表 12-7　工业富联各原材料的均价和变动情况

原材料	2015 年 均价	2016 年 均价	2016 年 变动比例（%）	2017 年 均价	2017 年 变动比例（%）
PCB（元/个）	1.01	1.01	0.00	0.98	−2.97
零组件（元/个）	4.03	5.81	44.17	8.84	52.15
IC（元/个）	12.39	13.15	6.13	13.76	4.64
玻璃（元/片）	18.47	17.80	−3.63	26.98	51.57
金属材料（元/个）	2.30	2.60	13.04	3.39	30.38
塑料（元/个）	3.41	2.95	−13.49	2.69	−8.81
金属材料（元/千克）	13.71	11.88	−13.35	12.44	4.71
塑料（元/千克）	15.42	25.93	68.16%	25.87	−0.23

工业富联出口产品销售享有的不同退税率，根据适用情形分别为 0%、5%、9%、13%、15% 和 17%。工业富联享受的出口退税额及其占当期营业利润和利润总额的比例情况如表 12-8：

表 12-8　工业富联享受的出口退税额及其占当期营业利润和利润总额的比例情况

项目	2015 年	2016 年	2017 年
应收出口退税额（万）	144 436.10	250 031.80	229 218.80
营业利润（万）	1 718 766.10	1 726 953.00	1 995 713.20
利润总额（万）	1 751 667.80	1 755 881.60	2 004 126.80
营收出口退税额占营业利润的比例（万）	8.40	14.48	11.49
营收出口退税额占利润总额的比例（万）	8.25	14.24	11.44

工业富联 2017 年到 2020 年的财务状况如表 12-9：

表 12-9　工业富联 2017 年到 2020 年财务情况（单位：亿元）

名称	2017 年	2018 年	2019 年	2020 年
营业总收入	3 545	4 154	4 087	4 318
营业总成本	3 350	3 948	3 890	4 129
营业成本	3 186	3 795	3 745	3 957
研发费用	79.34	89.99	94.27	100.4
营业利润	199.6	200.8	211.1	197.2
净利润	162.2	169.1	186.1	174.3

工业富联是全球最大的手机代工厂，富士康在郑州的工厂是生产 iPhone 的大本营。2012 年，工业富联在郑州建立富士康科技园，该科技园预计将完成年度投资 22 亿元，建成 95 条生产线，厂房建设面积约 140 万平方米，实现销售收入 200 亿美元，将郑州打造成为全球最大的智能手机生产基地。工业富联在郑州有三个厂区，港区厂区、经济开发厂区和白沙厂区，港区厂区主要生产智能手机，经济开发厂区负责生产手机后盖、玻璃面板的精密部件。白沙厂区主要生产 PC 电脑连接器，并未进行手机相关产品生产。这三个厂区目前共计拥有超过 90 条生产线，以及约 35 万名工人。综合来看，郑州厂区也是苹果生产 iPhone 的主要制造基地，全球约 50% 的 iPhone 都产自富士康郑州工厂。

正常情况下 6 万工人，每月能生产 200 万部 iPhone。富士康郑州工厂，因为有着 35 万庞大的劳工人群，正常产能是昌硕的 7 倍，所以富士康郑州工厂的 35 万工人月产能可达 1 500 万部，而苹果的另一个代工厂昌硕（母公司为和硕）只有 12 万人，每月极限产能达到 500 万部。

3. 谈判动因

中国代工产业的黄金十年和中国能够快速扩大和缩小用人规模有着很大的关系。2004 年富士康最先看准了这种需求，很长一段时间内都是苹果的唯一代工厂。多年来，苹果和富士康保持了亲密的合作关系。富士康为苹果代工了 iPhone、iPad、Mac 和 Apple Watch 等诸多产品。

产能和质量控制，是代工厂能否赢得苹果订单的核心。富士康之所以能够赢得苹果的大部分订单，是富士康对于手机组装的强大产能和对质量的严格控制。苹果对富士康也非常重视，在来华访问之时，苹果公司 CEO Tim Cook 曾经专门造访富士康的工厂。

然而，两者的合作并不像看上去的那么甜蜜美好。在微薄的利润下，富士康开始想尽各种办法来增加利润，比如专门收购一些曾经为苹果提供部件的供应商，夏普作为为苹果提供 LCD 屏幕的厂商自然也是富士康收购的对象，富士康还自产零部件和相关资源，以取代以前进口的组件和资源。有时候，富士康也会夸大向苹果提供的开发新产品所需的工人数量。苹果也不是那么的信任富士康，苹果是富士康的最大客户，双方的关系曾经非常好。2013 年开始，苹果突然采取了分而治之的策略。2018 年 12 月下旬，苹果陷入了与高通的专利纠纷，由于富士康使用了高通的专利，苹果当时考虑将大量订单挪给昌硕。苹果通过寻求供应链多元化，努力地减少对富士康的依赖。

然而，目前来说，苹果公司是世界上最大的消费电子公司，富士康是世界上最大的代工商，苹果和富士康之间存在着彼此间的严重依赖。

4. 品牌方和代工厂谈判目标

4.1 苹果的谈判目标

苹果公司 2021 年分别带来 iPhone 13 系列、Apple Watch Series 7、第三代 AirPods、新款 iPad mini 和 iPad 等新品。其中苹果 13 系列包括 iPhone 13、iPhone 13 mini、iPhone 13 Pro 和 iPhone 13 Pro Max。当然为了保密，苹果新增了 A2628、A2630、A2634、A2635、A2640、A2643 和 A2645 等型号，对应的应该是 iPhone 13、iPhone 13 mini、iPhone 13 Pro 和 iPhone 13 Pro Max，苹果的这些机型运行了 iOS 15 系统。

苹果公司此次和工业富联谈判主要商谈代工的机型、代工费用以及代工数量，当然，也需要商谈其他的代工条款。

代工机型：苹果公司向来不会把鸡蛋放在一个篮子里，苹果不希望富士康一家独大。昌硕是苹果全球的第二大代工厂，位于上海火箭村，周边习惯称之为"苹果村"，有 6 万工人，是苹果第一大代工厂富士康郑州的四分之一。立讯精密也是最近苹果扶持的对象，但是富士康目前的龙头地位仍然是相当稳固。所以，苹果决定今年的 iPhone 代工做到雨露均沾，主要由富士康、昌硕以及立讯精密完成，其中富士康需要组装全部的 iPhone 13 Pro Max、68% 的 iPhone 13 和接近 60% 的 iPhone 13 Pro。昌硕则是组装全部的 iPhone 13 mini，以及 32% 的 iPhone 13。余下 40% 的 iPhone 13 Pro，将交由立讯精密。立讯精密 2021 年将首度拿下 iPhone 新机组装订单，而且包括高阶款大尺寸机种，总量超 1 000 万台。

代工价格：产品的代工成本，一般是所有产品材料成本费用的 5% 到 10% 的范围之间。但是，苹果公司为了保持巨大的利润，并不会付出这么多的代工费用。再加上最近这几年，苹果手机的售价基本没有太大的变化，但是硬件的成本却上涨了很多。所以，苹果 13 系列的代工费不会上涨很多，但是为了显示苹果诚意，苹果公司也愿意略微上调代工价格。

苹果公司对于供应商的报价有着自己独特的核价逻辑，非常讲道理。苹果首先会列出自己算的成本逻辑，也就是说，苹果公司会对富士康的成本进行计算，也就是 BOM 料号（物料清单）一阶一阶一个个核算，计算的内容包括材料重量、报废率、周期、人工、夹治具机器型号等，计算完毕后，让富士康去审核。等到富士康对于苹果计算的成本没有问题之后，苹果公司会和富士康商讨富士康想要获得的利润。一旦该利润确定之后，也就确定了整个代工的价格。即使富士康后期因为报废率、周期、人工等变化而导致富士康亏损，也与苹果公司没有关系。苹果公司的谈判人员需要核算出富士康的 BOM 料号，然后确定利润，从而确定代工价格。

代工数量：iPhone 13 系列其相较于 iPhone 12 系列，2021 年增加了 1 500 万部，需求增长了 20%。这从苹果公司与台积电的亲密关系中可以看出，台积电也开始铆足马力为苹果生产 A15 芯片，而苹果也直接预定了超过 1 亿颗 iPhone 13 芯片订单。

当然，这只是苹果公司预估的 Iphone 13 系列手机数量。如果苹果 13 系列没有达到预期的热卖，那么苹果公司有权削减订单，以免造成货物的堆积，从而造成太大的损失。比如，2018 年 10 月末，苹果公司在 iPhone XR 上架两周后就通知富士康及昌硕，将原本计划制造的总量 7 800 万部手机削减了三分之一，即 2 600 万部。

代工良率：苹果对于产品的质量要求近乎严苛，在委托富士康代工的同时，还会定期派遣相关技术人员，到代工厂中参与产品生产，提高产能的同时，也提高产品的质量。苹果因外观不符合标准以及功能不良等问题，向富士康退货的规模达到 500 万部。如以每台手机返工费用 200—220 元计，损失至少达到 10 亿元。

苹果公司还需完成与工业富联的代工的其他谈判条款。

4.2　工业富联的谈判目标

伴随着苹果手机每年一次新品的发布，工业富联或者富士康都会收到来自苹果的大量订单。富士康也会进行一年一次的谈判，如今的富士康今非昔比，拿到了全球电子制造业 50% 的市场份额，话语权也越来越大。此次谈判对于富士康来说，代工费、代工量都是谈判重点。

代工费：苹果给代工厂的利润率向来隐秘，但是利润很薄是个不争的事实。富士康的利润率有多薄呢？外媒 Apple Insider 有个很有趣的比喻：比剃须刀刀片还要薄。业内估计，内存 32G 的 iPhone 7 物料成本只有 219.8 美元，代工费只有 5 美元。iPhone SE 的代工费只有 3.8 美元，iPhone 6s 代工费为 4.5 美元。一台 iPad 平板电脑最低售价 499 美元，而苹果支付给富士康的代工费却仅为每台 11.2 美元，这个数字仅为成品售价的 2.2%。苹果 xs Max 的 512 GB 版卖到 12 799 元，材料成本大约在 3 000 元，加工费约 60 元，也只是材料成本价值的 2%，只有售价的 0.53%。虽然这个价格已经高于其他手机品牌数倍，但是这个代工价格甚至不到欧美代工厂的五分之一。对于富士康来说，仍然是个位数，和苹果的利润比起来，简直不值一提。

而且，一部 iPhone 要经 700 人的手，400 个制造工序，是普通手机的十倍。

iPhone 在每一道工序生产的方面也比其他的厂商的成本要高。所以，富士康谈判的目标之一就是提高代工费。

当然，苹果手机的复杂程度以及富士康利润低并不是富士康此次涨价的理由，富士康加价的理由更多来自于返费的增加、电子原材料费用及运费的增加。

苹果公司非常看重产能，然而产能不足的原因是工人短缺。如何在旺季吸引大量的临时工而在淡季的时候让临时工离开，只能使用返费。苹果一旦发布超级产品，富士康就需要大量临时工人，这样富士康的流水线工人就会暴增，尤其是在每年八、九、十月的旺季，大量临时工如候鸟迁徙一般入场，但是几个月的量产期一过，这些就随着临时工一起通通消失。返费，可以理解为富士康给流水线临时工人的额外奖金。富士康通过返费高低调节临时工的规模，旺季时，加高返费，淡季时降低返费，像海绵吸水一样灵活。不需要任何技能，外加一笔返费，就可以调动中国 200 万流动人口的积极性。富士康既用返费吸引人，也用返费拖住人。做满相应天数，结费的日子也会再被多拖延半个月。如果在此之前擅自离职，叫"自离"。不但返费拿不到，还会进入人事的黑名单，半年内不仅不能再进富士康，其他的代工厂也不要想。不仅富士康给临时工人发返费，昌硕、立讯精密也都会这么做来吸引更多的临时工。

富士康郑州工厂为了迎接即将到来的 iPhone 13 系列量产，已经在一个月的时间内三次提高新入职员工也就是临时工的奖金。富士康郑州工厂数码产品事业群（iDPBG）的 5 月招聘信息显示，如果生产线上的新员工工作满 90 天，并至少在岗 55 天，他们将获得 7 500 元奖金，该数额相当于 3 月底提供的 3 500 元奖金的两倍多。最近，鸿海富士康工厂又提升了疯狂招聘新人的力度，再度调高内部推荐赏金，对于普通工人求职者，只要在职满 90 天，除了拿到正常薪资外，还将获得 1.05 万—1.15 万元的奖金。推荐者最多可获得 1 200 元奖金，合计达到 1.27 万元。也就是说富士康的奖金从上半年的 7 500 元提升至如今的 1.27 万元。然而中秋节一过，返费的数额就从峰值的 1.27 万很快回落。苹果订单一来，中国数十万临时工人的迁徙开始了。从 2012 年开始，几乎苹果每发一次新品，产线工人就更换一轮，同时，用人高峰期也是离职高峰期。

如此不惜血本找临时工的还有苹果另一家代工厂蓝思科技，该公司也在积极招人，同样将奖金提升至 1 万元左右。立讯精密也不例外，其东莞工厂也在提高入职奖金以吸引更多新人加入。

除此之外，富士康 iDPBG 郑州最新公告表示，电子原材料运费猛涨，每公斤运费已从早前的 12 元涨至 38 元，暴涨 216.7%。

全球运费高涨带来成本增加。在航运世界里，油轮、集装箱船、干散货船（也称散货船）是行业里必不可少的三大巨头，目前全球主要航线中，一艘载重量约为 8 万吨的中型散货船平均日租金是 3.7 万美元左右，按实时汇率计算，约合 24 万元人民币，创 2010 年以来最高水平。除了干散货船的价格大幅飙升外，2021 年 7 月初，亚洲到北欧的航运费用是每 40 英尺的集装箱为 12 203 美元，同比上涨 600%，亚洲到地中海的航运费则是 11 684 美元，同比上涨 511%。中国上海运至美国洛杉矶的 40 英尺集装箱，运费价格就达到 9 631 美元，同比上涨 229%。

所以，此次富士康的加价并非空穴来风。

订单量：2021 年，海外多个国家受到疫情影响。2021 年 5 月，富士康在印度泰米尔纳德邦工厂的 100 多名工人被确诊感染新冠病毒，导致超过 50% 的产能被迫砍掉，这无疑会影响 iPhone 手机的产能。也就是说，富士康在印度、越南的工厂很难有稳定、充足的供货保证。印度、越南等工厂产能的下降，使得富士康必须将更多订单放在国内生产，这样会加剧国内代工厂的生产压力。然而富士康的产能是有限的，所以，对于富士康来说，量力而行，适度扩张才是最佳选择。

以昌硕为例，新品苹果 XR 大卖，昌硕最终拿到了 2 400 万部订单。订单量这么大，昌硕需要连夜拆掉 iPhone 8 产线，架起 32 条新线生产苹果 XR。在工人人数与机器数不变的前提下，一个组的产能从 4 000 部调高至极限的 6 300 部，400 人 10 小时做完，昌硕一个月的产能极限能达到 500 万部。

不良率：产能暴增的代价就是报废的手机堆积如山。再熟练的作业员，遇到产能增加也要打滑，不是划伤外壳，就是压碎屏幕。不良率从平时的两三百台开始翻倍。所以，富士康此次的谈判也要合理地确定不良率。富士康在生产 iPhone 5 时要求良品率达到 90%，但富士康加工产品一度跌破 80%。

最后，富士康也需要根据提供的资料和现实情况完成代工的其他条款的谈判。

第十三章　中中公司关于智能手机 EMS 的谈判

1. 手机 EMS 背景

手机代工企业并不是低端的企业，相反，它的科技含量、工艺设备能力处于制造业前端。手机代工企业需要强大的技术研发团队和精益的管理水平，丝毫不亚于一个真正的科技公司。尤其是大批量的生产模式，一个手机甚至需要几层厂房，上百条加工线汇集到一块形成规模。手机代工需要用到的设备包括 CSTN-LCD 生产线设备、冲床、磁控溅射装饰镀膜机、点胶机、雕刻机、高精度钻铣中心、焊接机、回流炉、火花机、机械手、激光打标机、加工中心、切割机、烧线机、热压机、沙迪克线切割 AQ560LS、手机外壳阳极氧化线、压铁机、银浆固晶机、印刷机、预压机、自动喷涂机、自动影像测量仪 QV-APEX404 及勋韦液态矽胶成型机 MUS-300-150-2S。手机部件及组装是一个充满竞争的行业，手机代工企业在国内外市场均面临激烈的市场竞争。

根据市场研究机构 IDC 统计，2020 年全球智能手机出货量为 12.92 亿部，其中 5G 智能手机的市场渗透率和出货量持续提升。中国信息通信研究院发表的数据显示，2020 年中国国内智能手机出货量为 2.96 亿部，5G 手机出货量反呈上升趋势，全年累计出货量为 1.63 亿部。同时，疫情亦催化了在线教育、远程办公、在线娱乐等新的商业机会，笔记本电脑、平板电脑的销量同比增加。研究机构 IDC 的数据显示，2020 年全球 PC 市场出货量超过 3 亿台，同比增长 13.1%，全球平板电脑出货量为 1.64 亿台，同比增长 13.6%。

全球具备手机部件及组装业务能力的厂商为数不多，国内三家手机代工巨头为富士康、立讯精密、比亚迪。但是不同部件或组装业务的厂商众多，因此不同手机部件或组装业务领域面临激烈竞争，主要竞争企业包括其他具备垂直整合能力的手机部件及组装厂商和部分专注于某一手机部件、模组或组装业务的厂商。

2. 品牌方和代工方的信息

2.1 品牌方华为的信息

华为创立于 1987 年，是全球领先的 ICT（信息与通信）基础设施和智能终端提供商。目前华为约有 23 个主要的子公司，19.7 万名员工，业务遍及 170 多个国家和地区，服务全球 30 多亿人口。截至 2020 年底，全球 700 多个城市、253 家世界 500 强企业选择华为作为数字化转型的合作伙伴。华为是一家 100% 由员工持有的民营企业。华为通过工会实行员工持股计划，参与人数为 121 269 人，参与人仅为公司员工，没有任何政府部门、机构持有华为股权。

华为坚持每年将 10% 以上的销售收入投入研究与开发，特别要加强基础研究与理论突破，持续强力投资技术创新与发明，厚积薄发，实现产业进步与发展。2020 年，华为研发费用支出为 1 418.93 亿元，研发人员约 10.5 万名。如表 13-1：

表 13-1　华为 2019 年和 2020 年研发费用情况

（人民币万元）	2019年	2020年	同比变动
研发费用	13 165 900	14 189 300	7.8%
− 研发费用率	15.3%	15.9%	0.6%
销售和管理费用	11 416 500	11 343 000	0.6%
− 销售和管理费用率	13.3%	12.7%	0.6%
其他净收支	970	692	28.7%
− 其他净收支占收入比	0.1%	0.1%	0.0%
期间费用合计	24 485 400	25 463 100	4.0%
− 期间费用率	28.5%	28.6%	0.1%

华为聚焦 ICT 基础设施和智能终端，持续投入，以创新的 ICT 技术持续为客户创造价值，助力全球科技抗疫、经济发展和社会进步，全年实现收入人民币 89 136 800 万元，同比增长 3.8%。华为的业务主要包括运营商业务、企业业务、消费者业务以及其他，消费者业务主要是为消费者和商业机构提供智能手机、平板电脑、PC、可穿戴、家庭融合终端等智能设备及针对这些设备的应用及服务。具体情况如表 13-2 和图 13-1：

表 13-2　华为 2019 年和 2020 年主要业务营收

（人民币万元）	2019年	2020年	同比变动
运营商业务	30 196 500	30 262 100	0.2%
企业业务	8 155 400	10 033 900	23.0%
消费者业务	46 730 400	48 291 600	3.3%
其他	801 000	549 200	31.4%
合计	85 883 300	89 136 800	3.8%

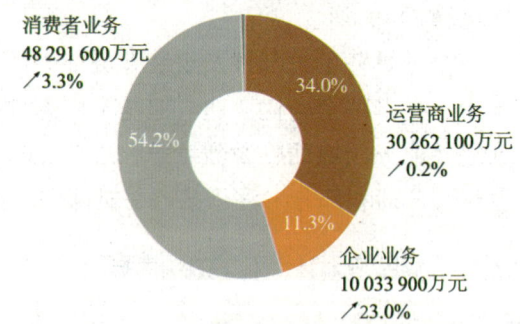

图 13-1　华为 2020 年三大业务的营收占比

华为的运营商业务受益于国内 5G 网络高速建设；企业业务抓住了数字化与智能

化转型机遇；消费者业务进一步完善了 PC、平板、智能穿戴、智慧屏等全场景智慧生活战略布局，实现销售收入人民币 58 491 000 万元，同比增长 15.4%；然而，华为的其他市场的消费者业务却蒙受了不同程度的损失，比如，亚太地区的运营商业务受益于 5G 网络建设，经营保持稳健，企业业务受益于企业数字化转型加速，保持高速增长，但受消费者业务无法使用 GMS 生态的影响，实现销售收入人民币 6 436 900 万元，同比下滑 8.7%；欧洲中东非洲地区：运营商业务受益于 5G 网络建设，经营保持稳健，企业业务借助行业数字化转型保持良好的增长势头，但受消费者业务无法使用 GMS 生态的影响，实现销售收入人民币 18 084 900 万元，同比下滑 12.2%；美洲地区：受部分国家运营商市场投资波动、消费者业务无法使用 GMS 生态的影响，实现销售收入人民币 3 963 800 万元，同比下滑 24.5%。

具体情况如表 13-3 和图 13-2：

表 13-3　华为 2019 年和 2020 年各个市场营收

（人民币万元）	2019 年	2020 年	同比变动
中国	50 673 300	58 491 000	15.4%
欧洲中东非洲	20 600 700	18 084 900	12.2%
亚太	7 053 300	6 436 900	8.7%
美洲	5 247 800	3 963 800	24.5%
其他	2 308 200	2 160 200	6.4%
总计	85 883 300	89 136 800	3.8%

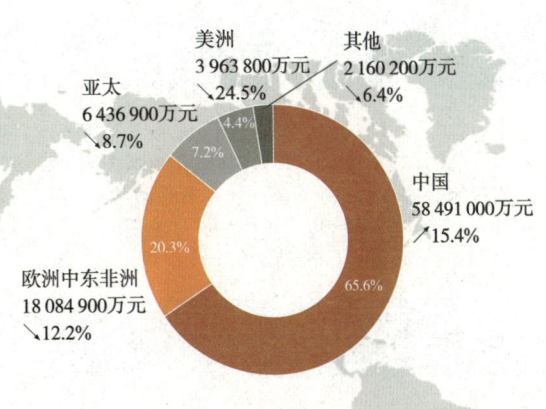

图 13-2　华为 2020 年各个市场的营收占比

2020 年，华为消费者业务面向未来万物互联的智能世界，坚持以消费者为中心，致力于为消费者打造优质体验的全场景智慧生活，坚持用创新为消费者创造价值。相继推出了 HUAWEI Mate Xs 折叠屏手机、HUAWEI P40 系列和 HUAWEI Mate 40 系列旗舰智能手机、HUAWEI MateBook X 超轻薄笔记本、华为智慧屏 X65、HUAWEI WATCH GT 2 Pro ECG 款心电手表、HUAWEI FreeBuds Pro 智慧动态降噪 TWS（真正无线立体声）耳机等多款深受全球消费者喜爱的智能终端，全场景终端布局和用户体验不断提升。截至 2020 年 12 月 31 日，华为全球终端连接数已经超过 10 亿，手机存量用户突破 7.3 亿。华为的高端手机主要是 Mate 系列和 P 系列。目前，华为推出的两款高端手机为 P50 Pro 和 Mate 40 Pro，具体信息如表 13-4：

表 13-4　华为两款高端手机部分参数

项目	P50 Pro	Mate 40 Pro
价格（元）	6 488（8GB+256GB）7 488（8GB+512GB）	6 099（8GB+128GB）6 599（8GB+256GB）
CPU	麒麟 9000 4G、八核	麒麟 9000 4G、八核
GPU	24 核 Mali-G78	24 核 Mali-G78
运行内存（RAM）	8GB	8GB
机身内存（ROM）	512GB	256GB
电池容量	4 360 mAh	4 400 mAh
后置摄像头	5 000 万像素原色摄像头（彩色，f/1.8 光圈，OIS 光学防抖）+ 4 000 万像素原色摄像头（黑白，f/1.6 光圈）+ 1 300 万像素超广角摄像头（f/2.2 光圈）+ 6 400 万像素长焦摄像头（f/3.5 光圈，OIS 光学防抖）	5 000 万像素超感知摄像头（广角，f/1.9 光圈）+ 2 000 万像素电影摄像头（超广角，f/1.8 光圈）+ 1 200 万像素长焦摄像头（f/3.4 光圈，支持 OIS 光学防抖），支持自动对焦
前置摄像头	1 300 万像素超广角摄像头（f/2.4 光圈，自动对焦）	1 300 万像素超感知摄像头（广角，f/2.4 光圈）+ 3D 深感摄像头
屏幕尺寸	6.6 英寸	6.76 英寸
分辨率	FHD + 2 700pix × 1 228pix	FHD+ 2 772pix × 1 344pix
屏幕像素密度 ppi	450 ppi	
操作系统	HarmonyOS 2	HarmonyOS 2
主屏材质	OLED 3D 曲面屏	OLED
机身材质	曲面玻璃	素皮材质
发布时间	每年上半年	每年下半年
外观	时尚风格	商务风格
定位	青春年轻用户	中年人

华为P50系列几乎所有重要零部件的供应商全部都是国产企业,可以说,华为P50系列是目前"国产化"最高的智能手机。华为的P50系列核心供应商如表13-5:

表13-5 华为手机P50系列核心供应商

部件名称	供应商
屏幕面板	京东方
玻璃盖板	蓝思科技
玻璃盖板、精密结构件、手机结构件、组装、电池、充电器	比亚迪
射频天线、无线充电	信维通信
射频天线	硕贝德
射频前端	卓胜微
快充电源管理芯片	圣邦股份
触控与显示、模拟芯片	韦尔股份
指纹识别芯片	汇顶科技
摄像头模组、指纹识别模组	丘钛科技
光学镜头	联创电子
滤光片	水晶光电
连接器	电连技术
滤波器	麦捷科技
元器件	顺络电子
元器件	风华高科
陶瓷盖板	三环集团
PCB/IC板	深南电路
PCB/IC板	兴森科技
精密结构件	领益制造
精密结构件	长盈精密
精密结构件	安洁科技
声学零部件模组	瑞声科技
锂电池	欣旺达

2020年,华为消费者业务不断建设"1+8+N"(1代表手机用户;8代表平板电脑、

PC、VR 设备、可穿戴设备、智慧屏、智慧音频、智能音箱、车机；N 代表泛 IoT 设备）全场景智慧生活战略，以 HarmonyOS 和 HMS（华为终端云服务，Huawei Mobile Services）生态为核心驱动及服务能力，围绕以智慧办公、运动健康、智能家居、智慧出行和影音娱乐为主的五大生活场景，为消费者打造多种设备无感连接、能力共享、信息内容无缝流转的智慧生活体验。

然而，迫于美国政府举全国之力对于华为的打压，华为集团在 2020 年与深圳市智信新信息技术有限公司（简称"深圳智信"）达成协议，将荣耀业务（本集团消费者业务的其中一个重要品牌和组成部分）全部出售予深圳智信。原本华为集团子公司荣耀终端有限公司（简称"荣耀终端"）100% 的股权于 2020 年 11 月 17 日变更至深圳智信名下。受疫情等的影响，相关资产的交付不迟于 2021 年 6 月 30 日完成。根据协议，深圳智信将分期支付收购荣耀业务的对价，华为集团最终可获得的对价基于协议条款的约定存在不确定性。华为集团 2020 年收到的出售定金人民币 1 000 000 万元。

华为 2020 年在极端困难外部环境背景下营业收入以及利润仍然取得了增长。华为 2020 年营业收入达到 8 914 亿元，净利润为 646 亿元。尽管华为的营收增速有所放缓，但是 2020 年华为受到了美国政府为首的极限制裁，不允许任何使用美国技术的芯片企业向华为供货，从而切断了华为的芯片来源，因此，华为能够取得如此成绩是非常不容易的。

2020 年 8 月 17 日美国政府公布的新禁令，所有基于美国技术设计或制造的芯片、零部件等，都将禁止向华为供货。在这一禁令下，美光、三星电子、SK 海力士这三家存储芯片厂商、三星 Display、LG Display 等显示面板厂商、索尼、铠侠（Kioxia）、东芝、三菱电机、瑞萨等众多日本半导体厂商、铠侠（前东芝存储业务）都已确认自 9 月 15 日起停止向华为供货。即使拜登政府上台，其政策仍然是"美国第一"，维持对华巨额关税，继续打压华为。日经新闻 2021 年 2 月 18 日报道，华为已向多家供应商告知生产计划，2021 年华为智能手机产量预估为 7 000 万至 8 000 万台，和 2020 年相比将暴减超过一半。

华为 2016 年到 2020 年的财务概要如表 13-6：

表 13-6 华为 2016 年到 2020 年财务概要

项目	2016 年	2017 年	2018 年	2019 年	2020 年
销售收入（万元）	52 157 400	60 362 100	72 120 200	85 883 300	89 136 800
营业利润（万元）	4 751 500	5 638 400	7 328 700	7 783 500	7 250 100
营业利润率（%）	9.1	9.3	10.2	9.1	8.1
净利润（万元）	3 705 200	4 745 500	5 934 500	6 265 600	6 464 900
资产总计（万元）	44 363 400	50 522 500	66 579 200	85 866 100	87 685 400
总借款（万元）	4 479 900	3 992 500	6 994 100	11 216 200	14 181 100

华为 2016 年到 2020 年的销售收入、营业利润和经营活动现金流如图 13-3：

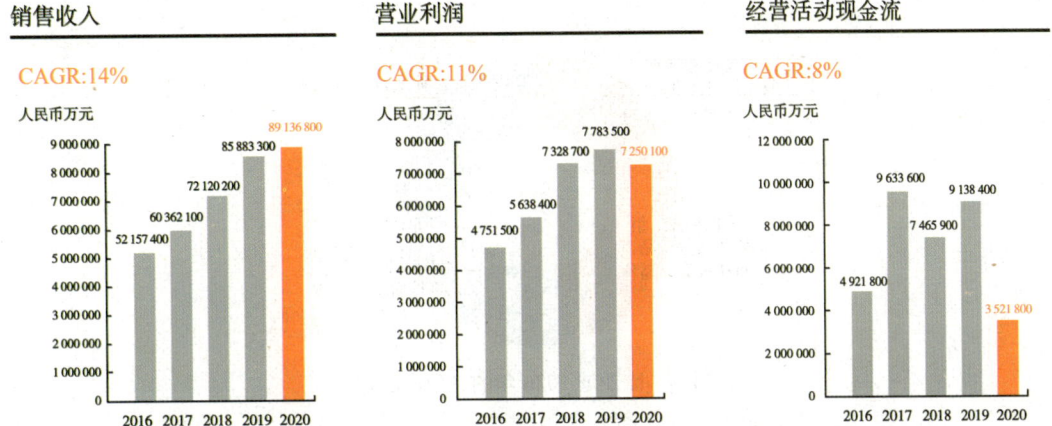

图 13-3　华为 2016 年到 2020 年的销售收入、营业利润和经营活动现金流情况

2.2　代工方比亚迪的信息

比亚迪，成立于 1995 年，被调侃为被新能源汽车耽误的隐形代工巨头，虽然是一句玩笑话，但是也反映了比亚迪在代工领域的强势地位，比亚迪已经成为国内仅次于富士康的第二大代工厂商。据说在全球每 10 部手机中，有两部手机应用了比亚迪电子技术。比亚迪的第一桶金就是手机代工业务，比亚迪早在 2002 年就开始手机代工业务，曾代工过诺基亚、摩托罗拉、三星电子等国际大厂的功能机生产。但是在代工界富士康的名头过于响亮，比亚迪就显得默默无闻。

在 2007 年，比亚迪旗下手机业务比亚迪电子就在中国香港主板上市。比亚迪的电动车业务也不逊色，电动汽车国内综合实力第一，比亚迪是电动汽车、锂电池行业的全球巨头之一，作为国内最早做电动车的车企，比亚迪在做电动车方面拥有先发优势。汽车业务是比亚迪目前的主要业务之一，且新能源汽车是比亚迪未来的重点发展方向。不仅如此，比亚迪在疫情期间还是全球第一口罩公司，日产 2 000 万只口罩。目前比亚迪已在广东、北京、陕西、上海、天津等地共建有九大生产基地，总面积将近 700 万平方米，还在全球设立 30 多个工业园，实现全球六大洲的战略布局，并于 2002 年和 2011 年分别在中国香港和深圳上市。比亚迪的实控人为王传福，持股比例为 17.95%，副董事长吕向阳持股 13.21%。

比亚迪作为全球领先的平台型高端制造厂商，为客户提供新材料开发、产品设计与研发、零组件及整机制造、供应链管理、物流及售后等一站式服务，并涉及智能手机及笔电、新型智能产品汽车智能系统、医疗健康四大领域。依托于业界领先的研发和制造实力、多元的产品组合，以及紧密的战略性客户关系，比亚迪业务已迈入新一轮的高速成长周期。根据最新发布的比亚迪 2020 年财报资料显示，比亚迪在 2020 年实现了总营收 1 566 亿元，其中汽车及相关产品营收占到了总营收的 54%，手机部件及组装收入（代工）占到了 38%，二次充电电池及其他业务占据剩余的 8%。具体情况如图 13-4：

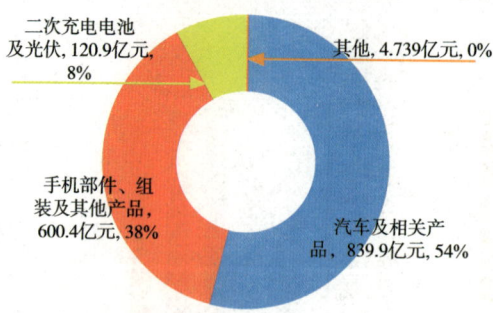

图 13-4　比亚迪 2020 年的各项产品营收

比亚迪具有强大的研发能力，截至 2010 年 12 月 31 日，比亚迪在境内共拥有专利 4 401 件，其中电池类专利 852 件、手机部件及电子类专利 1 003 件、汽车类专利 1 981 件、应用材料及其他专利 565 件；申请中的专利共有 3 312 项；并在境内取得了 243 个商标。

比亚迪在手机部件和组装行业拥有研发、设计及成本控制等多方面优势，是少数具备垂直整合能力的手机部件及组装业务供应商。比亚迪在手机部件及组装业务方面，拥有强大的模具及产品开发能力，并掌握了关键的材料应用及表面装饰技术。先进的模具开发能力，有利于本集团利用高精度的模具快速完成新产品的开发及新技术的应用；在材料应用及表面装饰技术方面的创新及领先优势，有利于本集团及时将各种新型材料和先进的表面处理技术应用于主要产品，提升比亚迪产品的市场竞争力。比亚迪还是全球唯一能够同时生产塑料、玻璃、金属、陶瓷材质的手机代工厂。比亚迪手机外壳、液晶显示模块及整机组装服务情况如表 13-7：

表 13-7　比亚迪手机外壳、液晶显示模块及整机组装服务情况

		2018 年	2019 年	2020 年
手机外壳	营业收入（万元）	272 680.8	329 579.7	420 791.6
	产能（万只）	1 052	1 067	1 288
	产量（万只）	682	725	807
	销量（万只）	616	753	712

续表

		2018年	2019年	2020年
液晶显示模块	营业收入（万元）	177 061.6	180 844.7	220 045.6
	产能（万元）	66	72	96
	产量（万元）	57	72	92
	销量（万元）	42	76	77
整机组装服务	营业收入（万元）	387 361.6	498 977.4	894 928.5
	产能（万元）	70	70	80
	产量（万元）	37	37	68
	销量（万元）	37	37	67

虽然比亚迪的营业收入从2018年到2020年呈现稳定的增长，但是营业成本的增幅高于营业收入，这样导致比亚迪的毛利率下降，从2018年的12.59%降到2020年的11.20%，如表13-8：

表13-8 比亚迪手机部件、组装及其他产品的财务状况

年份	营业收入（元）	营业成本（元）	毛利率（%）
2018	42 229 944 000	36 911 584 000	12.59
2019	53 380 006 000	48 386 670 000	9.35
2020	60 042 967 000	53 319 564 000	11.20

比亚迪是全球最具竞争能力的手机部件及组装业务的供应商之一，主要客户包括华为、三星、苹果、诺基亚、摩托罗拉、中兴、vivo、OPPO、魅族等手机领导厂商。比亚迪根据主要客户需求在印度、匈牙利建有工厂，为其提供手机部件生产及组装配套服务，其他主要出口国和地区包括巴西、芬兰、美国、日本等。比亚迪可以为客户提供垂直整合的一站式服务，设计并生产外壳、键盘、液晶显示模块、摄像头、柔性

线路板、充电器等手机部件,并提供整机设计及组装服务,但不生产自有品牌的手机。比亚迪凭借强大的研发创新实力、高品质的制造能力及完善的服务,在手机部件及组装服务领域获得了客户的广泛肯定和认同。2019年小米董事长雷军虽然将小米9的订单大部分交给富士康,但是将一部分交给比亚迪生产。

手机外壳典型生产流程如图13-5:

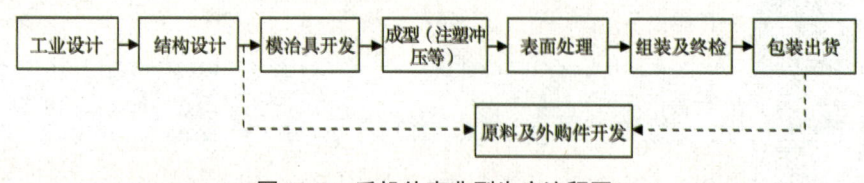

图13-5 手机外壳典型生产流程图

液晶显示模块典型生产流程如图13-6:

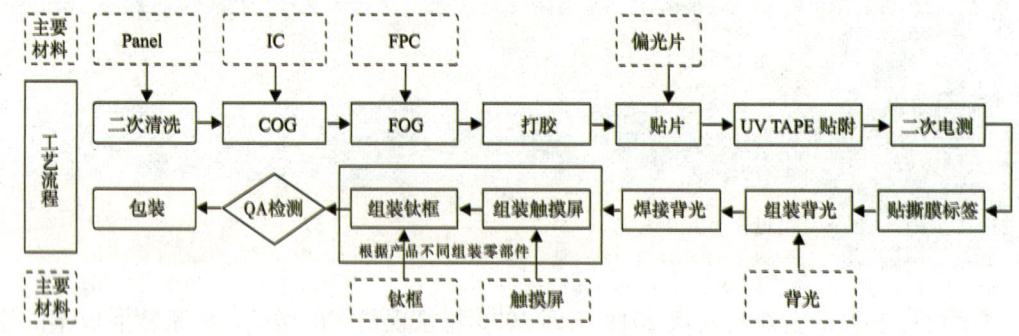

图13-6 液晶显示模块典型生产流程图

手机整机的组装业务流程如图13-7:

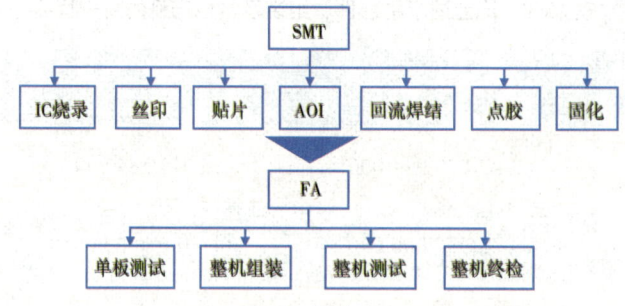

图13-7 手机整机的组装业务流程图

比亚迪在加强手机部件及组装业务的基础上发展笔记本电脑等其他消费类电子产品的整机及零部件的设计、生产及组装业务。苹果也将比亚迪作为iPad 2020的供应方,让其提供全方位的代工操作。比亚迪从中获利颇厚,根据目前iPad平均3 000元左右的售价,以及投研机构给出的50%左右毛利率,可以推算出每台iPad苹果平均净赚1 500元。

比亚迪生产经营所需主要原材料包括钢材、有色金属、塑料等。该等原材料的采购价格因上游原材料及市场供需的变化，会出现一定程度的波动。为降低原材料价格风险，本集团采取了分散供应商、签订常年供应合同等措施，同时进一步开辟多种采购渠道，与更多的国内原材料供应商建立稳定的合作关系，避免形成对少数供应商依赖的局面。另外，本集团已建立及时追踪重要原材料市场供求和价格变动的信息系统和预警系统，在供求关系和价格异常波动的年份采取有效的采购措施，尽量降低成本，保证产品的利润率。

比亚迪二次充电电池、手机部件及组装业务的主要下游市场为3C产品市场，即计算机（Computer）、通信（Communication）和消费电子产品（Consumer Electronic）市场。3C产品市场的价格及需求存在一定的波动性，将影响本集团二次充电电池产品、手机部件等产品的销售收入及毛利率，进而可能对本集团相关业务的经营业绩产生一定影响。比亚迪的财务状况如表13-9：

表13-9 比亚迪2016年到2020年财务状况（单位：亿元）

名称	2016年	2017年	2018年	2019年	2020年
营业总收入	1 035	1 059	1 301	1 277	1 566
营业总成本	967.4	1 014	1 270	1 256	1 490
营业成本	824.0	857.8	1 087	1 069	1 263
研发费用		37.39	49.89	56.29	74.65
营业税金及附加	15.12	13.29	21.46	15.61	21.54
销售费用	41.96	49.25	47.29	43.46	50.56
管理费用	68.43	30.47	37.60	41.41	43.21
财务费用	12.22	23.14	26.35	30.14	37.63
营业利润	58.50	54.11	42.42	23.12	70.86
利润总额	65.68	56.21	43.86	24.31	68.83
净利润	54.80	49.17	35.56	21.19	60.14

3. 谈判动因

一般而言，手机品牌厂商不生产手机部件，并将一定比例手机的设计及制造采取 EMS、ODM 的方式进行外包。外包可使手机品牌厂商利用手机组装厂商在生产及供应链管理方面的专业技术优势，增加其自身经营的灵活性，降低资本性投资和生产成本，缩短产品上市周期，加速资金周转时间。

在当今社会分工高度国际化的背景下，华为的采购、制造、物流及全球技术服务等业务都不可避免地依赖于与第三方厂商或专业机构的广泛合作，业务连续性管理至关重要。华为手机代工的业务的主要合作商是富士康以及伟创力，然而，美国政府为了阻止华为的快速发展，不惜举全国之力打压华为。美国政府对于华为的打压始于 2008 年，在 2018 年骤然升级，2019 年 1 月 16 日，美国司法部对 Huawei Device USA Inc. 及华为终端有限公司提起刑事诉讼，涉及共 10 项罪名，包括涉嫌窃取 T-Mobile 上述设备相关的商业秘密、涉嫌远程操控诈骗及妨碍司法公正等。相关指控涉及的期间为 2012 到 2014 年。2019 年 1 月 24 日，美国司法部对华为技术有限公司、Huawei Device USA Inc. 以及其他人士及公司提起刑事诉讼，涉及共 13 项罪名，包括涉嫌从事银行欺诈、电信诈骗、与伊朗的交易违反美国《国际紧急经济权力法案》以及相关事项。2020 年 2 月 13 日，美国司法部针对上述诉讼提交了更新的诉状。更新的诉状在 2019 年 1 月 24 日指控的 13 项罪名的基础上，增加华为终端有限公司和 Futurewei Technologies, Inc. 作为被告，新增了涉嫌共谋有组织犯罪、共谋窃取商业秘密以及共谋电信诈骗 3 项罪名，并新增了相关被告涉嫌参与与朝鲜和伊朗相关交易等的指控。

2020 年 5 月 15 日和 8 月 17 日（均为美国当地时间），美国商务部先后发布公告，针对在实体清单上的华为技术及华为技术部分非美国关联公司修改直接产品规则并发布最终文本。基于此，所有受 EAR 管控的物项（包括硬件、软件、技术等）向被列入实体清单的华为相关实体出口、再出口或境内转移等，均须向美国商务部申请许可。也就是说，美国政府要求只要是使用美国零部件、设备和技术的代工企业都不得为华为生产或提供零部件，尤其是高端芯片。

在美国的四轮制裁打压政策下，外资代工企业伟创力受美国禁令影响，停止代工华为手机，富士康也紧跟着退出华为的手机代工业务。比亚迪则"雪中送炭"，不仅接了华为的订单，全力保障了华为代工线的生产，比亚迪制造了华为手机的 90% 的金属框，承担了整个华为手机的加工组装。例如华为 Mate 40 系列大部分中框、组装后盖五金件、华为 Mate 40RS 保时捷版本的深化 nm 注塑、CNC、表面处理工艺、高等级防水等。比亚迪在长沙政府的引导下，还顺势收了伟创力在长沙的代工厂顺势做大。

因此，比亚迪的代工业务也进一步被外界所熟知。比亚迪还是全球唯一能够同时生产塑料、玻璃、金属、陶瓷材质的手机代工厂。如今比亚迪今非昔比，代工手机业务早已是驾轻就熟了。在手机部件和组装业务方面，比亚迪将继续为客户提供从产品设计、零部件制造到组装、测试的一站式综合服务。

华为此次希望和比亚迪达成长期协议，并确定产品、价格等一系列合同条款。

4. 品牌方和代工方的谈判目标

4.1 华为谈判目标

华为拥有完善的内部治理架构，实行独立经营管理。持股员工选举产生持股员工代表会，持股员工代表会及其选举产生的公司董事会、监事会对公司重大事项进行决策、管理和监督。

持股员工选举产生 115 名持股员工代表，持股员工代表会选举产生董事长和 16 名董事，董事会选举产生 4 名副董事长和 3 名常务董事，轮值董事长由 3 名副董事长担任。华为集团职能平台如图 13-8：

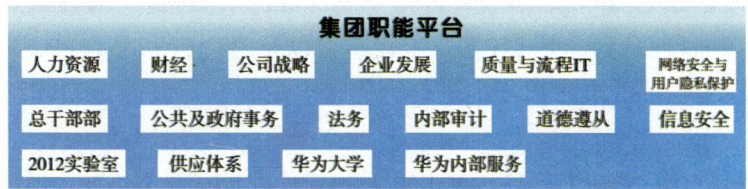

图 13-8　华为集团职能平台

华为创始人、CEO 任正非在接受记者采访时表示："华为公司永远不会出售终端业务。我们可以转让 5G 技术，但绝不会出售终端手机业务。"在 2021 年 7 月 30 日之前，华为将会发布 P50 系列手机，P50 系列包含 P50 标准版、P50 Pro 以及 P50 Pro+ 三个版本。这三个版本是华为请比亚迪代工的三款手机，也是目前国产手机行业中国产化最高的三款手机。色彩上，华为 P50 发布三个配色，分别为：雪域白、曜金黑、可可茶金；P50 Pro 则推出可可茶金、拂晓粉、曜金黑及雪域白四种静态色彩和涟漪云波动态色彩，全系回归到最简洁的光面玻璃设计。华为派出的谈判团队对表 13-10 的信息了如指掌：

表 13-10　2019 年和 2020 年全球智能手机厂商出货量及市场份额情况

厂商	2019 年 出货量（百万台）	市场份额（%）	2020 年 出货量（百万台）	市场份额（%）
三星	295.8	21.6	266.7	20.6
苹果	191.0	13.9	206.1	15.9
华为	240.6	17.5	189.0	14.6
小米	125.6	9.2	147.8	11.4
vivo	110.1	8.0	111.7	8.6
其他	409.5	29.8	371.0	28.7
合计	1 372.6	100.0	1 292.3	100

数据来源：IDC 全球季度手机市场跟踪报告

而且，IDC 数据显示，2021 上半年中国智能手机出货量达 7 810 万台，vivo、OPPO、小米、Apple、荣耀分别为前五大生产商，华为跌出前五，上半年，华为以 2 450 万台的出货量位列全球第六位，较去年同期大幅下降 66.9%。

华为此次打算让比亚迪代工的 P50 系列采用的是双芯的方案，P50 标准版使用高通骁龙 888 4G 处理器，P50 Pro 是高通骁龙麒麟 9000 4G 和 888 4G 两款处理器混用。然而，芯片是困扰华为的一大难题。从 2019 年开始，谷歌在美国政府的禁售令下对华为进行了限制，导致华为手机无法预装谷歌 GMS 及全家桶应用，因此在海外市场部分地区开始出现负增长。而 2020 年与台积电先进芯片合作关系的终结，更是让华为失去了未来手机产品的最大优势——麒麟芯片。如今麒麟 9000 系列芯片已经停止生产，华为只能用库存芯片来顶上。华为的 5 nm 麒麟 9000 芯片备货量大概在 880 万颗。骁龙 888 4G 处理器是由高通发布的下一代高端旗舰芯片。该处理器全球首发 X1 超大核，首次集成式 X60 5G 基带，并由三星 5 nm 工艺打造。高通虽然已经申请了整个产品线，但目前拿到的是 4G 芯片、计算类以及 Wi-Fi 产品许可，顶级产品相关芯片必须获得许可之后才能和华为进行合作。可见，高通并不能自由地向华为提供芯片。

除此之外，P50 系列和上一代产品 P40 系列相比，长宽基本不变，厚度减少了 0.45 毫米，重量减少了 14 g，这样一来整体机身更加轻薄。但这也意味着产品减薄减重，金属中框的制造难度显著增大。屏幕与中框之间的匹配设计间隙仅为 0.05 mm。

因此，华为的谈判团队需要根据已给出的信息并结合现实设计出此次代工的具体内容。

4.2　比亚迪谈判目标

手机用户不断追求设计新颖与外观时尚的手机，对手机部件及组装厂商在新材料应用、表面处理及装饰技术方面提出了更高的要求。模具设计与开发能力是手机部件及组装厂商最关键的技术要素之一，也是手机品牌厂商选择供应商时的主要考虑因素。手机产品具有外观变化快、功能变化快和价格变化快的"三快"特点，不但要求手机部件及组装厂商不断提高加工工艺和技术，而且要具备快速的反应能力和生产适应能力。

显然，比亚迪具备这些能力。此次与华为的谈判，比亚迪电子希望成为华为 P50 全系手机中框及背板的主力供应商，在 P50 Pro 玻璃背板上首次使用与华为联合开发出全球首创的高铝锂玻璃，这样可以帮助华为实现手机最高等级 IP68 的防水防尘。比亚迪电子打算承接华为 P50 系列手机 SMT、组装、测试、包装等全流程加工生产。

除此之外，比亚迪还打算在 P50 Pro 上首次应用溅射 NCVM 增亮（电镀非导电膜）+ 自制膜片贴合，可以说，每块玻璃背板都经过多道工序和检验精制而成。

最后，比亚迪的谈判团队需要根据已给出的信息并结合现实设计出此次代工的具体内容。

第十四章　中美公司关于路由器 EMS 的谈判

1. EMS 背景

EMS 不同于 ODM 和 JDM，即使是不同的 EMS 企业对于 EMS 的定义也不尽相同。在工业富联对于 EMS、ODM、JDM 的解释中，ODM（Original Design Manufacturer），即自主设计制造，指结构、外观、工艺等主要由生产商自主开发，产品以客户的品牌进行销售的一种运营模式。JDM（Joint Design Manufacturer），即协同设计制造，即生产方与客户共同参与设计，生产方负责加工制造，由客户贴牌买入并负责销售的一种运营模式。EMS（Electronic Manufacturing Service），即专业电子制造服务或专业电子代工服务，又称为 ECM（Electronics Contract Manufacturing），指为电子产品品牌拥有者提供制造、采购、部分设计以及物流等一系列服务。其具体模式通常可分为两种：纯代工模式，企业仅关注制造过程，品牌商直接供料，并提供专业设备；代工带料模式，企业除了为品牌商提供制造服务，还同时提供全部或部分物料的采购服务。EMS 所处行业的上下游行业示意图如图 14-1：

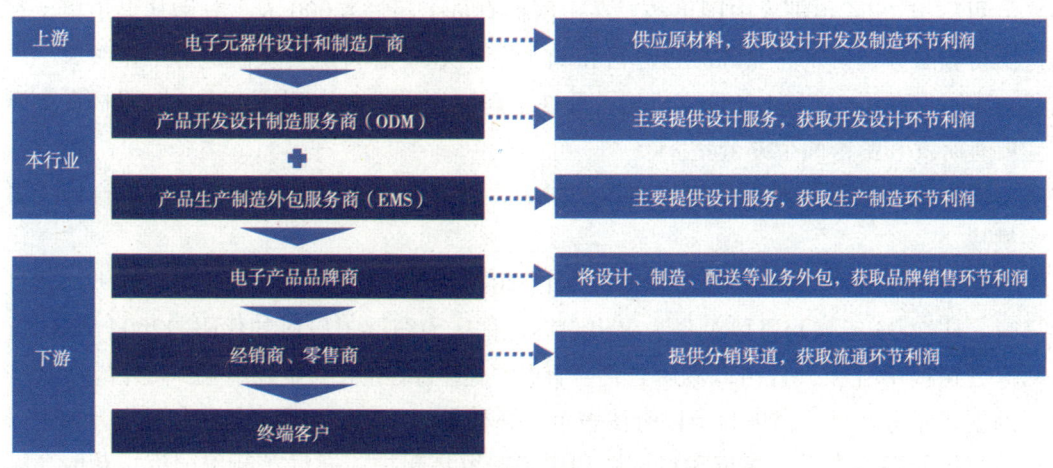

图 14-1　EMS 所处行业的上下游行业示意图

全球电子制造服务行业的竞争格局相对稳定。全球 EMS 市场呈现下游越来越广，服务覆盖范围越来越全面的态势，目前电子制造服务已广泛覆盖消费电子、汽车电子、医疗电子、商用电子等领域。全球排名前十位的电子制造服务行业公司的营业收入规模约占按 IDC 数据库统计的当期全球电子制造服务行业总收入的 72.97%。排名第一的鸿海精密在当期的营业收入规模约占行业总收入的 33.02%，从第二名到第十名依次为：中国台湾的和硕、美国的捷普电路、美国的伟创力、中国台湾的纬创、美国的新美亚、中国台湾的新金宝、中国深圳的比亚迪电子、加拿大的天弘和中国上海的环旭电子。近年来，全球电子制造行业利润水平稳中有升。根据 IDC 数据库统计，全球排名前十位的电子制造服务行业公司的毛利率位于 3.94% 至 12.97% 之间，平均值约为 6.70%。

2. 品牌方和代工厂的信息

2.1 品牌方信息：思科

思科公司（Cisco Systems）的名字取自 San Francisco 旧金山，是全球领先的网络解决方案供应商，美国通信设备行业的龙头，其总部位于美国加利福尼亚州硅谷，欧洲总部位于荷兰阿姆斯特丹，亚太地区总部位于新加坡。思科由斯坦福大学的一对教师夫妇于 1984 年 12 月在美国成立，1986 年生产第一台路由器，让不同类型的网络可以可靠地互相联接，掀起了一场通信革命。思科制造的路由器、交换机和其他设备承载了全球 80% 的互联网通信，成为硅谷中新经济的传奇，可以说，思科是全球最大的路由器、交换机骨干网络设备制造商。而且，思科透过自己的子公司打入其他科技市场，比如，物联网、域名安全、能源管理。思科和 IBM、Google、高通、英特尔、苹果、Oracle、微软在信息安全方面构成了美国的八大金刚。思科自从 1990 年在纳斯达克上市以来，年收入从 6 900 万美元上升到 2020 年 2 379 亿美元。

思科于 1994 年进入中国市场，在中国拥有员工超过 4 000 人，分别从事销售、客户支持和服务、研发、业务流程运营和 IT 服务外包、思科融资及制造等工作领域。思科在中国设立了 20 个业务分支机构，并在上海建立了一个大型研发中心，思科在上海主要有研发和销售两个办公室。

思科最大的竞争对手是来自中国的华为，华为在企业网等诸多领域对思科构成诸多挑战。

2018 年，华为路由器在营运商市场以 30% 的市场份额排名位居全球第一，超过思科。从 2003 年开始思科对华为提出起诉，称华为窃取了思科的代码。2004 年 7 月，两家公司握手言和，官司以和解告终。此后，思科试图用"抄袭门"，让外界质疑华为的创新能力。对此，华为予以否认表示，思科是 2012 年美国国会出台对华为和中兴不利报告的幕后推手，指出思科试图利用美国贸易保护，通过垄断美国市场获取高额利润，即便华为和中兴在美国市场只有很少的份额。后来，思科也被发现使用未经授权的华为代码。网络安全咨询公司发现思科的产品交换机里用的是华为子公司研发的密钥证书。思科的解释是在测试产品时使用了华为的代码，最后忘了删。

思科的营收主要可分为两个板块，即产品营收和服务营收，最重要的产品营收占总收入的 72% 左右。产品营收包括路由器、交换机等思科传统核心产品，虽然思科向云计算等软件领域转型，但目前收入核心仍是硬件产品。服务营收约占总营收 28%。服务包括思科搭建的数据中心，订阅服务和软件服务等。思科正在向多云数据中心转变，这也是思科的主要营收方向，未来思科将逐渐降低对硬件产品的依赖。但是目前思科的云边缘计算，新架构的搭建还未完成。思科云服务的转型之路并非一帆风顺，也面临着来自亚马逊、微软以及阿里巴巴等公司的激烈竞争。图 14-2 为思科 2020 年的主营业务构成：

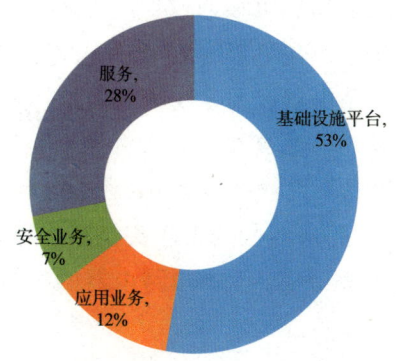

图 14-2　思科 2020 年主营业务构成占比

思科是一个爱收购、爱求变的公司，即使现在，思科的创新能力依然令人瞩目。思科产品的主要产品包括路由器和交换机等，在 5G 时代来临之际，思科及时推出了 Wi-Fi 6 路由器。Wi-Fi 6 与 Wi-Fi 5 相比，传输速度将是 Wi-Fi 5 的 4 倍左右。除了能够提高网络速度和稳定性以外，还能配合物联网的发展。Wi-Fi 6 很可能成为物联网的基础建设之一，而思科的先进的物联网配合 Wi-Fi 6 可以做到协同发展，两者的结合也是思科下一个利润增长点。

除此之外，Wi-Fi 6 还能为体育馆、会议厅等对 Wi-Fi 速度要求比较大的场所提供服务。目前的 Wi-Fi 对于人群密的场所提供的服务十分有限，城市 Wi-Fi 并没有完全建立起来，这就显示了 Wi-Fi 6 强大的能力，与 Wi-Fi 5 不同的传输技术能够保证网络的传输速度，这将为 Wi-Fi 6 创建更大的应用空间，凭借 Wi-Fi 6 的能力或许能令思科在路由器市场上更进一步。而思科最近宣称正在整合安全与软件定义广域网（SD-WAN）技术，这将促进云边缘和物联网技术的发展，或许这也是思科面对其他厂商挑战的有利武器之一。

在以太网交换机、企业路由器和服务提供商路由器市场中，思科在以太网交换机中的份额为 57%、企业路由器为 65%、服务提供商路由器为 35%。紧随思科之后的是华为、诺基亚、Juniper、Arista 和 HPE。在第一梯队之外比较活跃的供应商还包括爱立信、Extreme、H3C 和中兴通讯。

思科的产品线很长，路由器系列型号非常多，通常来说，可以分为低端路由器、中端路由器和高端路由器。思科的低端路由器包括思科 Cisco 2800 系列路由器，可以用于中小型企业的网络接入,实现 NAT 转换,共享公网地址,支持各种专线接入;中端路由器包括思科 Cisco 2800 系列路由器和思科 Cisco 3800 系列路由器。它的高端路由器则是由思科 Cisco 7600 系列路由器和思科 Cisco 12000 系列路由器组成。12000 系列的 12404,12406/12410 是目前最高端的路由器,同样也需要引擎和业务模块的支持。思科同一系列的路由器也包括很多产品,同一个系列中的产品,其主要的差异就是在处理某个方面业务上的能力不同,当然,产品价格相差也很大。另外,思科的 ISR 路由器是集成服务路由器,直接支持局域网、广域网接口、vpn、语音、无线、加速等功能,非 ISR 不一定支持,有些需要通过扩展模块,有些模块都不能。2006 年思科路由器的销售让市场很是吃惊,在短短的 27 个月内售出了 200 万台路由器。计算机网络设备市场主要由交换机、路由器以及无线产品构成,其中交换机市场规模排第一,路由器次之,无线产品位列第三。据 IDC 统计数据显示,2019 年交换机产品市场规模为 287.9 亿美元,占比为 57.0%;无线产品为 62.3 亿美元,占比为 12.3%;路由器为 155.2 亿美元,占比为 30.7%。路由器的两大巨头是思科和华为,从市场占有率来看,思科市占率 37.2%,华为市占率 29.8%。中国路由器的产量从 2016 年到 2019 年出现了下降的趋势,如图 14-3:

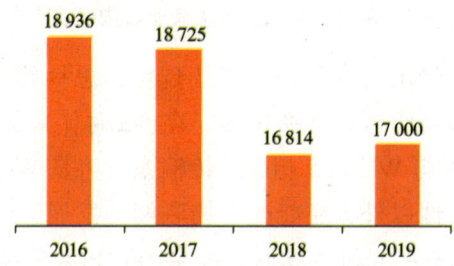

图 14-3　2016 年到 2019 年中国路由器产量情况(单位:万台)

当今的企业希望其网络支持所有形式的媒体,以及新兴的无线设备和有线设备。为应对这些挑战,网络必须实现智能化,并且将高级应用集成到适应性强、普及程度高以及协作性强的系统中。为此,思科开发了多款路由器,以适应不同的企业办公,如表 14-1:

表 14-1　思科路由器型号与公司规模

系列号	适用公司规模
Cisco 1800 系列	小型办公机构
Cisco 2600 系列	中小型分支机构
Cisco 2800 系列	中型企业
Cisco 4500 系列	大型企业
Cisco 7200 系列 Cisco 7600 系列	集团总部

中关村销量排名前四的思科路由器的情况，如表14-2：

表14-2 思科在中关村销量排名前四的路由器部分情况

	ISR4331/K9	ISR4321/K9	ISR4221/K9	ISR4331-V/K9
路由器类型	多业务	多业务	多业务	多业务
传输速率	10/100/1 000Mbps	10/100/1 000Mbps	10/100/1 000Mbps	10/100/1 000Mbps
端口结构	1GE/SFP，1GE，1SFP	1GE/SFP，1GE	非模块化	1GE/SFP，1GE，1SFP
其他端口	1个A型USB端口	1个管理端口，A型USB端口	2个NIM插槽，1个ISC插槽	1个A型USB端口
QOS支持	√	√	√	√
VPN支持	√	√	√	√
产品内存	默认/最大闪存：4GB/16GB 默认/最大DRAM：4GB/16GB	默认/最大闪存：4GB/8GB 默认/最大DRAM：4GB/8GB	8GB闪存，4GB DRAM内存	默认/最大闪存：4GB/16GB 默认/最大DRAM：4GB/16GB
价格（元）	8 950	6 280	5 780	22 999

思科的总毛利率、产品毛利率和服务毛利率分别为63.6%、62.7%和65.8%。如果按照地区划分，思科美洲业务总毛利率为67.3%，欧洲、中东和非洲地区（EMEA）业务总毛利率为63.9%，亚太地区（APJC）业务总毛利率为63.0%。由此可见，思科的毛利率非常高。思科2016年到2020年的财务状况如表14-3：

表14-3 思科2016年到2020年财务状况（单位：亿美元）

财务情况	2016年	2017年	2018年	2019年	2020年
营业收入	492.5	480.1	493.3	519.0	493.0
营业成本	182.9	177.8	187.2	192.4	176.2
毛利	309.6	302.2	306.1	326.7	316.8
研发费用	62.96	60.59	63.32	65.77	63.47
营销费用	96.19	91.84	92.42	95.71	91.69
营业利润	126.6	119.7	123.1	142.2	136.2
净利润	107.4	96.09	1.1	116.2	112.1

2.2 代工厂的信息：工业富联

工业富联是全球领先的通信网络设备、云服务设备、精密工具及工业机器人专业设计制造服务商，为客户提供以工业互联网平台为核心的新形态电子设备产品智能制造服务。工业富联的控股股东为中坚公司，中坚公司成立于 2007 年 11 月 29 日，注册地在香港。中坚公司为一家投资控股型公司，由鸿海精密间接持有其 100% 的权益，因鸿海精密不存在实际控制人，故而工业富联公司不存在实际控制人。工业富联的全资及控股境内子公司共 31 家，全资及控股境外子公司共 29 家。工业富联及相关子公司符合高新技术企业税收优惠的申请条件或高新技术企业、西部大开发优惠政策等有关的税收优惠，因此工业富联及相关子公司享受 15% 的优惠税率。

截至 2018 年 2 月 1 日，工业富联及控股子公司在境内拥有专利共 156 项，在境外拥有主要专利共 48 项，从关联方处受让专利权或专利申请权共 3 280 项。工业富联主要从事各类电子设备产品的设计、研发、制造与销售业务，出口销售的产品主要销往美国、欧洲等国家或地区。依托于工业互联网为全球知名客户提供智能制造和科技服务解决方案，工业富联主要产品如表 14-4，涵盖通信网络设备、云服务设备、精密工具和工业机器人。相关产品主要应用于智能手机、宽带和无线网络、多媒体服务运营商的基础建设、电信运营商的基础建设、互联网增值服务商所需终端产品、企业网络及数据中心的基础建设以及精密核心零组件的自动化智能制造等。工业富联在通信网络设备领域的主要竞争对手包括伟创力、捷普、新美亚、天弘、可成科技、比亚迪电子、环旭电子、卓翼科技、欧菲科技、共进科技、长盈精密等。工业富联在云服务设备类产品的主要客户包括 Amazon、Dell、HPE 等。

表 14-4 工业富联的主要产品情况

通信网络设备	网络设备	网络交换机、路由器、无线设备、网络服务器、机顶盒、智能家庭网关
	电信设备	行动基站、光传输设备
	通信网络设备高精密机构件	智能手机高精密金属机构件、智能手机高精密高分子聚合物机构件、网络电信设备高精密机构件
云服务设备	服务器	服务器、数据中心设备
	存储设备	存储设备
	云服务设备高精密机构件	云服务设备高精密机构件
精密工具和工业机器人	精密工具	金刚石工具、钨钢工具、微细丝锥
	工业机器人	

按产品类别区分，工业富联的主要产品生产情况如表14-5：

表14-5　工业富联的主要产品产量情况（单位：万个）

产品		2016年	2017年	2018年	2019年	2020年
通信网络设备	网络设备	19 087.83	20 170.40	21 273	21 640	21 612
	电信设备	812.65	566.50	974	1 002	950
	通信网络设备高精密机构件	50 226.00	55 197.83	64 974	77 815	92 435
云服务设备	服务器	1 903.37	1 970.39	1 602	1 391	1 396
	存储设备	623.37	437.40	242	243	253
	云服务设备精密机构件	99.98	91.66	2 182	2 514	2 883
精密工具和工业机器人	精密工具	315.22	862.87	594.7	658.3	718
	工业机器人	0.38	0.35	0.299 4	0.163 8	0.169 3

工业富联三大业务的财务状况如表14-6：

表14-6　工业富联三大业务财务情况

业务	财务情况	2018年	2019年	2020年
通信及网络移动设备	营业收入（万元）	25 915 406.4	24 455 363.8	25 401 849.6
	营业成本（万元）	23 046 324.0	21 723 288.1	22 702 790.8
	毛利率（%）	11.07	11.17	10.63
云计算	营业收入（万元）	15 322 389.8	16 292 263.7	17 530 589.6
	营业成本（万元）	14 682 820.3	15 637 705.4	16 718 756.4
	毛利率（%）	4.17	4.02	4.63
工业互联网	营业收入（万元）	51 866.5	62 437.6	144 135.7
	营业成本（万元）	34 881.8	42 300.0	84 078.8
	毛利率（%）	32.55	32.25	41.67

工业富联主要产品价格的波动情况如表14-7：

表14-7　工业富联主要产品价格的波动情况

类别		2015年 平均售价	2016年 平均售价	2016年 变动率（%）	2017年 平均售价	2017年 变动率（%）
通信网络设备	网络设备	343.20	381.12	11.05	451.62	18.50
	电信设备	2 255.25	2 178.75	-3.39	3 036.96	39.39
	通信网络设备高精密机构件	122.85	111.35	-9.36	187.36	68.26
云服务设备	服务器	4 654.19	4 861.15	4.45	5 257.20	8.15
	存储设备	1 037.06	1 390.14	34.05	3 214.09	131.21
	云服务设备高精密机构件	2 374.24	2 151.71	-9.37	2 251.55	4.64
精密工具和工业机器人	精密工具	173.02	124.62	-27.97	88.11	-29.29
	工业机器人	66 115.01	77 840.87	17.74	78 778.83	1.20

工业富联的主要客户（按字母排序）包括Amazon、Apple、ARRIS、Cisco、Dell、HPE、华为、联想、NetApp、Nokia、nVidia等，皆为全球知名电子行业品牌公司。凭借业内领先的产品研发、先进制造、品质管控和供应链管理等优势，工业富联已成功进入主要客户的合格供应商体系，并已与其建立了长期的战略合作伙伴关系。因工业富联的主要客户均为全球电子设备市场中处于领先地位的品牌商，且全球电子设备品牌商市场集中度较高，工业富联的主要客户在该市场领域占据较大的市场份额。具体业务流程图如图14-4：

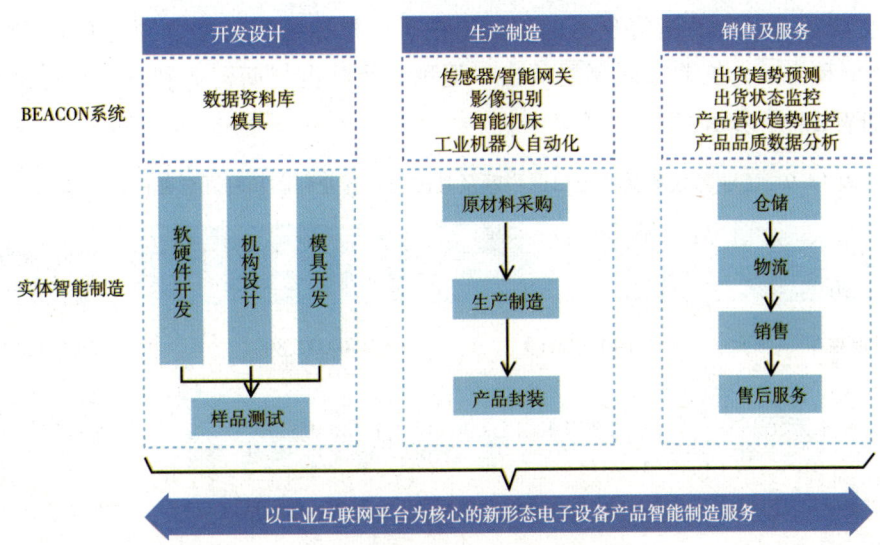

图 14-4 工业富联的具体业务流程图

工业富联生产所需的主要原材料为印制电路板（PCB）、零组件、集成电路板（IC）、玻璃、金属材料、塑料等。该等主要原材料采购额占工业富联主营业务成本的比例均超过90%，原材料价格的波动将直接影响工业富联的毛利率水平。如果未来主要原材料价格持续出现大幅上涨，而工业富联无法将增加的采购成本及时向下游客户转移，则工业富联的成本控制和生产预算安排将受到不利影响，工业富联将面临营业成本上升、毛利率水平下降的风险，进而可能对工业富联的盈利能力造成不利影响。

工业富联原材料采购均价主要受市场供需变化和原材料种类需求的变动影响。各原材料的均价和变动情况具体如表14-8：

表 14-8 工业富联各原材料的均价和变动情况

原材料	2015年 均价	2016年 均价	变动比例（%）	2017年 均价	变动比例（%）
PCB（元/个）	1.01	1.01	0.00	0.98	−2.97
零组件（元/个）	4.03	5.81	44.17	8.84	52.15
IC（元/个）	12.39	13.15	6.13	13.76	4.64
玻璃（元/片）	18.47	17.80	−3.63	26.98	51.57
金属材料（元/个）	2.30	2.60	13.04	3.39	30.38
塑料（元/个）	3.41	2.95	−13.49	2.69	−8.81
金属材料（元/千克）	13.71	11.88	−13.35	12.44	4.71
塑料（元/千克）	15.42	25.93	68.16	25.87	−0.23

工业富联出口产品销售享有的不同退税率,根据适用情形分别为 0%、5%、9%、13%、15% 和 17%。工业富联享受的出口退税额及其占当期营业利润和利润总额的比例情况如表 14-9 所示:

表 14-9 工业富联享受的出口退税额及其占当期营业利润和利润总额的比例情况

项目	2015 年	2016 年	2017 年
营收出口退税额(万元)	144 436.10	250 031.80	229 218.80
营业利润(万元)	1 718 766.10	1 726 953.00	1 995 713.20
利润总额(万元)	1 751 667.80	1 755 881.60	2 004 126.80
营收出口退税额占营业利润的比例(%)	8.40	14.48	11.49
营收出口退税额占利润总额的比例(%)	8.25	14.24	11.44

工业富联 2017 年到 2020 年的财务状况如表 14-10:

表 14-10 工业富联 2017 年到 2020 年财务情况(单位:亿元)

名称	2017 年	2018 年	2019 年	2020 年
营业总收入	3 545	4 154	4 087	4 318
营业总成本	3 350	3 948	3 890	4 129
营业成本	3 186	3 795	3 745	3 957
研发费用	79.34	89.99	94.27	100.4
营业利润	199.6	200.8	211.1	197.2
净利润	162.2	169.1	186.1	174.3

3. 谈判动因

电子制造服务商在成为国际知名品牌厂商的供应商、加入其全球分工体系前,需进行长时间的市场开拓,并通过品牌厂商严格的供应商质量管理体系审核和产品性能认证。由于通过该等认证难度较大，且认证过程通常需一至三年时间，行业内能够成为国际知名品牌客户供应商的企业较为有限。

同时，国际知名品牌厂商十分重视未发布新产品、尚在研发产品的信息保密工作，每种原材料一般只选取满足其订单需求、规模较大的少数供应商，供应商的转换成本相对较高。因此，品牌厂商为确保产品质量和稳定货源，不会轻易改变供货商。严格的认证审核过程使得品牌厂商与电子制造服务商建立了稳定的供应合作关系。工业富联和全球很多知名品牌形成了稳定的合作关系。

工业富联是全球最大的电子产品制造商，它生产的网络设备产品主要销售于通信及互联网设备和解决方案的品牌服务商，如 Cisco、ARRIS 等。网络设备产品的终端应用客户包括电信运营商、互联网服务商、有线电视运营商、企业及政府单位、个人用户等。

它代工的客户名单非常长。比如，索尼的 PlayStation 3、任天堂的 Wii、亚马逊的 Kindle Fire、惠普、戴尔和宏碁的主要 PC 电脑组装，并负责为微软、任天堂和索尼这些大公司生产游戏机。除此之外，它还为索尼、夏普和东芝生产电视机，为诺基亚、摩托罗拉和华为生产手机，为思科生产网络设备。

由此可见，工业富联与思科的合作并不是第一次，其实，双方友好的合作关系可以追溯到 2011 年，思科当时宣布把位于墨西哥的机顶盒生产设施售予富士康，该业务相关的 5 000 名员工也将在 8 月份随产品线一同转移。

此次思科希望工业富联能够继续为其代工路由器的相关产品，双方约定在中国举行谈判。

4. 谈判目标

4.1 品牌方的谈判目标

网络设备是连接到网络中的网络连接设备和传输介质，工业富联生产的网络设备产品包括网络交换机、路由器、无线设备、网络服务器、机顶盒及智能家庭网关等。对于思科来说，此次需要工业富联代工的是无线路由器。思科将会与工业富联就代工议题进行商谈，同时，工业富联需要根据现实情况确定路由器的品质、原材料、加工费、数量等谈判内容。

关于品质：思科对产品质量和生产效率要求较高。思科在下单时，将明确预订产品需通过的法规认证，因为产品进口国大多要求电子产品符合当地环保规章制度或电子产品的安全性认证，思科也不例外。然而工业富联生产线多、原材料品种多且数量大、交货周期较短，很容易出现产品的质量问题，所以，思科需要确定如何才能保证路由器的质量。

关于原材料：思科原材料采购采用 Buy and Sell 模式，即思科在采购部分原材料后由其销售给工业富联，由工业富联进行加工制造后再向思科销售产成品的业务模式。

Buy and Sell 模式是国际上电子产品制造行业普遍采用的业务模式，制造企业可在一定程度上规避原材料价格波动带来的风险。

关于保密：工业富联在经营过程中会接触客户的核心技术及新产品、管理模式等方面的保密信息。由于思科是全球知名电子行业品牌公司，其保密意识和保密要求较高。思科认为工业富联的员工较多，保密工作难度较大，即使工业富联已经采取了严格的保密措施，但客户的保密信息仍有可能发生泄露，造成客户的损失，工业富联需要面临一定的诉讼或赔偿的风险。

4.2　代工厂的谈判目标

工业富联共设有十三个部门，分别为董事长办公室、审计处、技术委员会、企业永续发展委员会、通信网络事业群、云服务事业群、科技服务事业群、财务总处、投资处、人力资源处、信息服务处、法务处、采购处。

工业富联采用直接销售的模式，为客户提供从产品设计、生产制造到物流交货的全方位服务。工业富联依据客户和产品类别，设立专门负责团队，与全球知名的电子设备品牌厂商、互联网服务提供商直接洽谈销售业务。

工业富联按照客户要求进行相关认证事宜。工业富联产品出口国的主要制度包括欧盟于 2006 年 7 月 1 日开始实施的《关于在电子电气设备中限制使用某些有害物质指令》（RoHS）、《化学品注册、评估、许可和限制》（REACH）以及美国联邦通信委员会（FCC）的相关标准等，当然，工业富联的产品完全满足这些要求。

客户指定供应商采购：部分品牌客户根据不同产品需求，会指定产品原材料的供应商，指定供应商同时需要通过工业富联的合格供应商认证。工业富联直接向上述经认证的客户指定供应商下单采购，并将采购原材料用于品牌客户的相关产品的生产制造。该模式下，采购原材料的价格主要由客户和供应商协商确定；工业富联可以将采购价格与市场价格比较，如供应商能够提供更优质的价格，同时产品性能符合客户标准，工业富联会向客户建议由工业富联自主安排采购。以客户指定供应商采购方式采购的原材料主要包括不锈钢、塑胶粒、主芯片、零组件等。

工业富联自主向供应商采购：工业富联根据客户订单需求自主向合格供应商下单采购原材料，原材料类型主要包括金属小件、非金属小件、消耗性原材料等。工业富联根据市场情况选择合格供应商，并且在供应商多于一家的情况下，以招标形式选择供应商。采购价格由工业富联与供应商谈判协商确定，每种原材料至少确定两家以上的供应商，基本每月或每季度协商谈判确定一次价格，进行比对和调整，以保证原材料采购的价格和质量。

电子智能制造服务行业在订单及收入上具有一定的季节性特征，每年的第一、二季度为传统淡季，第三季度开始进入销售旺季，第四季度为出货高峰。考虑到消费电子产品下半年新品发布较为频繁，上半年受春节因素影响，本行业企业通常每年下半年的销售收入普遍高于上半年。

代工合同经常出现的内容如表 14-11：

表 14-11　EMS 代工合同常见条款

1. 原材料（如果是代工厂提供，还需计算出原材料费用）	谁提供、提供多少	10. 违约责任
	什么时候、交货地点	11. 仲裁
	质量要求、备损率是多少	12. 担保
2. 加工费	加工费的计算标准（按件）	13. 转让
	如何支付（付多少、用什么支付、什么时间支付）	14. 有效期和续订
3. 专家与培训费用	数目、时间、任务费用	15. 文本
4. 交货时间		16. 补充或修订
5. 包装费和辅料费	大概多少、谁出、什么时候出	17. 适用法律
6. 运费保险费	原材料的运费和保险费	
	成品的运费和保险费	
7. 质量检验	代工厂检验原材料	
	品牌方检验成品	
8. 不可抗力		
9. 保密条款	对于设计的保密	

第六部分
代理谈判案例

第十五章　中法公司关于葡萄酒的代理谈判

1. 红酒代理和经销的背景

法国的葡萄酒享誉世界，大部分售价不菲。主要的葡萄酒产区有三个，第三大葡萄酒产区是阿尔萨斯产区，这里被称为法国最美的葡萄酒乡，在美丽的莱茵河西岸，此地区擅长生产白葡萄酒，被誉为世界上最佳白葡萄酒产区之一，出名的雷司令和琼瑶浆就是来自于这里。第二大葡萄酒产区是勃艮第产区，它位于法国东北部，有着悠久的葡萄种植历史，该地区的葡萄酒只有一个黑皮诺，然而这里却是全球最好的黑皮诺产区。勃艮第产区的红酒价格不菲，最贵的罗曼尼－康帝的价格是拉菲的几十倍。第一大产区也是最有名的产区是波尔多产区。如图15-1：

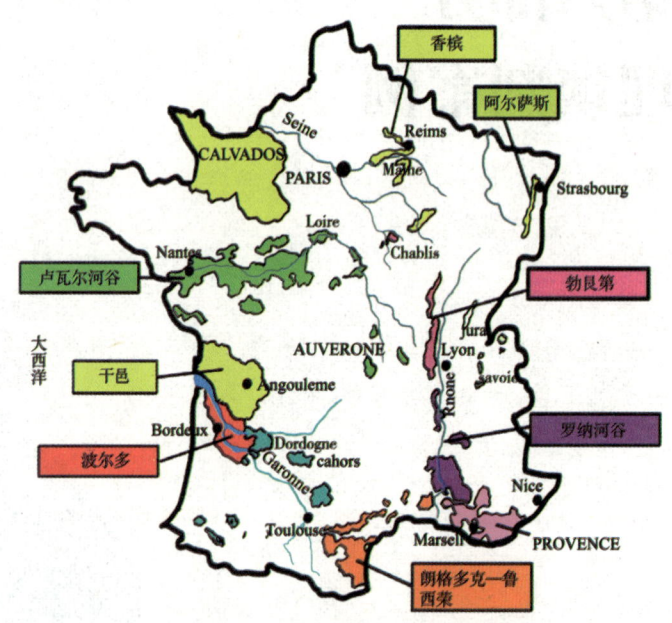

图 15-1　法国葡萄酒产区图

被投资家追捧的世界名酒大部分产自法国的波尔多。波尔多是法国西南部城市，是新阿基坦大区的首府，同时也是吉伦特省（33省）的省会。波尔多是波尔多地区（Arrondissement de Bordeaux）的行政中心（Chef-lieu）。根据2015年法国最新行政区划方案，波尔多地区共管辖 17 个完整的县，以及另外 4 个县的其中部分市镇，共计 82 个市镇，总人口为 907 877 人（2013 年数据），总面积为 1 522 平方公里。波尔多地区拥有酒园和酒堡已经超过九千多座，年产葡萄酒可以达到 7 亿瓶。红葡萄酒用的主要葡萄品种是 Cabernet Sauvignon（赤霞珠）、Merlot（梅洛）、Cabernet Franc（品丽珠）、Petit Verdot（小维多）和 Malbec（马尔贝克），其中，赤霞珠和梅洛为主力品种，品丽珠、小维多、马尔贝克为调配葡萄品种。白葡萄酒用的主要葡萄品种是 Sauvignon Blanc（长相思）、Sémillon（赛美蓉）和 Muscadelle（密斯卡岱）。也就是俗话说的三红两白，如表 15-1：

表 15-1　波尔多主要葡萄品种三红两白

三红			两白	
梅洛 	赤霞珠 	品丽珠 	长相思 	赛美蓉 

纪龙德河、加龙河和多尔多涅河这三条河流将波尔多分成了左岸、右岸和两海间三部分。波尔多区下面有 5 个主要的子产区就位于左岸、右岸以及两海间。这五个子产区是梅多克、格拉夫、圣埃美隆、波美侯和苏玳。Médoc（梅多克）、Graves（格拉夫）位于左岸的葡萄产区，所有评出的酒庄全部集中在波尔多左岸地区。Saint-Emilion（圣埃美隆）、Pomerol（波美侯）位于右岸，另外还有一个专门产甜白葡萄酒的产区苏玳，也位于左岸。苏玳位于波尔多市区以南 65 公里处，是波尔多左岸知名的甜白葡萄酒产区。苏玳（Sauternes）产区有五个村庄，苏玳村（Sauternes）、巴萨克村（Barsac）、博美村（Bommes）、法尔盖村（Fargues）、普雷尼亚克村（Preignac），其中最与众不同的一个村庄是巴萨克，巴萨克是法国波尔多产区南部的一个村庄。巴萨克之所以与众不同，首先表现在葡萄酒的法律规定上，苏玳产区的其他四个村庄的葡萄酒仅允许标注苏玳的 AOC，然而巴萨克的却可以标注自己独有的巴萨克 AOC；其次，巴萨克也以贵腐白葡萄酒闻名天下。如图 15-2：

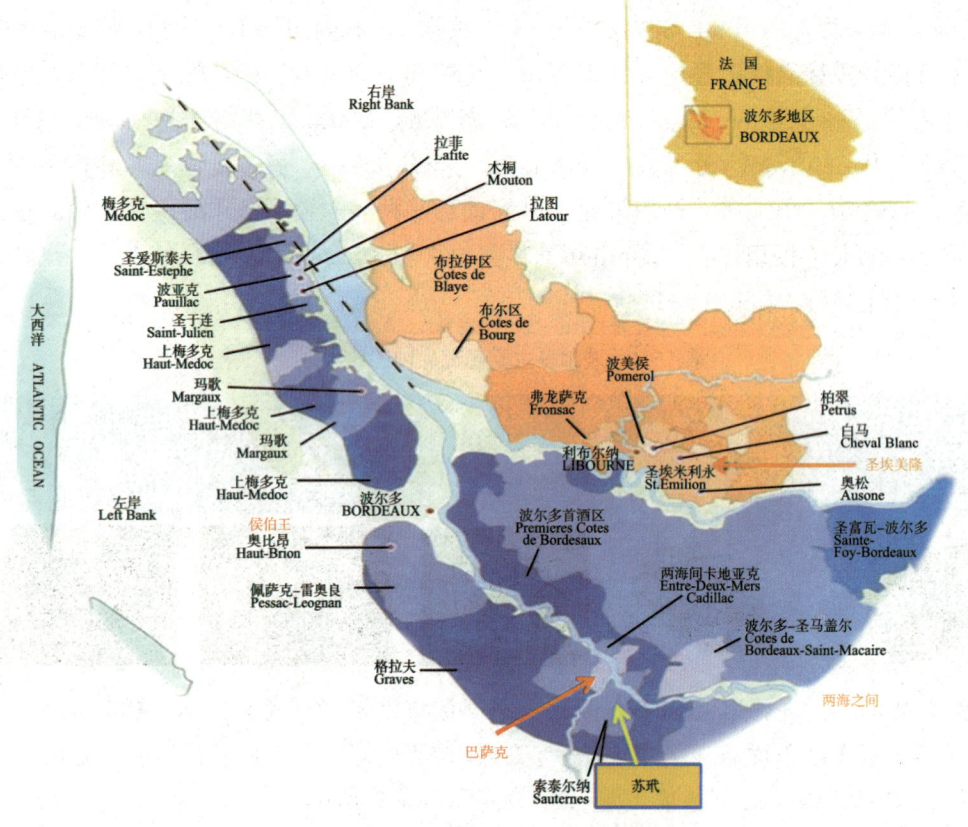

图 15-2 法国波尔多葡萄酒产区

在过去的十年中,波尔多平均每年售出 7.2 亿瓶,在波尔多每年卖出的超过 7 亿瓶葡萄酒里面,有高达 26% 的比例在当地的零售价低于 3 欧元,可谓是廉价葡萄酒。而售价高于 15 欧元(约人民币 107 元)的高端葡萄酒,占比只有 3%,也就是说,超过 70% 的波尔多葡萄酒都是介于 3—15 欧元的中端酒。除此之外,波尔多地区的左右岸的差异也是非常明显的,如表 15-2:

表 15-2 法国波尔多五大产区产量情况

五大产区	知名酒庄	位置	产酒类型	面积(英亩)	备注
梅多克	拉菲、拉图、木桐、玛歌	左岸	红酒	32 110	红葡萄主要以赤霞珠为主,少量种植梅洛、小维多和马尔贝克
格拉夫	侯伯王	左岸	红酒和不甜白酒	5 992	红葡萄主要以赤霞珠为主,白葡萄主要是赛美蓉、长相思和密斯卡岱
苏玳		左岸	甜白酒	3 499	白葡萄主要是赛美蓉、长相思和密斯卡岱
波美侯		右岸	红酒	1 803	主要以梅洛为主,品丽珠种植较多
圣埃美隆		右岸	红酒	12 676	主要以梅洛为主,品丽珠种植较多

提到法国的葡萄酒，就不得不了解波尔多1855分级制度，1855传递着很多的分级信息。在法国1855年巴黎世界博览会（1855 Exposition Universelle de Paris）开幕前，法国国王拿破仑三世（Napoleon Ⅲ）想借此难得的机会向全世界展示他钟爱的美酒，于是要求波尔多商会（Bordeaux Chamber of Commerce and Industry）筹备酒展并对酒庄进行分级。波尔多1855分级制度包括梅多克分级和苏玳&巴萨克分级两部分。其中，梅多克分级主要是红葡萄酒酒庄，共计61家，包括了60家梅多克酒庄和1家格拉夫酒庄。苏玳&巴萨克分级主要是贵腐白葡萄酒酒庄，共计29家，其中包括10家巴萨克酒庄和19家苏玳酒庄。

梅多克是波尔多葡萄酒的代表产地，有"酒中凡尔赛"之称。梅多克列级庄共有61座，其中一级庄5座，包括大名鼎鼎的拉菲古堡、玛歌酒庄、拉图城堡、侯伯王庄园（位于格拉夫产区）和木桐酒庄。其余等级则包括14座二级庄、14座三级庄、10座四级庄及18座五级庄。苏玳&巴萨克分级共有27座，其中有1座超一级酒庄、11座一级酒庄和15座二级酒庄。

但是人们常说的波尔多1855分级通常指梅多克分级。该分级主要对波尔多左岸梅多克产区的名庄进行分级，然而，因为当时位于格拉夫（Graves）产区的侯伯王庄园（Chateau Haut-Brion）在国际上享有盛誉，其葡萄酒在国际市场深受欢迎，所以也被评为列级庄之一。此名单便是现有波尔多1855分级制度的前身。自形成以来，波尔多1855分级制度一直都是众多葡萄酒爱好者选购波尔多左岸顶级葡萄酒的重要参考指标。1855年梅多克分级的酒庄如表15-3：

表15-3 1855年法国梅多克分级酒庄

一级酒庄（5座）			
拉菲古堡 Chateau Lafite-Rothschild	拉图酒庄 Chateau Latour	玛歌酒庄 Chateau Margaux	侯伯王酒庄 Chateau Haut-Brion
木桐酒庄 Chateau Mouton Rothschild			
二级酒庄（14座）			
布莱恩酒庄 Chateau Brane-Cantenac	爱士图尔酒庄 Chateau Cos-d'Estournel	宝嘉龙酒庄 Chateau Ducru-Beaucaillou	杜霍酒庄 Chateau Durfort-Vivens
金玫瑰酒庄 Chateau Gruaud Larose	力士金酒庄 Chateau Lascombes	雄狮酒庄 Chateau Leoville Las Cases	巴顿酒庄 Chateau Leoville-Barton
波菲酒庄 Chateau Leoville-Poyferre	梦玫瑰酒庄 Chateau Montrose	碧尚男爵酒庄 Chateau Pichon-Longueville Baron	碧尚女爵酒庄 Chateau Pichon-Longueville, Comtesse de Lalande
鲁臣世家酒庄 Chateau Rausan-Segla）	露仙歌酒庄 Chateau Rauzan Gassies		
三级酒庄（14座）			
贝卡塔纳酒庄 Chateau Boyd Cantenac	凯隆世家酒庄 Chateau Calon-Segur	肯德布朗酒庄 Chateau Cantenac-Brown	狄士美酒庄 Chateau Desmirail
迪仙酒庄 Chateau d'Issan	菲丽酒庄 Chateau Ferriere	美人鱼酒庄 Chateau Giscours	麒麟酒庄 Chateau Kirwan

续 表

拉拉贡酒庄 Chateau La Lagune	力关酒庄 Chateau Lagrange	丽冠巴顿酒庄 Chateau Langoa Barton	马利哥酒庄 Chateau Malescot-Saint-Exupery
侯爵酒庄 Chateau Marquis d'Alesme Becker	宝玛酒庄 Chateau Palmer		
四级酒庄（10座）			
龙船酒庄 Chateau Beychevelle	班尼尔酒庄 Chateau Branaire-Ducru	杜哈米隆古堡 Chateau Duhart-Milon	拉图嘉利酒庄 Chateau La Tour-Carnet
拉科鲁锡酒庄 Chateau Lafon-Rochet	德达侯爵酒庄 Chateau Marquis-de-Terme	宝爵酒庄 Chateau Pouget	荔仙酒庄 Chateau Prieure-Lichine
圣皮尔酒庄 Chateau Saint-Pierre	大宝酒庄 Chateau Talbot		
五级酒庄（18座）			
巴特利酒庄 Chateau Batailley	巴加芙酒庄 Chateau Belgrave	卡门萨克酒庄 Chateau Camensac	佳得美酒庄 Chateau Cantemerle
克拉米伦酒庄 Chateau Clerc-Milon	柯斯拉伯丽酒庄 Chateau Cos-Labory	歌碧酒庄 Chateau Croizet-Bages	达麦酒庄 Chateau d'Armailhac
杜扎克酒庄 Chateau Dauzac	杜特酒庄 Chateau du Tertre	都卡斯酒庄 Chateau Grand-Puy-Ducasse	拉古斯酒庄 Chateau Grand-Puy-Lacoste
自由欧堡 Chateau Haut-Bages-Liberal	奥巴特利酒庄 Chateau Haut-Batailley	靓茨伯酒庄 Chateau Lynch Bages	浪琴慕沙酒庄 Chateau Lynch-Moussas
百德诗歌酒庄 Chateau Pedesclaux	庞特卡奈酒庄 Chateau Pontet-Canet		

中国的红酒市场吸引了来自世界各国的红酒品牌商。中国进口的葡萄酒主要包括散装葡萄酒和瓶装葡萄酒。散装葡萄酒进入中国之后去向具有不确定性，很多散装酒在中国市场销售过程中会被忽略生产国信息，散装葡萄酒进口的前五个国家分别为澳大利亚、法国、智利、意大利和西班牙。和散装葡萄酒相比，瓶装葡萄酒更能代表生产国在市场中的影响力和市场份额，排名前五的进口国仍然是澳大利亚、法国、智利、意大利和西班牙，瓶装葡萄酒进口均价为4.83美元/升。澳大利亚进口总额的60%由奔富、黄尾袋鼠、杰卡斯、哈迪、布朗兄弟等头部品牌占据。

2. 品牌方信息和代理方信息

2.1 品牌方信息：拉菲集团

地球上最富有的家族，低调到你都感觉不到它的存在，又富到超乎一切想象。这个犹太家族已经有200多年的历史，用富可敌国来形容，竟然有些不足，它的财富保守估计也有30万亿美元，相当于300个比尔·盖茨。这个家族就是罗斯柴尔德家族。该家族创始人是梅耶·罗斯柴尔德（Mayer Rothschild），罗斯柴尔德家族开设的银行遍布全球三十多个国家，它的标志是被折断的五支箭。其寓意是家族的力量来自于团结，一支箭容易被折断，五支箭抱成一团就不容易折断。就如我们中国的谚语所云"兄弟齐心其利断金"。

罗斯柴尔德家族三大传统投资领域是葡萄酒、艺术和银行。它在葡萄酒界的投入成绩斐然，有三大分支。分别是拉菲罗斯柴尔德集团、罗斯柴尔德男爵集团和埃德蒙罗斯柴尔德酒业集团。罗斯柴尔德男爵集团在1853年买下了木桐酒庄，并且和其他许多酒业集团合资建立酒庄，比如1979年和罗伯特·蒙打维合资成立的作品一号酒庄等。埃德蒙罗斯柴尔德酒业集团也充分地利用自身的资源在世界范围内投资和收购了很多酒庄。

拉菲集团拥有一百五十余年酿造美酒的历史，拉菲罗斯柴尔德集团是世界最大的葡萄酒集团之一，旗下的葡萄酒主要分为三类，分别是法国波尔多地区的酒庄所酿的葡萄酒、波尔多以外的酒庄所酿的葡萄酒和罗斯柴尔德精选系列葡萄酒。精选系列葡萄酒的葡萄是从别处收购而来，而且该葡萄酒也不是拉菲罗斯柴尔德集团自己酿造，该集团只负责葡萄酒的品质的监控和风格的把控。从表15-4可以获得更多的关于该集团的葡萄酒信息。

表15-4 拉菲罗斯柴尔德集团的法国波尔多地区的葡萄酒

酒庄名称	酒庄级别	收购时间	产酒品牌
拉菲古堡 Chateau Lafite Rothschild	梅多克一级庄	1868	正牌：拉菲古堡 Chateau Lafite Rothschild
			副牌：拉菲珍宝 Carruades de Lafite
杜哈米隆古堡 Chateau Duhart-Milon	梅多克四级庄	1962	正牌：杜哈米隆古堡红葡萄酒 Chateau Duhart-Milon
			副牌：杜哈磨坊干红葡萄酒 Moulin De Duhart
莱斯古堡 Chateau Rieussec	苏玳一级酒庄	1984	莱斯古堡贵腐甜白葡萄酒（Chateau Rieussec）
			莱斯珍宝贵腐甜白葡萄酒 Carmes de Rieussec
			莱斯之星干白葡萄酒（R de Rieussec）
乐王吉古堡 Chateau L'Evangile	波尔多右岸波美侯著名酒庄	1990	
凯撒天堂古堡	天堂之藤（波尔多两海之间）	1984	
拉菲罗斯柴尔德集团的其他地区的葡萄酒			
朗格多克	奥希耶庄园（Chateau d'Aussieres）	1999	
智利	巴斯克酒庄（Vino Los Voscos）	1988	
阿根廷	凯洛酒庄（Caro）	1999	
中国	龙岱酒庄	2008	

续　表

拉菲罗斯柴尔德集团精选系列	
精选名称	精选红酒品牌
拉菲传奇系列	
拉菲传说系列	
拉菲珍藏系列	
拉菲特酿系列	

　　拉菲红酒因其花果香突出、方醇柔顺被誉为葡萄酒王国的皇后。葡萄园分布在三大区域：围绕城堡的山丘、城堡西面的卡许阿德台地以及比邻圣埃斯泰夫村一块约4.5公顷面积的田块。葡萄园面积为112公顷，每公顷种植8500棵葡萄树，朝向好，日照充足，底土为第三纪石灰岩，覆盖一层厚厚的细砾石，混有风成砂，提供了极为优越的排水条件。葡萄品种以卡本妮苏维翁（70%）为主，其他有梅洛（25%）、卡本妮弗朗克（3%）以及小维多（2%）。

　　拉菲古堡的葡萄藤平均年龄为39岁，不过须指出的是，那些不足10岁的年轻葡萄树不用于培养顶级酒。也就是说，出产正牌酒的葡萄树平均年龄在45岁左右。一片名为"采石场"田块上的葡萄最为高龄，栽种于1886年。拉菲古堡和杜哈米龙古堡酿造工艺完全相同，皆以传统为依托，严格控制单位产量，人工采摘。一年四季，葡萄园中的大量工作都是手工完成。化肥的使用量极少，甚至没有。一些天然肥料的使用可以让葡萄藤达到较高的年龄，一般来说，当葡萄树超过80岁高龄时，他们就会心情沉重地将其连根拔除。

　　拉菲古堡的红酒产量居所有世界顶级名庄之冠。每2至3棵葡萄树才能生产一瓶750 mL的酒。每箱含有12支750 mL的红酒，以此推算，拉菲古堡每年的产量大约3万箱酒，其中正牌拉菲每年的平均产量约为1.6万箱（19.2万瓶）。拉菲古堡产的红酒主要是大拉菲和小拉菲，两者的区分还是比较明显。主要的区别在于两者的酿酒葡萄来源不一样，拉菲珍宝，也就是小拉菲，它的葡萄来源于Carruades葡萄园，而酿造拉菲古堡的葡萄，则来自传统1855年评级的葡萄园。这一葡萄来源的不同，也使得拉菲古堡和拉菲珍宝的口味不一样，大拉菲的口感偏向于醇厚、饱满，而小拉菲偏向于柔美、单薄。反映到市场的价格也是不一样，拉菲珍宝的价格一般是5 000元左右，而拉菲古堡的价格是拉菲珍宝的2—3倍，达到1万—2万元。所以大拉菲是正牌酒，是高端款，而小拉菲是副牌酒，是基础款。

　　当然，葡萄酒的价格和葡萄的年份有密切的关系，顶级名庄酿酒工艺会维持在较高的水平，加上年份的自然条件又好，故相对容易酿造出顶尖品质的酒，如1996年、2000年、2003年都获得了100分，1986年的拉菲得分99，2009年则获得了99+的分数。然而，葡萄酒的价格并不完全由年份所决定，并不是说年份越久，价格就越高。装瓶后的酒，需经历陈年期，然后进入适饮期，过了适饮期，酒质就会走下坡路。酒价一般会随陈年期的进程而上涨,在到达适饮期前的一段时间内,酒价是最高的。过了适饮期,酒的饮用价值减低,酒价一般也会下跌,除非是有极高收藏价值的酒。表 15-5 是拉菲古堡部分年份得分以及适饮期。

表 15-5 拉菲古堡部分年份得分以及适饮期

拉菲古堡年份	得分	适饮期	特点
1982	100	2007—2070	酒中散发出樱桃酱、黑色水果、铅笔芯、矿物质和烟熏木的绝妙香气。余味长达 1 分钟
1985	90	1995—2010	中等浓郁度,散发出迷人的雪松、木质、药草和浆果的芳香
1986	99	2000—2030	
1987	87	1990—1994	
1996	100	2012—2050	各品种的比例是:83% 赤霞珠、7% 梅洛、7% 品丽珠、3% 小维多
2000	100	2011—2050	由 93.3% 的赤霞珠、6.7% 的梅洛酿造,仅使用了当年 36% 的葡萄产量。余味长达 72 秒
2003	100	2010—2050	1959 年份的现代版,它由 86% 的赤霞珠、9% 的梅洛、3% 的品丽珠、2% 的小维多酿造,是一款成熟的拉菲
2009	99+	2022—2072	酒精度高达 13.59%,由 82.5% 的赤霞珠、7% 的梅洛和 10.5% 的小维多调配而成。葡萄的筛选尤其严格,只使用 45% 左右的收成进行酿造

2.2 代理方信息:青藤贸易有限公司

青藤贸易有限公司成立于 1995 年,注册资金 10 亿元,总部设在北京,拥有 1 万多名员工,至今已有 20 多年的历史。青藤是一家专业代理、批发及销售各种品牌的洋酒及葡萄酒公司,主要产品包括白兰地、威士忌、伏特加、金酒、朗姆酒、龙舌兰等烈酒,种类丰富的力娇酒、雪莉酒、钵酒及各种餐前酒,和从法国顶级葡萄酒到质优价廉的新世界葡萄酒。青藤不仅将国外的品牌烈酒及红酒销往国内,也将国内的烈酒和葡萄酒销往国外,比如茅台、五粮液、洋河、泸州老窖、古井贡酒等烈酒,长城、张裕以及王朝等知名葡萄酒。青藤通过长期发展,成为世界上具有强势地位的酒业巨子。

青藤对于品牌的塑造不遗余力。它认为一个好的红酒品牌的推广,不仅仅在于卖得多,卖得快,最重要的是给消费者提供良好的品饮、品牌体验,青藤可以做到在销售的过程中保持品牌的原有形象。而这个品牌形象的塑造不仅体现在品牌的成型,更体现在后续销售的品牌的维护。如果说品牌是产品工艺最别致的展现渠道,那么销售是品牌形象的展现渠道。为此,青藤在实际操作中,做好向厨师、葡萄酒管家、侍酒师、批发商、零售商、店员清晰传达品牌理念的工作,并为此开展了很多的活动。

青藤有着健全的线上和线下销售渠道，强大的分销渠道和网络覆盖全球。青藤在国内的分销网络遍布全国各城市，七个分公司分别设在上海、郑州、广州、深圳、西安、武汉和成都。品牌酒很注重线下的体验，为此，青藤加强了直营店和合伙零售店的开设，首先，在中国内地、香港、澳门和台湾不断地扩充直销店，直营门店数量从2013年的768家增加到2020年的1 456家。当然，传统的带有中间商的零售模式也需要加强，青藤将大规模调整中国两岸三地的零售业务，未来将把合作的零售伙伴数量，从目前的70多家扩大至400多家。这400家零售伙伴，必须在店内建立青藤店中店，并配置由青藤特别训练过的店员。同时，青藤的销售网络遍布东北、华中、中南、西南、西北等地，与许多批发商建立了直接合作关系，产品销售渠道遍及星级酒店、夜总会、酒吧、中西餐厅。最后，青藤也布局了线上的销售渠道，通过建立官方网站以及和京东、天猫等第三方合作的方式，完善了线上销售渠道。

青藤拥有丰富的代理和销售经验。青藤拥有行业内最齐全的产品门类，产品畅销中国内地、香港、澳门和台湾。在葡萄酒市场，全球销售量最大的前100个葡萄酒品牌中，青藤拥有30个之多。在全球市场上，青藤在亚太地区排名第三，在中南美洲排名第一，在北美排名第二。

3. 品牌方和代理方的谈判目标

DBR（Domaines Barons de Rothschild）的拉菲品牌系列在中国的代理权几经易手。2011年以前美夏（Summer gate）是DBR在中国的独家代理，后来，因为美夏的经营理念和渠道对于拉菲品牌系列产品的市场推动有更多瓶颈和狭隘性，因此，DBR在华独家代理权已由美夏转至ASC接手，自2011年1月1日起，ASC精品酒业将正式成为罗斯柴尔德男爵拉菲集团在中国大陆地区的指定独家进口及经销合作伙伴，全权代理罗斯柴尔德男爵拉菲集团旗下所有品牌。

然而，ASC作为拉菲罗斯柴尔德集团的独家进口及经销合作伙伴截止于2019年，自2019年7月1日起，拉菲罗斯柴尔德集团将在中国启动多元化分销渠道，旗下品牌在中国的代理权将一分为四。这四家分别是ASC、保乐力加集团、北京奥比安贸易有限公司，以及上海百联优安供应链管理有限公司，这三家公司将与ASC同分拉菲集团旗下品牌在中国的代理权。调整后，ASC将继续作为奥希耶庄园和巴斯克酒庄两大品牌在中国内地、香港和澳门的全渠道独家进口商。保乐力加是拉菲集团精选系列中的两大品牌全渠道独家进口商——拉菲传奇和拉菲传说。上海百联优安供应链管理有限公司成为拉菲集团旗下凯萨天堂古堡品牌和遨迪诺古堡品牌的中国大陆地区独家进口商。北京奥比安贸易有限公司成为拉菲集团旗下拉菲阿根廷凯洛品牌的全渠道独家进口商。

3.1 品牌方的谈判目标

根据待销售的葡萄酒类型，拉菲罗斯柴尔德集团主要依靠两大分销渠道即波尔多的酒商和独家授权经销网络。古堡类顶级名酒以期酒形式由"波尔多广场"的酒商销售，这些葡萄酒通过经纪人由与罗斯柴尔德集团合作的波尔多酒商将拉菲集团的产品销往世界各地。拉菲罗斯柴尔德集团的其他葡萄酒则通过位于全球各地的独家授权进口商网络来进行营销。这些葡萄酒包括：奥希耶庄园，巴斯克酒庄，精选系列，凯萨天堂珍酿，凯洛酒庄和其他未评级酒庄，如本杰明·罗斯柴尔德男爵的邀迪诺古堡。

越来越多的酒庄开始选择通过多元化渠道来增加产品推广，提振销售业绩。拉菲集团渴望通过调整分销政策进一步扩张中国市场，旨在将拉菲集团旗下多种品牌，独立且多元化地发展。这一多元化的发展需要中企的参与，拉菲集团在2019年将单一的代理商变成了四家不同旗下品牌的代理商，其中中资两家、外资两家，这也体现出了拉菲集团在代理方面的某些平衡。目前，拉菲珍藏和拉菲特酿还没有找到合适的独家代理商。除此之外，拉菲集团发力中国市场动作频频，但并没有急于要销量、要规模、要速度，更注重的是为消费提供良好的品饮、品牌体验，注重品牌的打造，这正是拉菲追求长远发展的实力与决心。

3.2 代理方的谈判目标

青藤贸易有限公司代理和经销了50多种烈酒和葡萄酒，但是，因为种种原因，公司一直没有涉足拉菲的品牌。现在，青藤的负责人看到拉菲集团在中国市场开拓了四家代理商，认为以青藤公司的销售实力，也能够成功地代理拉菲其中一个品牌葡萄酒。经过青藤公司的认真分析，发现拉菲珍藏和拉菲特酿还没有找到合适的独家代理商，而且莱斯古堡和乐王吉古堡的佳酿也待字闺中，如果拉菲集团不愿意将顶级名酒拉菲古堡和拉菲珍宝采用代理或经销的模式，那么莱斯古堡和乐王吉古堡也是绝佳选择。青藤公司的销售理念和拉菲的理念不谋而合，青藤公司相信如果双方合作，青藤定会在价格体系把控、品牌形象维护上发力，将拉菲集团旗下更多的精品酒带给中国消费者。

青藤的谈判团队很快着手调研，得出的结论是：

法国葡萄酒的劣势：首先，葡萄酒同质化现象严重，由于澳大利亚、智利、西班牙、美国、阿根廷等新世界葡萄酒生产国所种植的葡萄品种和酿造风格，绝大多数都是法国品种和法国风格，其中不少品牌及产品品质不错，性价比更高，对法国葡萄酒形成了直接竞争和威胁。预计未来几年，这些新世界生产国还将进一步蚕食法国葡萄酒在中国的市场份额。

其次，法国葡萄酒产品风格过于保守，缺少创新。一个品牌如果要想做到让人难忘，它必须要使自己的产品年年不断地更新演变，但同时也要保持一个一致且颇具识别性的特征。法国传统实力产区的葡萄酒风格和风味固化，一定程度上限制了应对中国市场需求的灵活性和创新能力。例如波尔多地区只酿造本地的法定品种，很难规模化地引种市场受欢迎的品种。例如美国市场最畅销白葡萄酒是霞多丽和灰皮诺，作为法国葡萄酒主产区的波尔多葡萄酒生产商受法规所限，很难根据市场需求，及时调整产品结构，大规模生产符合市场需求的新产品。法国香槟在全球都受到意大利Prosecco起泡酒强有力的挑战，也有一定程度缺乏创新的因素。相对而言，因为采取更加积极创新和灵活的产品市场策略，法国南部的一些新兴产区葡萄酒在中国市场竞争力逐渐显现。

最后，很多的零售商大量进口法国生产的低价低质 VCE 葡萄酒，VCE 是欧洲的一种没有地理标志标签的葡萄酒，是欧盟葡萄酒等级制度中的最低级别。这种葡萄酒可以由任意欧盟成员国境内种植的葡萄酿造，通常为价格低廉的日常餐酒。零售商用这些 VCE 葡萄酒以次充好、牟取暴利，严重损害了法国葡萄酒高质量和高档次的品牌形象，甚至起到了颠覆性的破坏作用，难以在短期内恢复。

青藤的优势：青藤的强大而更广泛渠道以及其更适合 DBR 的市场品牌理念来说，相信 DBR 也会有更好回报。青藤将在微信微博大 V 以及行业意见领袖的推广、落地平面广告等方面持续投入，通过"菲常学园"各地的专场培训、全国 30 多个城市的品鉴活动，让客户和顾客更加深刻地了解品牌和产品。同时，青藤将积极与区域经销商展开深度合作，希望二级经销商在区域有核心渠道，有长期深挖渠道，做精做深的信心。

如果此次青藤代理拉菲的莱斯古堡、乐王吉古堡或者拉菲珍藏、拉菲特酿能够成功，对于青藤团队士气的提振、品牌知名度提升和稳固中国市场第三大葡萄酒进口商的地位，都有重要的意义。

4. 谈判要求

拉菲集团和青藤公司的谈判团队需要充分利用案例背景信息，通过合情合理地运用案例提供的双方的公司信息以及图 15-3、图 15-4 和图 15-5 的信息来完成双方关于代理或者经销谈判各项内容。

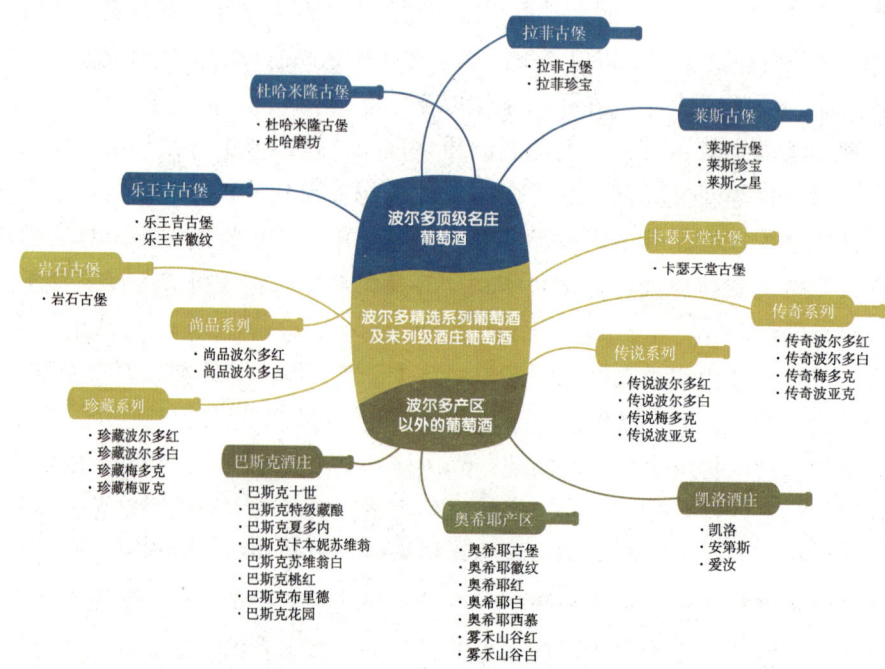

图 15-3 拉菲罗斯柴尔德集团酒庄产品一览图

第十五章 中法公司关于葡萄酒的代理谈判

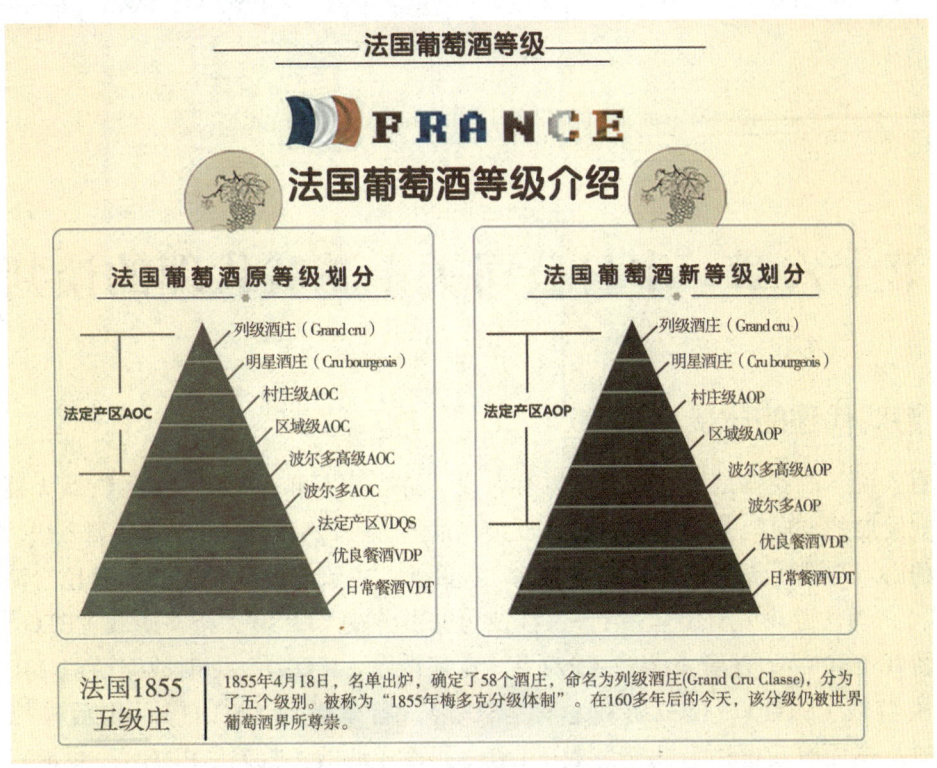

图 15-4 法国葡萄酒等级介绍

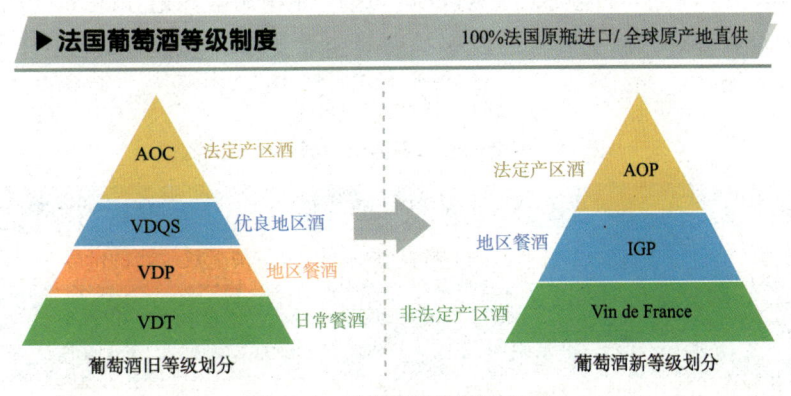

图 15-5 法国葡萄酒等级制度

第十六章　中日公司关于游戏代理的谈判

1. 游戏代理的背景

有人说，游戏就是一堆数据，也有人说，游戏妙不可言，规范化的游戏无疑是未来游戏发展的方向。游戏的分类非常复杂，世界上并没有统一的游戏分类方法，种类繁多的游戏形成了庞大的"游戏类型树"。目前，主流的游戏类型有：角色扮演游戏（RPG）、动作游戏（ACT）、第一人称视角射击游戏（FPS）、格斗游戏（FTG）、体育类游戏（SPT）、益智类游戏（PZL）、竞速游戏（RAC）、即时战略游戏（RTS）、射击类游戏（STG）、模拟游戏总称（SLG）、音乐游戏（MUG）、生活模拟游戏（SIM）、桌面游戏也称为社交游戏（TAB）、育成游戏（TCG、EDU）、集换式卡片游戏（CCG）、恋爱游戏（LVG）、GAL、泥巴游戏（MUD）、大型多人在线角色扮演游戏（MMORPG）、冒险游戏（AVG），这些游戏几乎涵盖了大部分的主流游戏。每一款知名游戏背后，都有着实力雄厚的游戏企业支撑。全球最知名的十大游戏公司排名如表 16-1：

表 16-1　全球最知名的十大游戏公司排名

名次	公司名称	市值（亿美元）	代表游戏	所在国
1	微软	7 166.97	超凡蜘蛛侠、真三国无双、我的世界	美国
2	腾讯	4 939.36	王者荣耀、穿越火线、英雄联盟、和平精英、QQ 飞车	中国
3	索尼	618.32	战神系列、最后生还者抵抗系列	日本
4	任天堂	597.67	坦克大战、超级玛丽、魂斗罗、冒险岛	日本
5	动视暴雪	499.79	魔兽争霸、暗黑破坏神系列、守望先锋	美国
6	艺电	369.7	极品飞车、FIFA 足球、NBA 街头	美国
7	网易	358.32	大话西游、梦幻西游	中国
8	Take Two	111.18	GTA 系列、生化危机系列、文明城市	美国
9	育碧公司	104.2	彩虹六号系列、刺客信条系列、看门狗系列	法国
10	万代南梦宫	102.3	骇客时空、铁拳系列、龙珠系列	日本

Newzoo 最新的《2020 年全球游戏市场报告》中的数据显示，游戏业仍保持增长态势，2020 年的全球游戏市场收入为 1 593 亿美元，游戏产业市场在 2023 年将突破 2 000 亿美元的门槛。2020 年底全球将有 27 亿玩家，预计 2023 年全球将有超过 30 亿的玩家。其中，2019 年，中国移动游戏市场规模达到人民币 2 092 亿元，预期 2025 年将进一步增长至人民币 4 256 亿元，复合年增长率为 12.6%。2020 年中国游戏用户数量来到了 6.65 亿人，2020 年中国游戏市场实际销售收入达 2 786.87 亿元，照此计算，2020 年中国游戏玩家人均花了 419 元。

手游，是指运行于手机上的游戏软件，简称"手游"。目前，手游增长量已经超越 PC 和主机游戏，成为全世界最受欢迎的娱乐内容之一，也深受全球游戏玩家的好评和欢迎。手游是由时代应运而生的最新形式的游戏，具有强大的生命力。游戏研究公司 Newzoo 估计，全球有超过 8.8 亿人拥有家用主机，13 亿玩家把 PC 端作为首选平台，但是全球的手机游戏玩家将达到总人口的三分之一左右，即 26 亿。到 2021 年，这一数字预计将增长到 27 亿。手游和其他游戏有着明显的区别，如表 16-2：

表 16-2 手机游戏和其他游戏的部分对比

	投资与回报	付费方式	故事性	类型
手机游戏	投资成本小，回报快	一般采取游戏本体免费（或轻付费）道具付费的形式	故事性不强，很多内容都需要后续添加，游玩时间较短	游戏类型比较广泛，形式多样
其他游戏（主机、PC）	投资成本较大，回报较慢	一般采取买断制（即只需付费一次）的形式	故事性强，单个游戏可以游玩几十个小时	多为传统的类型，形式虽然较多但是中心思想陈旧

一维是直线，二维是平面，三维是立体。二次元这个词的本义为二维、平面，是空间维度概念。在动画（Animation）、漫画（Comic）、游戏（Game）、小说（Novel）人群组成的文化圈（ACGN）中，被用作对"架空世界"的称呼。这一用法始于日本，基于早期的动画、游戏作品都是以二维图像构成的，画面是一个平面，所以称之为"二次元世界"，简称"二次元"。如果说二次元世界指的是幻想世界，那么三次元世界也就是现实世界。二次元产业包括漫画工作室、动画制作公司、二次元游戏、轻小说、漫画平台、视频平台、漫展、二次元社区以及衍生品。

二次元手游则是手游中比较特殊的类型，二次元游戏是指受日漫题材或日系文化影响、有着明显二次元风的动漫 IP 改编游戏。二次元游戏作为媒介融合的产物，兼具了动漫与游戏两种媒介的特点。二次元手游萌芽于 2013 年扩散性百万亚瑟王，是日本游戏开发商 SQUARE-ENIX 创作的一款卡片类角色扮演游戏作品，该游戏国服由盛大代理。二次元游戏中以 *Fate/Grand Order* 为佼佼者，以其优良的剧情、庞大而纤细的世界观、用心的美工，彻底征服了全世界的玩家，在 2019 年取得了 40 亿美元的全球总营收。

二次元和主流热门手游的概念不同，这类游戏的用户黏性很大，都深爱着作品本身,而不是为了所谓的"社交"。二次元游戏在中国国内发展迅速,受到了很多用户的欢迎,中国的二次元玩家数量占中国移动游戏市场的比例持续攀升,20—25岁左右的用户,对二次元感兴趣的比例超过90%,他们对二次元的忠诚度和扩散能力都很惊人。中国国内的二次元手游的类型如图16-1:

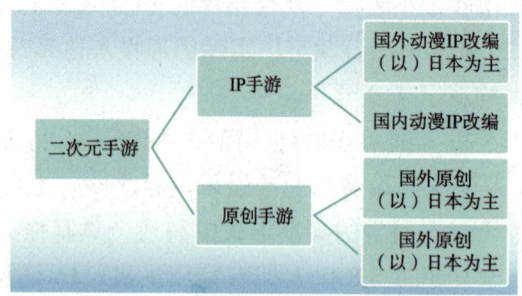

图16-1　中国国内的二次元手游类型

2016年到2019年,中国二次元手游用户持续增长,从8 000万用户增长到了1.16亿用户,具体如图16-2:

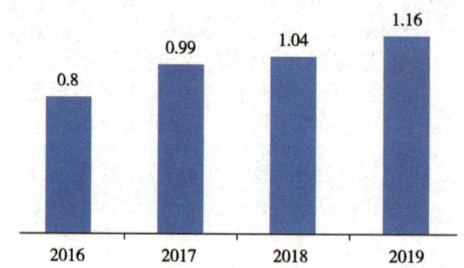

图16-2　2016年到2019年中国二次元手游用户数据(亿人)

与此同时,从2016年到2019年,中国二次元游戏用户占中国移动游戏用户的比例也不断地增长,从2016年的15.09%增长到了2019年的18.71%。具体如图16-3:

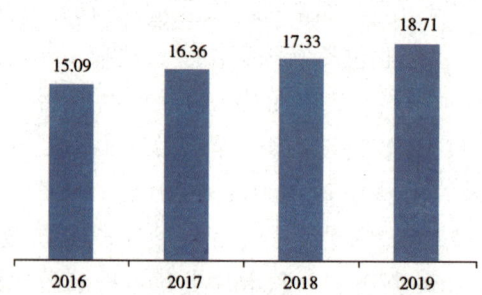

图16-3　2016年到2019年中国二次元游戏用户占中国移动游戏用户的比例(%)

中国的二次元手游市场是一个庞大的市场,中国国内二次元用户规模的壮大,为二次元游戏的发展奠定了基础,二次元游戏行业规模稳步扩大。2016年的二次元游戏市场实际销售收入达到了110.3亿元,到了2019年,几乎翻倍,达到215.6亿元,具体情况如图 16-4：

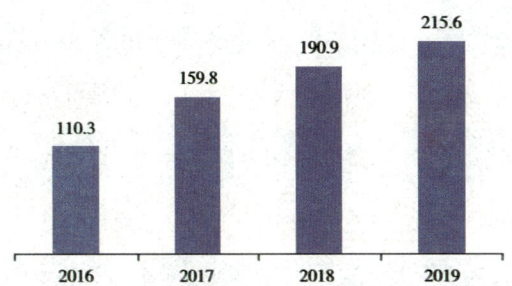

图 16-4　2016 年到 2019 年中国二次元游戏市场实际销售收入（亿元）

中国二次元游戏玩家在 29 岁以下的比例占 80%，其中 19 岁及以下的用户占 37%，占比最大；20—24 岁的用户占 23%；25—29 岁的用户占 20%。如图 16-5：

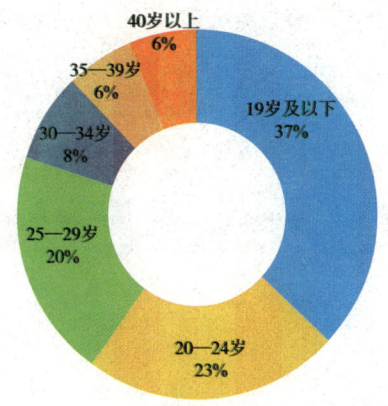

图 16-5　中国二次元游戏用户年龄结构

中国二次元游戏典型企业主要有哔哩哔哩、腾讯、网易、米哈游、完美世界、世纪华通等。哔哩哔哩代表产品主要有《重装战姬》、《双生视界》、《大王不高兴》、Fate/Grand Order、《碧蓝航线》、《心罪爱丽丝》等。腾讯游戏代表产品主要有《银之守墓人》、《从前有座灵剑山》、《妖精的尾巴：力量觉醒》、《妖怪名单之前世今生》、《猎人》、《食物语》、《执剑之刻》等。网易游戏代表产品主要有《忘川风华录》、《幻书启世录》、《黑潮之上》、《时空中的绘旅人》、《阴阳师：妖怪屋》、《阴阳师：百闻牌》、《神都夜行录》、《非人学园》、《永远的 7 日之都》、《魔法禁书目录》、《阴阳师》、《失忆偶像出道中》、《机动都市阿尔法》、《有杀气童话 2》、《隐世录》、《伊格效应》等。米哈游代表产品主要有《崩坏学园 2》、《崩坏 3》、《原神》等。完美世界代表产品主要有《幻塔》、《黑猫奇闻社》、《梦间集天鹅座》、《云梦四时歌》、《梦间集》等。世纪华通代表产品主要有《JOJO 的奇妙冒险：黄金赞歌》、《宝石幻想：光芒重现》、《扩散性百万亚瑟王》等。2019 年国产二次元手游收入排名前十如表 16-3：

表 16-3　2019 年国产二次元手游收入排名前十情况

排名	游戏名称	发行厂商	开发厂商	总收入（万元）
1	阴阳师	网易游戏	网易游戏	574 849
2	火影忍者	腾讯游戏	腾讯游戏	283 773
3	明日方舟	鹰角网络	鹰角网络	253 487
4	崩坏 3	米哈游	米哈游	235 328
5	碧蓝航线	哔哩哔哩	蛮啾、勇仕	113 728
6	圣斗士星矢	腾讯游戏	腾讯游戏	95 757
7	闪耀暖暖	叠纸游戏	叠纸游戏	90 578
8	奇迹暖暖	腾讯游戏	叠纸游戏	74 123
9	妖精的尾巴（魔导少年）	腾讯游戏	腾讯游戏	70 845
10	恋与制作人	叠纸游戏	叠纸游戏	59 461

2. 品牌方和代理方的信息

2.1　品牌方 Cygames 的信息

Cygames 于 2011 年 5 月建立，Cygames 是一家主要为 Mobage 手机社交平台提供游戏应用的公司，也是日本大名鼎鼎的 Cyber Agent 公司的子公司，Cyber Agent 是日本的网络巨头，网络广告代理商里的佼佼者。Cygames 现在除了继续运营 Mobage 平台，还涉足了安卓 /iOS 平台应用，并以家用机游戏开发和动画制作为目标前进。公司总部位于日本东京，其他部门则位于大阪和佐贺，以及韩国首尔。

Cygames 在建立之初就确立了以手游为业务中心的发展目标，推出了《巴哈姆特之怒》《影之诗》《碧蓝幻想》等深受全世界二次元用户好评的二次元手游，早在 2014 年达到了全球 5000 万用户的成就。而 Cygames 并未就此止步，而是向欧洲、北美拓宽市场，取得了不小的成绩。《巴哈姆特之怒》是 Cygames 的第一款游戏，是一款卡牌收集对战类游戏，由木村唯人担任制作人。《巴哈姆特之怒》的运营方是梦宝谷，而梦宝谷正是 DeNA 旗下的。《巴哈姆特之怒》的火爆以及 Cygames 的实力让梦宝谷的母公司 DeNA 当机立断，出资 74 亿元收购 Cygames 24% 的股份。

《碧蓝幻想》2014 年 3 月开始在日本正式上线，后续也推出了手游版本。该游戏在日本热度颇高，已稳定运营了 5 年之久，至 2019 年 6 月登录数已然突破 2 400 万人，可以说是 Cygames 的主要支柱产品。手机游戏最直观的要素就是美术设计为卖点，《碧蓝幻想》的美术制作来自于 CyDesignation 公司，担任游戏总监的皆叶英夫参加过 9 部《最终幻想》作品的制作，所以《碧蓝幻想》的美术设计绝对是上乘之作。《影之诗》这款游戏被称为"日本版的炉石传说"，堪称是目前日本市场上最火的 TCG 手游之一，在 2017 年由网易代理。

《公主连结！Re：Dive》是《公主连结！》的续作，是 Cygames 出品的角色扮演手机游戏。《公主连结！》是由日本 Cygames 开发的游戏，于 2015 年在 Ameba 与 iOS 平台推出，2016 年 7 月 29 日结束服务。2016 年在"Cygames NEXT 2016"上确定新作《公主连结！Re：Dive》。

该游戏采用了动画影片，游戏中的女主角总数超过 50 人，可谓是阵容庞大，加上庞大的故事内容，剧本总字数高达 70 万字以上。而且在游戏中，只要有文字的地方，都有日语配音，也是学习日语的好地方。《公主连结！Re：Dive》这款游戏亦改编为同名漫画、同名电视动画片。

《公主连结！Re：Dive》游戏于 2018 年 2 月 15 日在日本发行。电脑版（DMM GAMES 版）于 2018 年 5 月 22 日在日本发行。手机版与电脑版数据互通，但购买的宝石只能在各自的平台上使用。中国港澳台地区繁体中文版由 So-net（台湾硕网网路娱乐股份有限公司）代理，于 2018 年 8 月 1 日发行。国际版由 Crunchyroll Games 发行，2021 年 1 月 20 日发行。

2.2 代理方 B 站的信息

哔哩哔哩是中国年轻一代的标志性品牌及领先的视频社区，是国内一个 ACG 相关的弹幕视频分享网站，被粉丝们亲切地称为"B 站"。B 站于 2013 年 12 月 23 日在开曼群岛注册成立控股公司，B 站通过子公司及可变利益实体在中国开展业务。B 站于 2018 年 3 月在美国纳斯达克上市，2021 年在香港上市。B 站早期是一个 ACG（动画、漫画、游戏）内容创作与分享的视频网站。经过十多年的发展，围绕用户、创作者和内容，构建了一个源源不断产生优质内容的生态系统，B 站已经涵盖 7 000 多个兴趣圈层的多元文化社区，曾获得 Quest Mobile 研究院评选的"Z 世代偏爱 APP"和"Z 世代偏爱泛娱乐 APP"两项榜单第一名并入选"Brand Z"报告 2019 最具价值中国品牌 100 强。

凭借充满活力的社区及高质量的内容，在 1985 年至 2009 年出生的（即 Z+ 世代）中国人构成了 B 站用户的核心，根据艾瑞咨询报告，2020 年，35 岁及以下的用户占 B 站月活用户比例超过 86%，该比例超过其他中国主要视频平台，Z+ 世代用户平均每天花 31.8 分钟在移动游戏上。中国 10 岁至 25 岁的人口有 2.6 亿，而 25 岁以下的 bilibili 用户就有 0.9 亿，广东、浙江、上海、江苏和北京的用户占总用户的 47%。B 站的用户可以分为普通用户和内容上传用户（UP 主）两种。2021 年第一季度，B 站月均活跃用户达 2.23 亿，同比增加 30%，而移动端的月活用户达 2.09 亿，同比增加

33%。平均每月付费用户达 2 050 万，同比增加 53%。日均活跃用户达 6 010 万，同比增加 18%。

B 站的用户黏度相当强，在 2009 年注册的用户中，竟然有超过 60% 的用户在十年后仍然活跃，而且正式会员第 12 月的留存率约等于 80%，除此之外，用户黏度还体现在一季度用户日均使用时长达 82 分钟，在用户使用时长上，B 站已经稳定在 80 分钟以上，与快手相当，低于抖音的 100 分钟。B 站用户 81.7% 是"90 后"和"00 后"，这是伴随着游戏成长起来的一代人，天生对游戏有亲和力，也是游戏消费的主流群体。B 站的用户群以大学生为重要客群，"宅一族"数量居多，线下交流恐惧症，线上交流欲望强，喜爱动漫和二次元生物；而且都具备一定的消费能力。具体情况如表 16-4 和表 16-5：

表 16-4 B 站活跃用户、付费及使用时间情况

项目	2018 年	2019 年	2020 年
平均月活跃用户（百万）	87.0	117.5	185.8
月均付费用户（百万）	3.4	7.2	14.8
付费比率（%）（月均付费用户/月活用户）	3.9	6.1	8.0
移动游戏月均付费用户（百万）	0.9	1.2	1.8
增长服务月均付费用户（百万）	2.5	6.0	13.0
单个活跃用户每天使用时间	75 分钟以上	80 分钟以上	80 分钟以上

附注：增值服务月均付费用户不含重复的移动游戏月均付费用户

表 16-5 B 站 2018 年到 2020 年的各项月均收入情况（单位：元）

项目	2018 年	2019 年	2020 年
单个月活用户月均收入	4.0	4.8	5.4
单个付费用户月均收入	87.6	60.7	48.7
单个移动游戏付费用户月均收入	284.5	254.6	223.6
单个增值服务付费用户月均收入	19.6	22.7	24.6

B 站实现了多元的商业化，主要以移动游戏、增值服务、广告、电商及其他方式创收。其中，在 2018 年、2019 年及 2020 年，B 站的收入中分别有 71.1%、53.1% 及 40.0% 是来自移动游戏。十大移动游戏 2018 年、2019 年及 2020 年分别贡献了 67%、46% 及 33% 的收入。具体情况如表 16-6：

表16-6　B站净营业额组成部分的金额及占总净营业额的百分比

项目	2018年 金额（万元）	2018年 百分比（%）	2019年 金额（万元）	2019年 百分比（%）	2020年 金额（万元）	2020年 百分比（%）
移动游戏	293 633.1	71.1	359 780.9	53.1	480 338.2	40.0
增值服务	58 564.3	14.2	164 104.3	24.2	384 566.3	32.0
广告	46 349.0	11.2	81 701.6	12.1	184 277.2	15.4
电商及其他	14 346.7	3.5	72 205.4	10.6	150 715.9	12.6
净营业额总额	412 893.1	100.0	677 792.2	100.0	1 199 897.6	100.0

随着收入强劲增长，B站的毛利率由2018年的20.7%上升至2020年的23.7%，主要为效率改善以及服务器及宽带成本等平台成本占收入的百分比减少所致。B站的2018年、2019年、2020年财务状况如表16-7：

表16-7　B站2018—2020年财务状况

项目	2018年 金额（万元）	2018年 百分比（%）	2019年 金额（万元）	2019年 百分比（%）	2020年 金额（万元）	2020年 百分比（%）
净营业额	412 893.1	100.0	677 792.2	100.0	1 199 897.6	100.0
营业成本	327 349.3	79.3	558 767.3	82.4	915 880.0	76.3
毛利润	85 543.8	20.7	119 024.9	17.6	284 017.6	23.7
经营开支						
销售及营销开支	58 575.8	14.2	119 851.6	17.7	349 209.1	29.1
一般及行政开支	46 116.5	11.2	59 249.7	8.7	97 608.2	8.1
研发开支	53 748.8	13.0	89 441.1	13.2	151 296.6	12.6
经营开支总额	158 441.1	38.4	268 542.4	39.6	598 113.9	49.8

B 站的移动游戏是 B 站收入的一大来源，B 站在平台上主要为第三方游戏开发商发行移动游戏，平台上的绝大部分移动游戏均由第三方开发商开发。用户可以免费下载并以哔哩哔哩账号游玩，也可购买游戏中的虚拟物品以获得更好的游戏体验，游戏中的虚拟物品销售是哔哩哔哩的移动游戏收入的主要来源。截至 2020 年 12 月 31 日，哔哩哔哩已经运营了 43 款独家代理的移动游戏，以及数百款联合运营的移动游戏。B 站从全球及国内领先的移动游戏开发商获得了多种多样的移动游戏的独家代理权，比如平台上最热门的独家代理移动游戏包括 2016 年 9 月推出的《命运/冠位指定》和 2017 年 5 月推出的《碧蓝航线》。除了独家授权的移动游戏外，B 站亦与国内知名游戏开发商联合运营大量移动游戏，比如《原神》及《明日方舟》。为了进一步探索该业务领域的可能性，B 站于 2018 年 10 月和腾讯签订了战略合作协议，据此，将在平台上联合运营更多腾讯游戏。2020 年，与索尼达成了业务合作，将为用户带来更多高品质的动画内容及移动游戏。

　　B 站的游戏主要包括独家代理（负责游戏的发行、托管、维护、客服等全方位服务）、联合运营（只负责接入平台和推广，不提供运营支持）和独立开发（B 站自主独立开发，同时负责运营）三种，运营的收益按照模式不同设置不同的分成比例。对于独家发行的移动游戏，B 站通常能得到独家授权，拥有在中国及亚洲其他国家和地区销售及发行移动游戏的独家代理权。B 站还和游戏开发商及发行商签订联合运营协议，以此获得在 B 站平台上推广及发行游戏的非独家代理权。B 站根据每个游戏的具体情况与移动游戏开发商讨论收入分成安排或授权费用，这些安排一般亦符合行业标准。B 站在 2018 年、2019 年及 2020 年独家代理移动游戏分别占移动游戏收入的 88%、79% 及 75%。B 站的游戏运营具体情况如表 16-8：

表 16-8　B 站的游戏联运和独家代理相关信息

游戏联运	指的是游戏厂商产品开发完成，和 B 站联合运营，B 站负责发行游戏、提供付款方案、支付服务及市场推广服务，而游戏开发商负责提供游戏产品、游戏服务器托管及游戏内虚拟物品的定价，获得收入后双方按照约定的比例进行分成	目前 B 站正在联运 91 款游戏，B 占作为渠道平台，一般按照约定是 5∶5 分成。销售虚拟道具所赚取的收益由 B 站和第三方游戏开发商按该等协议进行收入分享	《崩坏学园 2》《LOVELIVE! 学园偶像祭》《梅露可物语》《神之刃》
独家代理	B 站通常会对独家发行的移动游戏进行定制化，根据用户喜好进行调整，并通过自有的服务器提供运营及服务支持。B 站负责推出游戏、存置及维护游戏服务器、决定何时及如何经营游戏内的促销活动及客户服务，以及游戏虚拟道具的定价，以及为海外授权游戏制作本地版本	B 站独家代理 43 款游戏	*Fate/Grand Order*《碧蓝航线》

就销售渠道而言，B 站为价格接收者，而销售渠道就收入分成收取的价格与中国其他互联网平台相近。比如，以交易金额计算，苹果 iOS 应用商店在业绩记录期为 B 站最大的销售渠道。根据艾瑞咨询报告，苹果一般向游戏开发商收取总收入约 30%。B 站与苹果的收入分成比例与行业常规一致。B 站亦与包括基于 iOS 和 Android 的应用商店等发行渠道订立收入分享安排以发行 B 站的移动游戏。为向客户提供不同的支付方法，B 站与在线支付渠道订立和约，并根据通过支付渠道付款的金额按比例支付费用。

B 站的商业模式以内容运营和游戏联运为主，实现发现—制作—精准定位的研发推广闭环。B 站通过分析站内用户视频，对高点击量、高观看量、高收藏量的二次元视频进行分析，确认该类型是否具有对应的高人气，从而孵化对应的 IP 游戏，并推荐给相应的主播、观看用户，进行引爆。

B 站有着强大的运营及发行能力，2020 年，根据艾瑞咨询报告，B 站运营了中国 iOS 应用商店中跻身畅销榜前 100 名的所有 ACG 相关主题的移动游戏。以 *Fate/Grand Order* 为例，在关注到用户对该游戏的关注与喜爱后，B 站立刻将其本地化。B 站为 *Fate/Grand Order* 找到 *Fate/Grand Order* 粉丝，并鼓励内容创作者制作相关视频来进行游戏宣传。这款游戏在推出后的前 30 天已吸引 450 万玩家，从 2016 年到 2020 年，它每年都在国 iOS 应用商店的畅销游戏类别中多次位列前三名。这款高人气游戏刚刚在 2020 年迎来了它的四周年纪念日，展现了其作为 ACG 游戏漫长的生命周期。B 站关于销售及营销开支如表 16-9：

表 16-9　B 站的销售及营销开支情况（单位：万元）

名称		截至 12 月 31 日止年度		
		2018	2019	2020
销售及营销开支	营销及推广开支	43 648.7	93 470.1	300 596.5
	员工成本	13 118.3	20 477.0	40 091.0
	其他	1 808.8	5 904.5	8 521.6
销售及营销开支总额		58 575.8	119 851.6	349 209.1

和其他的游戏公司比如腾讯、完美世界、世纪华通、网易相比，B 站的营业额和毛利润除了在 2020 年高于完美世界和略高于世纪华通，在其他的时间里，都在五个游戏公司中排名末位。如表 16-10 和表 16-11：

表 16-10　B 站和其他四个游戏公司的营业额对比（单位：亿元）

	B 站	腾讯	完美世界	世纪华通	网易
2018 年	41.29	3 126.94	80.34	125.2	511.8
2019 年	67.78	3 772.89	80.39	146.9	592.4
2020 年	120	4 820.64	80.62	117.7	736.7

表 16-11　B 站和其他四个游戏公司的毛利润对比（单位：亿元）

	B 站	腾讯	完美世界	世纪华通	网易
2018 年	8.554	1 421.2	17.06	13.46	273.5
2019 年	11.9	1 675.33	15.03	22.85	315.6
2020 年	28.4	2 215.32	18.07	24.46	389.8

3. 谈判动因

中国的手游市场对于世界来说都是必争之地。中国的二次元市场不仅拥有着数量最大的受众，其市场潜力也值得各方加入开拓，是一片红海。2016 年 10 月，哔哩哔哩代理了索尼娱乐的 *Fate/Grand Order*，在短短的一年内取得巨大成功。*Fate/Grand Order* 等诸多日本厂商手游在中国取得的巨大成功也让诸多日本手游大厂蠢蠢欲动，其中就包括 Cygames，渴望复制 *Fate/Grand Order* 在中国的成功。在发现中国市场这个隐藏的宝石后，决定进军中国市场。当然，由于中国市场仍具有较大的不确定性，Cygames 认为寻找一个中国国内的合作商展开代理合作才是权宜之计，Cygames 全社即对哔哩哔哩、网易等手游平台很感兴趣。在经过多方分析之下，Cygames 最终决定先与哔哩哔哩进行代理洽谈，向其发出了邀请。

B 站作为一个与二次元文化息息相关的平台，在不断扩展自己涵盖的文化领域的同时也在不遗余力地针对这些文化现象进行变现，走可持续发展的道路，代理二次元手游也在哔哩哔哩未来的企业发展蓝图当中。自 *Fate/Grand Order* 成为全球爆款后，哔哩哔哩就对扩展手游市场信心满满，有意同其他国家和地区的手游大厂，尤其是日本的手游厂家，进行深层次的合作。

4. 品牌方和代理方的谈判目标

4.1　品牌方 Cygames 的谈判目标

在 *Fate/Grand Order* 于哔哩哔哩走红之后，Cygames 敏锐地察觉到中国市场是公司发展的下一个目标，而苦于对中国市场了解甚少，Cygames 决定寻求一个可靠的合作商来开展代理业务。它的第一个试水目标就是《公主连结 Re：Dive》（后简称《公主连结 R》），该游戏在日本取得了巨大的成功。Cygames 公司决定与 B 站进行合作谈判。

2018 年 8 月 9 日，日方代表团与中方代表团展开了第一次谈判。这支代表团由社长渡边耕一，手游部门负责人木村唯人，法务部部长冈部太郎，社长秘书椎（读如锥）名爱组成。该谈判团队的谈判重点包括代理类型、代理费用以及其他代理合同的条款。

关于代理类型：渡边社长认为，一般代理更适合 Cygames 公司，因为《公主连结 R》是一款十分优秀的 2D 动作游戏，并且中国市场在刀塔传奇被封禁后正缺乏此类游戏，因此能足够填补中国市场该类型的空白，能够取得较大的商业成绩。所以，渡边社长打算把《公主连结 R》的代理权授予 B 站、网易、腾讯等其他可供选择的代理平台。也可以通过将代理权转卖给其他平台（如华为应用、应用宝），从而获取收益。

关于代理费用：2018 年，Cygames 游戏收入约为 8.75 亿元人民币，其中《失落的龙约》和《公主连结 R》居功至伟，占游戏收入的 50% 以上。而这两个游戏的整体成本才占利润的十分之一都不到，约为 2 346 万元人民币。对财大气粗的 Cygames 来说，能给自己带来更多利益自然是要争取的好事，不过他们也做好了前期收入少于预期的心理准备。渡边社长认为 B 站不应该争取过多的收入抽成，应该尊重开发方的利益。与此同时，因为游戏的宣发等具体事宜也可由 Cygames 协助完成。而且，该谈判团队也了解到 B 站独家代理 *Fate/Grand Order* 这样的游戏分成比例为 45%。因此，渡边社长决定，代理方与开发方的收入分配应为 3∶7 的利润抽成的形式。同时 CyberAgent 的董事会也下达了指令，与哔哩哔哩间的最低收入分成为 5∶5，形式可自行决定，并妥善解决版号审批问题，可在谈判时灵活处置，尽量与哔哩哔哩取得合作，使交涉成立。

4.2 代理方 B 站的谈判目标

在 *Fate/Grand Order* 的大获成功之后，哔哩哔哩仍在寻求与国内外大型手游厂商的合作（代理与发行），渴望建立更多更稳定的收入来源。在接到 Cygames 的合作邀请时，哔哩哔哩代表团在 2018 年 8 月 9 日与日方代表团在东京展开了第一次谈判。这支团队由谈判经验丰富的人员组成。

B 站在游戏代理这方面可谓是经验丰富，B 站对于游戏的代理有着自己独特的标准和流程。B 站会基于能吸引用户的内容、主题、文化特征以及特色来选择游戏。比如，在游玩动机方面，休闲游戏玩家、MMO 游戏玩家以及二次元玩家都是为了打发时间，放松身心和活跃思维，除此之外，休闲游戏玩家对于游戏理解度有较高要求，MMO 游戏玩家则是为了自我挑战，二次元游戏玩家则注重跳出现实以及架构新的世界观。而且，手机运行流畅是玩家持续投入的关键因素。休闲游戏要操作简单、占用少量内存。在付费这一方面，能够明显地发现二次元玩家更倾向于付费，比例为 43%，但是休闲游戏不付费的比例达到了 59%，也就是说，有六成休闲玩家从未付费。在付费意愿较高的 MMO 和二次元玩家中，MMO 玩家付费是为了加强装备，技高一筹。获取游戏特权和得到与众不同的角色装扮是二次元玩家付费的主要原因，这两个付费原因的差异也是运营方向上的差异。如表 16-12：

表 16-12　休闲游戏、MMO 和二次元游戏各项指标对比

内容	休闲游戏	MMO	二次元游戏
玩游戏的驱动因素	打发时间 63%	打发时间 48%	打发时间 49%
	游戏容易理解 33%	自我挑战 27%	可以跳出现实 30%
手机运行流畅	运行流畅 58%	运行流畅 58%	运行流畅 62%
付费比例	付费下载 17%	付费下载 31%	付费下载 43%
	从未付费 59%	从未付费 31%	从未付费 25%
付费原因	获取游戏特权 25%	加强装备 46%	获取游戏特权 53%
	缩短通关时间 24%	获取游戏特权 37%	加强装备 40%

经过详细的对比，B 站认为 Cygames 开发的游戏《公主连结 R》完全符合二次元游戏的动机，手机运行流畅、付费原因等因素，决定独家代理该款游戏。

对于代理的时间，B 站考虑到 2018 年 3 月 29 日，原国家新闻出版广电总局发布《游戏申报审批重要事项通知》，称由于机构改革，所有游戏版号的发放全面暂停。估计到了 12 月，版号才恢复审批。在版号停止发放的 9 个月里，中国游戏业暂时按下了"暂停键"。所以，B 站希望这款游戏的推出时间为游戏版号恢复后的两年内播出游戏。

B 站认为如果是自己推出这款由日本 Cygames 开发的基于动漫的角色扮演游戏《公主连结 R》，一定会在中国二次元玩家中大受欢迎，吸引数以百万计的玩家。而且，因为 B 站对中国二次元市场进行了深度经营，占据了绝大多数二次元市场份额，所以 B 站理应成为 Cygames 在大中华区的唯一代理。

2018 年，B 站的市场营销成本约为 4 088 万元人民币，其中 50% 都用在了对旗下的 *Fate/Grand Order*、《碧蓝航线》等二次元手游的宣发当中。当年，B 站在手游中收入约为 3 815 万元人民币。而也就在该年，B 站的总运营成本达到了 4.24 亿元人民币，这对于新生的 B 站来说，是一个沉重的负担。

B 站的谈判团队认为，本次谈判的重点为游戏收入分配，即收入抽成。该谈判团队经过调查发现同样占据了相关市场较大份额的腾讯和网易在收入抽成方面都是代理方 9 成开发方 1 成，于是 B 站谈判人员决定把这次的收入分配设定为开发与代理的比例为 2 比 8。此外，游戏开服时的宣发等具体发行业务若均为中方承担，对 B 站的营收影响会比较大；同时，以利润为抽成形式也会影响 B 站的营收，所以陈睿先生决定以营收抽成的形式进行收入分配。与此同时，B 站也在与东京电视台就《从零开始的异世界无限》的手游代理进行洽谈，认为 Cygames 提交的《公主连结 R》与前者相比内容会差很多，而且容易挤占前者的宣发位置。于是 B 站决定向日方就此事进行进一步的洽谈。

B 站也需要与日方的大厂合作，把自己的名声打响，于是 B 站高层也愿意在尽量

达成协议的情况下进行一定程度的让步,但底线比例最好为 6∶4,因为经公司会计部门计算,若超过 6∶4 则将给公司带来 2 000 万元人民币的损失。

除了以上的谈判内容,B 站还需要完成表 16-13 关于代理谈判的其他内容。

表 16-13　代理谈判条款

资质确认:代理商和委托方的互相选择		
合同条款知识		具体内容
合同条款	具体内容	
1.明确代理内容	代理类型	
	代理产品	种类、名称、规格、新产品
	代理区域	华北、东北、华东、中南、西南、西北、港澳台
	代理时间	
2.委托方的义务	广告资料	
	推销	
	转介客户	
	代理商品的价格	
	优惠条款	
	保证	
3.代理商的义务	推销	
	禁止竞争	
	最低销售额	
	代理费用	
	订单的处理	
	督促履约	
	商情报告	
	保密协议	
4.代理商品佣金	一般佣金的佣金率、支付方式、计算依据	
	特殊佣金的佣金率、支付方式、计算依据	
	超额佣金的佣金率、支付方式、计算依据	
5.商标		
6.违约赔偿	委托方违约	
	代理商违约	
7.不可抗力		
8.仲裁		
9.协议条款	协议有效期	
	协议的生效	
	协议的转让	
	协议的终止	

第十七章　中美公司关于运动品牌代理的谈判

1. 代理背景

独家代理（solo agent or exclusive agent）是指代理人在协议规定的地区和期限内，对指定商品享有专营权，即委托人不得在规定范围内自行或通过其他代理人进行销售。按照惯例，委托人在代理区域内达成的交易，凡属独家代理人专营的商品，不论其是否通过该独家代理人，委托人都要向他支付约定比例的佣金。

一般代理指的是在同一地区、同一时期内，委托人可以选定一家或几家客户作为一般代理商，并根据销售商品的金额支付佣金。委托人可以直接与其他买主成交，无须另给代理商佣金。

国外品牌商授权国内销售商在指定的地区销售其产品，并有市场及品牌的管理权，但国外品牌商不会投入大量的资金来做国内市场。很多国外品牌就是通过授权中国总代理商的形式进入中国市场，一来可以减少投资风险，二来中国人更熟悉中国市场，而一旦这些国外品牌做大做强了，国外品牌就可能把中国的总代理商"砍"掉，自己直接来操作中国市场。

2. 品牌方与代理方信息

2.1　品牌方信息：匡威

美国匡威（Converse）公司诞生于1908年，典型的百年老店，总部在美国波士顿，1982年在纳斯达克挂牌上市，然而，这个百年老店在2003年被耐克以仅仅3.05亿美元的价格收购。美国匡威（Converse）公司早期以生产橡胶鞋为主，之后很快就开始做网球和篮球鞋。特别是在篮球方面，匡威于1917年推出篮球鞋、1936年成为美国篮球奥运代表队的首个赞助商、1986年成为NBA官方用鞋，还曾经是韦德在李宁、AJ之前的球鞋赞助商，匡威在篮球领域有着丰富又辉煌的过去，匡威后期开始做各种休闲运动鞋和服饰背包等。

从来没有一家公司能够把帆布鞋发挥得如此淋漓尽致，集复古、流行、环保于一鞋，在1996年仅凭一款All Star就可以卖到7亿双，然而，匡威做到了，它打造了一个帆布鞋的王国。它最初只生产"橡胶鞋"，但很快也开始进军网球鞋和篮球鞋。

2003年，匡威被耐克收购后，开始逐渐甩手专业体育业务，转型休闲时尚市场的发展，逐渐走上了以生活方式、潮流、街头为核心标签和定位的休闲道路。随着复古风潮的兴起，匡威带着经典复古鞋款，在休闲时尚市场有了自己的一席之地，匡威产品主要分为四个系列，分别是 Star and Chevron、Jack Purcell、All Star 和 One Star，其中 Star and Chevron 主打篮球鞋，这系列的特征就是在鞋面的两侧有个星星加箭头的标志。Jack Purcell，俗称开口笑，得名于20世纪杰出的羽毛球运动员 Jack Purcell 先生。All Star，也称 Chuck Taylor，得名于20世纪20年代伟大的篮球运动员 Chuck Taylor 先生，为了纪念他对篮球运动与 Converse 品牌的推动，Converse 以他的名字命名了自己销量最大的品牌。One Star，标志是只有一颗星星。匡威在中国市场最引以为傲的三大经典如表17-1中展示的有 Chuck Taylor All Star（全明星经典帆布鞋）、Jack Purcell（开口笑）、Cons（滑板运动鞋）三大系列。

表17-1 匡威的部分经典款式

样式	系列名称	款式	价格（元）
	Chuck Taylor All Star	男女同款	459
	Chuck Taylor All Star Core	男女同款	449
	Jack Purcell	男女同款	479
	One Star	男女同款	599
	Cons	男女同款	899

匡威在很多国家都有代工厂，常见的有越南、中国、印尼、印度、缅甸等地。如表17-2：

表17-2 匡威的部分代工厂情况

国家名	厂名	代工产品
越南	9A、9K、9Z、9Q 等几个厂	chuck 70、All Star、One Star
印尼	6X、SC、6Y 等几个厂	主产日版，其中 6X 和 SC 产的 add 比较有名
印度	2C	chuck 70、All Star
缅甸	3M	主产日版
中国	8E 江苏扬州宝亿制鞋有限公司	主产 chuck 70、All Star、Jack Purcell 等
	7L 福建福清威霖实业有限公司	主产 All Star（常见常青款）
	7Z 广东肇庆协大鞋业有限公司	主产 All Star

2.2 代理方的信息：宝胜国际

宝胜国际（控股）有限公司刚开始是仅代理一个品牌的区域小公司，目前是中国最大的运动服饰产品零售商及代理商之一。宝胜国际成立于 2007 年 11 月，注册地在百慕大，总办事处及主要营业地点位于香港九龙，于 2008 年在香港交易所上市，总股本 53.568 5 亿元，其最大的股东是裕元工业集团有限公司，其通过 100% 控股的 Major Focus Management Limited 控股宝胜国际，持股比例达 61.81%。裕元工业集团在香港上市，专业生产 Nike（耐克）、adidas（阿迪达斯）、Reebok（锐步）等世界知名品牌运动鞋、休闲鞋和慢跑鞋，是世界最大的制鞋企业。裕元工业集团的母公司为宝成工业股份有限公司，台湾宝成国际集团为台湾上市公司，主要为生产制造批发休闲运动鞋、服装与配件，是全球品牌运动鞋与休闲鞋营业额最大的集团，为 Nike、adidas、Reebok、New Balance、Asics、Timberland、Converse 及 Rockport 等超过世界 50 家国际知名品牌设计制造及生产，年生产超过 1.7 亿双运动鞋，在名牌运动鞋及便服鞋中的全球市场占有率超过 15%，全球名牌运动鞋中平均 5 双鞋就有 1 双是宝成集团制造的。宝成集团通过自己 100% 持股的两个子公司 Wealthplus Holdings Limited 和 Win Fortune investments Limited 合计持有 51.11% 的裕元工业集团股份。

宝胜国际的 100% 控股子公司为 YY Sports Holding Limited，YY Sports 又 100% 控股了六家子公司，其中一家是胜道（扬州）体育用品开发有限公司。宝胜国际熟练运用开店直营、加盟批发、"YY-sports 胜道"运动城招商、品牌代理以及电子商务等丰富的经营方式，通过自己的 5 200 多个直营店铺及 3 800 多个加盟店铺和 2 万多名直属员工。

宝胜国际拥有一家资深的高级管理团队和经验丰富的地区管理团队。宝胜的首席执行官、首席财务执行官以及执行董事在各自的领域都拥有超过 15 年的丰富的管理经验。该公司的地区管理团队由各销售地区的地区总经理带领，他们对于当地的客户需求、消费模式、市场趋势及规则有深入了解。

宝胜国际长期以来，以灵活、丰富的业务形态及通路形式，与国际国内众多优秀品牌密切合作，共同成长。目前，宝胜主要在国内为包括耐克、阿迪达斯、李宁、Kappa、Reebok、Sketchers、Puma、Converse、Hush Puppies、Nautica、Wolverine 及 Umbro 等全球知名运动品牌经销体育用品产品。其中，耐克及阿迪达斯两大品牌作为宝胜收入主要来源。据海通证券研报显示，根据宝胜前 5 大品牌采购额合计占比整体采购近 3 年比重保持在 95% 以上，估计耐克与阿迪达斯合计占比公司收入约 75%—80%。宝胜国际的业务不仅包含了全部一线知名品牌，而且，宝胜还在不断引入新的品牌，丰富产品组合，向消费者提供更多运动装备及时尚休闲商品。

宝胜国际距离滔博国际还有一定的距离。如果对比宝胜国际和滔博国际的营业额和净利润，如图 17-1 和图 17-2 所示，就会发现，滔博的营收稳定增长，从 2017 年的 216 多亿元到 2020 年突破了 350 亿元，然而宝胜国际直到 2020 年营业额仍未突破

300亿元，反而2020年的营业额要低于2019年。净利润方面的对比尤为明显，滔博国际的净利润一直是宝胜国际的3倍左右，到了2020年，滔博国际的净利润是宝胜国际的8倍左右，截至2020年，宝胜国际的净利润也在10亿元以下，宝胜国际盈利能力的差距明显拉大。

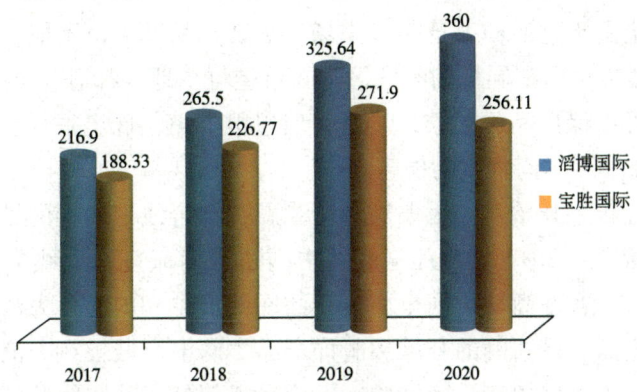

图17-1 2017年到2020年营业额对比（单位：亿元）

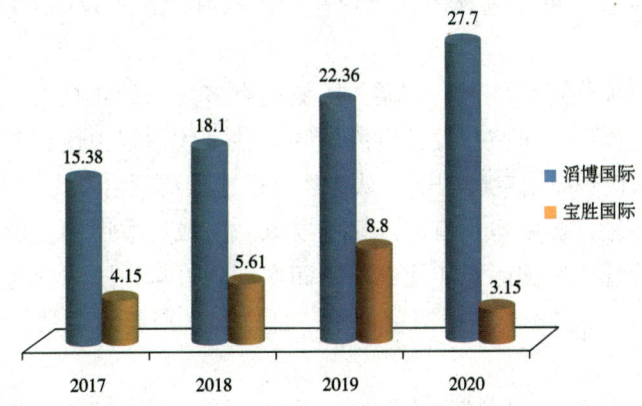

图17-2 2017年到2020年净利润对比（单位：亿元）

3. 谈判动因

宝胜国际和匡威的合作已经有二十多年的历史了，双方的合作非常融洽。然而，体育品牌市场瞬息万变，耐克的两大代理商百丽国际和达芙妮不再代理耐克。百丽代理的耐克和阿迪达斯同比增长2.5%，而耐克和阿迪达斯旗下的子品牌匡威和锐步等二线运动服饰品牌的业绩不增反减。为遏制代理运动品牌业绩下滑态势，百丽做出了关店决定。达芙妮国际也宣布退出耐克、阿迪达斯两品牌服饰的代理业务。

市场的变化使得品牌方的态度也发生了转变，耐克、阿迪达斯也收回了部分代理权。宝胜是耐克旗下的匡威品牌的独家代理商，代理的期限是三年，眼看期限快到，双方将举行一次谈判，洽谈接下来的续约。

4. 品牌方和代理方的谈判目标

4.1 匡威的谈判目标

如果品牌方既不愿看到经销商或者代理商最终被两家或者几家渠道商所控制的局面，同时也不希望由于过激的改革伤害市场，那么，品牌方就不能一味地交权给代理商或者经销商，匡威也面临同样的问题，匡威希望每个地区都有几家有实力的经销商，以形成竞争但又可以保持品牌形象，然而，理想很丰满，现实很骨感，过度的竞争使得匡威的品牌形象受到不同程度的损害。

因此，匡威近年来开始对销售渠道进行革新，结合线下线上的模式。匡威意识到了线上销售的重要性，2012年8月匡威的中国官方商城正式上线，这也是匡威在中国的唯一官方商城。官方商城连同全面更新的网站形象和内容，为消费者提供覆盖匡威旗下各系列最全面、最新鲜的鞋款和服饰产品。网上商城旨在为消费者提供全方位高端的产品，网络购物服务和品牌体验。无论身处何处，都能体验到匡威带来独一无二的产品和服务。匡威通过这种线下直销店和线上相结合的模式，力求直接把商品卖给消费者，而消费者也可以选择传统的带有和匡威有合作关系的40家零售伙伴购买产品。

同时，匡威也加强了对线下的控制。匡威拥有多元化的体育用品组合，它的独家品牌代理商是宝胜国际，匡威授权给宝胜国际的独家代理权很快到期，然而，匡威不打算继续授予独家代理权给宝胜国际，认为经销的模式更适合双方接下来的合作。

当然，对于经销，匡威也是有着严格的要求。匡威每季度会提供一系列货品供经销商采购，并且希望宝胜国际每年能够发出四次期货订单，匡威会与宝胜国际每季度举行一次订货会，会后20天发送期货订单，自订购日期起六个月内收到期货订单的产品。

关于付款方面的条款，匡威认为取决于采购金额、与经销商的关系及过往付款记录等多项因素。对于像宝胜这样的老客户，匡威一般采取从发票日期起计45天到60天的信贷期，倘若宝胜于信贷期结束前提早结算采购金额，则下一批采购会获得额外现金折扣。此外，如果宝胜达到或者超过年度采购目标亦可获得年度返利。

这次耐克旗下的匡威谈判主要涉及这三点，当然，如果宝胜国际同意经销的模式，匡威还需要就合同的其他条款进行谈判，其他的条款可以参照当时的代理的条款。

4.2 宝胜国际的谈判目标

宝胜国际不仅仅是经销商，还是一些国际品牌的中国独家代理商。宝胜国际的主营业务之一就是品牌代理业务，然而，这种品牌代理不是一般意义的代理。它和传统的代理区别很大，甚至颠覆了传统代理的概念。宝胜国际的品牌代理要求品牌方授予宝胜国际独家设计、开发、制造、推广、经销及灵活定价的权利。显然，宝胜国际和匡威的代理就属于这样的特殊代理模式。因为不属于一般的代理商，作为匡威的独家代理商，宝胜能获得比一般代理商、经销商更高的收益，因此，宝胜希望能够继续在中国独家代理。

至于采购，宝胜并不是直接向品牌授权公司采购产品，而是通过两种渠道采购代理品牌产品，第一个采购渠道是经由代理品牌特许人授权的生产商签约生产由宝胜设计的代理品牌产品，第二个渠道是经由代理品牌特许人授权的供应商处直接购入制成品或者半成品。当然，宝胜也可自代理品牌特许人的国际生产线处进行部分产品的采购，并且向该供应商支付采购款。宝胜向合约生产商购买的代理品牌产品一般以人民币结算，自收到合约生产商的交货及抽样检查代理品牌产品后约30天付款。宝胜通常会在发出采购订单当日后90天内，收到代理品牌特许人所提供的订购产品。

关于支付条款，宝胜会向代理品牌特许人每年支付专利费。年度专利费一般包括最低保证金额以及通常根据净销售额、向代理品牌特许人采购产品的出厂成本或出售给客户的品牌代理产品发票金额计算出的不定金额。通常情况下，宝胜通过电汇支付代理品牌特许人的专利费。

宝胜在市场的推广及促销方面也投入了大量的资源，根据和品牌方订立的品牌代理协议，宝胜须将每年所采购或购入的全部产品的净销售额或出厂成本的指定百分比用于在各销售区域的推广、宣传及促销。在收到由授权合约生产商所生产或购自国际生产线的代理品牌后，宝胜也会积极展开推广及宣传、进行视觉推销及产品分类等增值工作并承担其中大部分费用。为提高代理品牌知名度，宝胜会在报纸、杂质、电视、公众海报、广告等媒体宣传代理品牌，也会举办街头展览及特别活动来宣传。

除此之外，宝胜为代理品牌产品制定统一零售价，同时也会制定零售商可接受的折扣水平。考虑到代理的利润不是很高，以及众多的国内一线运动品牌李宁、安踏的崛起改变了行业供需关系，使得体育品牌的销售利润不断降低，宝胜希望此次的谈判能够把专利费进行一定程度的降低。

宝胜为了此次谈判的成功进行，做了充分准备，然而，宝胜了解到某经销商曾与匡威谈判，希望能将拿货数量降下来。匡威则表示，可能收回一些经销商的部分代理权，其中甚至包括其第一大经销商的部分经销权。而且，宝胜也对竞争对手滔博做了分析，滔博收购了BIGSTEP公司，BIGSTEP公司以经营Nike和adidas等知名品牌为主，其还收购了华南地区最大的运动品牌代理企业——深圳领跑体育用品有限公司，这些成熟的品牌影响力也会帮助滔博提升业务。可见滔博是一个强有力的竞争对手。

宝胜还对代理商的地位做了分析，发现由于代理商自身不生产产品，其与厂家在对话时始终处于较为被动的态势。同时在竞争对手方面，网络销售又是如此发达，何况与实体店相比，网络开店的成本几乎可以忽略不算。因此现在代理商事实上多处于一种内忧外患的激烈竞争中，如果不加强自身的附加值，加强与生产企业的战略协同机制，纯粹的代理商身份终究有一天会走到尽头。面对这样的困境，宝胜贯通线上线下的消费流程，把网购和实体店购物两方面的体验完美地融合起来，除了天猫、京东、唯品会等平台，还推出了微信商店。宝胜经过详细的准备，认为自己可以在此次谈判中达到预期的效果。

双方除了就以上内容进行谈判并达成协议，也需要结合表 17-4 和表 17-5 的内容完成表 17-3 代理谈判的其他条款协商。

表 17-3　代理合同主要条款及解释

代理谈判（为什么要代理不直接卖？）		
资质确认：代理商和委托方的互相选择		
合同条款		具体内容
1. 明确代理内容	代理类型	
	代理产品	种类、名称、规格、新产品
	代理区域	华北、东北、华东、中南、西南、西北、港澳台
2. 委托方的义务	广告资料	
	推销	
	转介客户	
	代理商品的价格	
	优惠条款	
	保证	
3. 代理商的义务	推销	
	禁止竞争	
	最低销售额	
	代理费用	
	订单的处理	
	督促履约	
	商情报告	
	保密协议	
4. 代理商品佣金	一般佣金的佣金率、支付方式、计算依据	
	特殊佣金的佣金率、支付方式、计算依据	
	超额佣金的佣金率、支付方式、计算依据	
5. 商标		
6. 违约赔偿	委托方违约	
	代理商违约	
7. 不可抗力		
8. 仲裁		
9. 协议条款	协议有效期	
	协议的生效	
	协议的转让	
	协议的终止	

表 17-4 滔博国际和宝胜国际相关信息

零售商名称	营业收入来源	代理品牌信息		销售渠道	
		代理品牌	主力品牌收入占比	线上渠道	线下渠道
滔博国际		耐克、阿迪达斯、李宁、彪马、匡威、锐步、亚瑟士、鬼冢虎及斯凯奇	87%左右（耐克、阿迪达斯）	滔博公众号和滔博运动app	8 000多家直营门店，超过99%为单一品牌店，以所售品牌冠名。还有55家多品牌门店，以topsports和foss品牌经营。150平米以下的门店减少，150平方米以上增加。
宝胜国际	零售营业额占比67%左右，其中批发业务占零售营业额的25%左右；代理业务占营业额21%左右，制造业务占比12%左右	耐克、阿迪达斯、李宁、彪马、匡威、锐步	80%左右（耐克、阿迪达斯）	天猫、京东、唯品会、微信商店	零售渠道：自有直营店1 400多家（百货公司专柜、街铺200多家、商场专卖店200多家），区域合资公司的直营店2 000家左右。批发渠道：零售加盟店800家左右。代理渠道：自有零售商600多个，其他品牌加盟店2 600多个。

表 17-5 宝胜三大业务与专利费的支付（单位：美元）

名称	2005年	2006年	2007年
零售业务收益	1.29亿	2.329亿	3.552亿
制造业务收益	2 080万	4 480万	6 710万
代理业务收益	5 740万	9 530万	1.332亿
专利费	480万	920万	1 360万

第七部分
招商引资谈判案例

第十八章　中国地方政府对美国电动车公司的招商引资谈判

1. 招商引资背景

招商引资是指政府创造一流的投资环境，并通过制定各项优惠政策来吸引外资的直接投资，即FDI。一流的投资环境包括完善的基础设施、健全的知识产权、完整的产业链及专业人才等，优惠政策则包括税收减免、奖励、土地补贴等政策，两者结合起来构成了成功的政府招商引资。

2020年，中国一举成为全球吸引外资最多的国家，2020年共吸引FDI（外商直接投资）1 630亿美元，比排名第二的美国的1 340亿美元多出将近300亿美元。这也是中国首次超越美国，成为全球吸引外资最多的经济体。2019年，新设外商投资企业4.1万家，2019年12月，中国累计设立外商投资企业达100.2万家，累计实际使用外资金额达2.29万亿美元。2019年，以实际投入金额计，排名前15位国家（地区）依次是中国香港地区、新加坡、韩国、英属维尔京群岛、日本、美国、开曼群岛、荷兰、中国澳门地区、德国、中国台湾地区、萨摩亚、英国、法国、爱尔兰，合计实际投资1 336.3亿美元，较上年增长2.9%，占中国吸收外资金额比重为96.8%。

2. 上海市和特斯拉基本信息

2.1 上海市基本信息

中国吸引了大量的外资，这些外资涌入了中国的多个城市。外资投入最多的城市排行榜中，上海市浦东新区，湖北武汉市汉南区，重庆市渝北区，辽宁大连市金州区分别是东部地区、中部地区、西部地区和东北地区的第一名。

世界银行发布的2020年全球营商环境报告显示，在全球190个经济体中，中国营商环境排名第31位。世界银行营商环境项目从开办企业、获得电力、财产登记、跨境贸易、纳税等方面监测190个经济体的营商环境，世行在中国测评的样本城市是北京和上海，上海与北京的权重占比分别为55%和45%。也就是说，上海营商环境，代表着中国营商环境的最高水平。

上海位于中国东部,地处长江入海口,面向太平洋。它与邻近的浙江省、江苏省、安徽省构成了长江三角洲,是中国经济发展最活跃、开放程度最高、创新能力最强的区域之一。2019年末,上海行政区划面积6 340.5 km²,土地面积占全国的0.06%,其地区生产总值占全国的3.9%,关区进出口商品总额占全国的20.1%。上海市下辖16个区,共107个街道、106个镇、2个乡,常住人口2 428.14万人。上海是中国最大的经济中心和重要的国际金融中心城市。2019年,共有76家驻沪领事机构、76家外国驻沪媒体机构、720家跨国公司地区总部、461家外资研发中心落户上海。至2019年底,上海共核发《外国人工作许可证》近19万份,其中外国高端人才占比约18%,引进外国人才的数量和质量均居全国第一。

上海港国际枢纽地位进一步巩固,已成为中国大陆集装箱航线最多、航班最密、覆盖面最广的港口。上海港集装箱吞吐量4 330.26万国际标准箱,连续十年保持世界第一。上海港已先后与日本大阪、美国西雅图、法国马赛、韩国釜山、德国汉堡、澳大利亚墨尔本等23个港口结成友好港口,与世界主要国家的港口有专线货轮往来。洋山深水港区是上海国际航运中心的集装箱深水枢纽港区。港区位于杭州湾东北部、舟山群岛嵊泗列岛海域,由东海大桥与浦东新区芦潮港相连。目前已建成大型集装箱泊位16个,码头岸线全长5.6 km,年设计吞吐能力930万标准箱。

上海基本确立亚太门户复合航空枢纽地位,已成功构建中国首个"一市两场"城市机场体系,布局和规模看齐国际大都市水平。浦东国际机场地处亚、欧、美三角航线的中点,是世界主要航空枢纽港之一,距上海市中心约30 km。虹桥国际机场是中国主要的航空枢纽机场。距市中心仅13 km。

上海的高速公路网四通八达,上海已通车的国家高速公路有京沪高速G2(北京至上海)、沈海高速G15(沈阳至海口,经上海)、沪陕高速G40(上海至西安)、沪蓉高速G42(上海至成都)、沪渝高速G50(上海至重庆)、沪昆高速G60(上海至昆明)、上海绕城高速G1501等。

上海的传统六大支柱产业有电子信息、石化、钢铁、设备、生物医药和汽车,这六大支柱产业占到全市工业总产值的68.5%。汽车是上海的纳税大户,在上海外资纳税总额百强企业中,前十名中有五个是车企,分别是上汽大众、保时捷中国、上汽通用、福特中国、捷豹路虎中国。2016年度,上汽大众的纳税额近158亿元,上汽通用的纳税额近130亿元。2016年上汽大众200.1万辆;上汽通用188.7万辆。上海的汽车形成了一条完整的从汽车研发、生产制造到销售的产业链,既有品牌汽车销售中心,也有研发和制造中心。上海的汽车品牌众多,合资品牌有上汽大众、上汽通用、广菲克、自主品牌有上汽荣威,豪华品牌有沃尔沃、阿尔法罗密欧、玛莎拉蒂等。同时,长三角周边的汽车产业链的配套是相当成熟。上海拥有世界上最健全的汽车供应链体系,上海周边分布有博世、采埃孚、德尔福、大陆等顶级零部件供应商,汽车产业配套相当完整。

截至2020年,全球电动汽车的保有量将近1 000万辆,电动汽车的销售有望比其他汽车市场好。全球约有 730 万个充电桩，其中约 650 万个是家庭、多栋住宅和工作场所中的私人轻型车用慢速充电器。在过去的十年中，全球电动汽车销量每年至少增长 30%。如表 18-1：

表 18-1 中国、欧洲和美国新能源乘用车销量情况

年份	中国	欧洲	美国	全球汽车市场占比（%）
2018	76.9 万辆	38.6 万辆	20.9 万辆	2.1
2019	100 多万辆	56.1 万辆	32.7 万辆	3.6
2020	124.6 万辆	136.7 万辆	25.3 万辆	4.7

由此可见，中国仍毫无争议地成为最重要的电动汽车或新能源汽车市场，这是中国的国家战略之一。中国对原油需求的增长早已打破了能源自给自足的供求格局，根据石油经济技术研究院发布的数据，2019 年我国原油进口量也突破了 5 亿吨，我国原油对外依存度突破 70%，远超 50% 的国际警戒线。因此，发展电能、氢能等替代能源也提升到了国家战略高度。2020 年底，全国新能源汽车（纯电动车、混动车及氢燃料电池车）保有量达 492 万辆，比 2019 年增加 111 万辆。其中，纯电动汽车保有量为 400 万辆，纯电动汽车占比 81%，插电式混合动力汽车占比约 18%，氢燃料电池汽车占比不足 1%。2020 年，在 PHEV 插电车型中，叫座的品牌有大众，一共销售了 421 591 辆；其次是上汽集团，272 210 辆；之后是雷诺－日产－三菱联盟，226 975 辆；宝马位列其后，195 979 辆。纯电动车型方面，第一名是特斯拉，共售出 499 535 辆；第二名是上汽集团，共销售了 243 201 辆；大众汽车集团排名第三，227 394 辆；第四是雷诺－日产－三菱联盟，172 673 辆；第五是比亚迪，131 705 辆。

2016 年度，上海市率先成为全国新能源汽车推广总量逾 10 万辆的城市，同时跃居全球新能源汽车保有量最大的城市。上海市继续鼓励推广使用新能源和清洁能源车，加大充电设施建设力度，到 2020 年，新能源汽车达到 30 多万辆，位居第一名。全国新能源汽车保有量超过 10 万辆的其他城市北京、深圳、广州、杭州和天津，分别拥有 29 万辆、25 万辆、16 万辆、15 万辆、13 万辆。此外，上海市在涉及新能源汽车的基础设施方面也比较完善。截至 2021 年 3 月，上海市级平台已接入公用和专用充换电设施就已经达到了 11.24 万个。现在，上海市的车桩比基本已经达到了 1.2∶1 的水平。

2.2 特斯拉基本信息

特斯拉基本信息：特斯拉公司是一家美国电动汽车及能源公司，2003 年 7 月 1 日，由马丁·艾伯哈德和马克·塔彭宁共同创立，总部位于帕洛阿托（Palo Alto）。特斯

拉设计、开发、制造、销售和租赁高性能全电动汽车和能源发电和存储系统，并提供与其产品相关的服务。特斯拉于 2010 年 6 月在美国纳斯达克上市，共发行 9.63 亿股，最大的股东是 Elon Musk，共持有特斯拉 22.4% 的股份。特斯拉的主要营业收入来自汽车、服务和其他以及蓄能发电，如图 18-1。

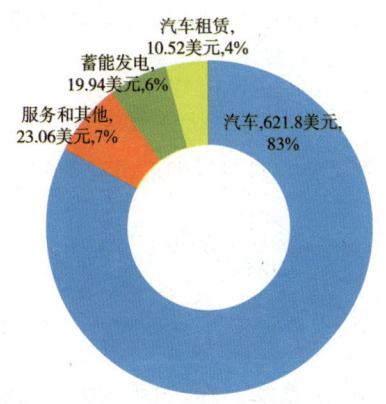

图 18-1　2020 年特斯拉业务收入构成

电动汽车分为纯电动汽车（BEV），插电式混合动力汽车（PHEV）以及氢燃料电池汽车（FCEV）。特斯拉生产的是纯电动汽车。特斯拉的电动车包括了轿车、SUV、皮卡以及跑车，如表 18-2：

表 18-2　特斯拉的电动车情况

名称	具体型号	级别	版本	价格
轿车	Model 3	中型轿车	标准续航版和长续航版	24.9 万—30.98 万元
	Model 3（进口）	中型轿车		36.39 万—50.99 万元
	Model S	中大型轿车	长续航、plaid，plaid plus	75.69 万—123 万元
SUV	Model X	中大型 SUV	长续航、Plaid	77.29 万—87.29 万元
	Model Y	紧凑型 SUV	标准续航版和长续航版	27.6 万—34.79 万元
皮卡	Cyber truck			4 万美元起
跑车	Roadster		标准版和创始人版	20 万—25 万美元

特斯拉电动车的全球销量继续保持高速增长。在未来几年特斯拉都将很难被超越，即使大众、丰田等跨国车企巨头的电动汽车，也似乎很难超越持续高速增长的特

斯拉。在特斯拉的电动车型中，特斯拉 Model 3 的销量依旧大幅遥遥领先，作为最便宜的特斯拉，Model 3 使用了特斯拉最新的系统和平台，整车的驾驶体验也非常运动，再加上强大的动力和出色的续航使得特斯拉 Model 3 受到了全球消费者的喜爱。如表 18-3：

表 18-3　特斯拉 2015 年到 2020 年的销量情况

年份	2015	2016	2017	2018	2019	2020
销量（辆）	50 580	76 230	101 312	245 240	367 820	499 500
同比增长（%）	60.0	50.7	32.9	142.1	50.0	35.8
Model 3 销量（辆）	25 202	29 121	54 715	145 846	300 075	365 000

特斯拉为了扩大产能，节约成本，在美国、欧洲和亚洲开始建立超级工厂。这些超级工厂生产的产品并不一致，内华达的超级工厂 Gigafactory Nevada 主要生产动力电池，纽约的工厂则生产太阳能屋顶，其他的超级工厂主要生产特斯拉的电动汽车，给当地创造了大量的工作岗位，并且带动了相关的产业链的繁荣，具体情况如表 18-4：

表 18-4　近年特斯拉各地超级工厂的营业情况

年份	地点	投资金额	用途	土地面积	备注
2010	加州 Fremont 工厂	4 200 万美元	Model 3、Model S、Model X、Model Y	55 万平方米	Model X 和 Model S 产能为 9 万辆，Model 3 和 Model Y 产能为 40 万辆，10 000 工人，超过 5 万名的全产业链的工人
2013	荷兰 Tilburg 组装工厂		Model Y		以进口件的形式在工厂内组装
2014	内华达超级电池	50 亿美元	动力电池、家用商用充电宝	93 万平方米	6 500 个工作岗位，3 000 个建筑岗位
2016	纽约水牛城		太阳能屋顶		1 460 个工作岗位
2019	柏林	40 亿欧元	Model Y、电动车电池和发动机	300 万平方米	一期 3 000 个工作岗位，二期 8 000 个工作岗位
2020	得州奥斯汀	11 亿美元	Cybertruck、卡车 Semi、Model 3 以及 Model Y	809 万平方米	15 000 个工作岗位

特斯拉，作为造车新势力公司的领头羊，其营业额从2015年的40.46亿美元增加到2020年的315.4亿美元，六年的时间几乎增加了7.79倍，与此同时，特斯拉的主营成本也从31.23亿美元增加到了249.1亿美元，营业成本增加了7.97倍。由此可见，造车新势力公司的盈利非常困难，不仅国内的新能源车诸如蔚来、小鹏、理想都没有实现真正的盈利，即使领头羊特斯拉，从2015年到2019年也处于亏损状态，直到2020年才开始扭亏为盈，如图18-2和图18-3：

图 18-2　特斯拉 2015 年到 2020 年的主营收入、主营成本与毛利润（单位：亿美元）

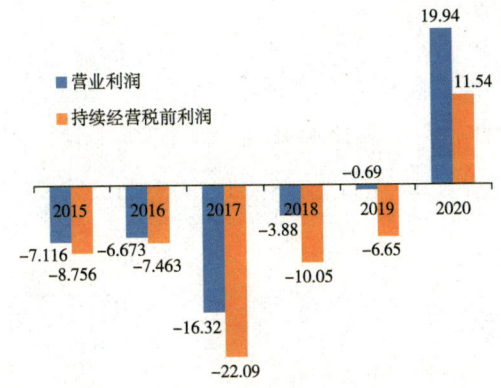

图 18-3　特斯拉 2015 年到 2020 年的营业利润和持续经营税前利润（单位：亿美元）

3. 谈判动因

上海市在把握未来产业的大背景下积极发展新能源产业，因此，招商特斯拉就显得尤为必要。引进特斯拉可以给上海市带来一系列的发展机会。首先，可以拓展新能源相关产业链，带来新的产值增长点。比如均胜电子旗下子公司上海临港均胜安全，如果正式成为特斯拉中国 Model 3 和 Model Y 车型的供应商，则可以获得周期约 3—5 年的订单。国产特斯拉的供应链情况如表 18-5：

表 18-5　国产特斯拉供应链情况

各种配件	每辆车配件价值（元）	各种配件	每辆车配件价值（元）	各种配件	每辆车配件价值（元）
1 电池部分		2 电机电控		3 热管理	
电池	60 000	电机	9 000	热泵空调	2 000
正极	10 000	电控	9 000	阀体	1 500
负极	2 000	车载充电机	3 000	管路	800
隔膜	1 800			换热器	600
电解液	3 500			总成	2 000
铜箔	2 500				
结构件	2 000				
电池托盘	2 000				
锂	1 000				
钴	1 000				
4 内外饰		5 结构件		6 底盘部件	
汽车座椅	5 000	车身结构件	4 000	前后副车架	1 500
门板、仪表板	2 500	电机壳体等	2 500	座椅支架	300
地毯	2 000	铝材	3 000		
后视镜	1 000				
7 安全件		8 汽车电子			
安全气囊等	1 500	PCB 板	1 000		
方向盘等	300	液晶面板玻璃	500		

第二，特斯拉能形成一种"类苹果产业链"的示范效应，从而带动上下游企业的发展，提高这些企业的认可度，获得更多企业的认可。比如在汽车电子膨胀阀处于绝对领先地位的三花智控。如果它可以进入特斯拉供应链，相信也可以进入大众、通用、沃尔沃等新能源车的供应链。

第三，鲇鱼效应，加速本土品牌商和供应商换代升级。比如，众所周知，动力电池是电动汽车最核心的部件，如果想要降低电动汽车的成本，就必须降低动力电池的成本。电池尺寸增大、材料改进、技术革新等一系列举措，都有助于降低动力电池的总成本。特斯拉的 4680 电池，能量密度提高 5 倍、功率提高 6 倍、续航能力提高 16%、成本降低 14%。特斯拉先进电池技术将刺激电池企业加快技术革新，也必将对其他车企的产品规划造成影响。特斯拉短期内会带给国产电动车企竞争压力和竞争动力，能够提高国产电动车的吃补贴的困局，加速国产电动车企的优胜劣汰。

最后，增加上海市税收。上海外资百强企业中，汽车是纳税大户，前十名中有五个是车企，分别是上汽大众、保时捷中国、上汽通用、福特中国、捷豹路虎中国。如果能够成功引进特斯拉，无疑会给上海市的税收锦上添花。所以，上海市政府积极引进特斯拉，上海市政府相关官员都已经不止一次地公开表示会大力支持特斯拉。

对于特斯拉来说，中国作为世界上数一数二的新能源汽车市场，占领了中国市场就意味着占领了一个拥有 14 亿多人口的巨大消费市场。另外，目前，全球市场对于新能源汽车的需求量也越来越大，目前，特斯拉需要扩建更多的生产工厂来满足全球市场的需求。对于特斯拉来说，上海拥有巨大人才储备、完善的基础设施、完备的上下游产业链和一系列优势，其中的很多优势都是世界上其他地区无法比拟的，以上的等等因素正是特斯拉选择上海作为其生产基地备选地的因素。

当然，这一个原因并不足以让马斯克的特斯拉进军中国市场，马斯克做出开拓中国市场的第二个原因是中国进口关税高，这就使车价非常高。目前，中国对美国的进口电动车加收 25% 的关税，而美国对中国进口电动车只征收 2.5%。这就意味着在中国生产的电动汽车如果在中国进行内销，成本至少降低 25%，即使销往美国，成本也会大幅减少。而且，长江三角周边的发达的汽车产业链的配套对于特斯拉来说可以起到降本增效的作用。

第三个原因是上海超级工厂出产的汽车质量很高。上海人才济济，汽车行业也是如此。特斯拉招募优秀的员工非常方便，这也会使得生产出来的电动汽车质量很高。

最后一个原因是特斯拉的产能瓶颈。2017 年，事实上，Model 3 遭遇产能瓶颈，已经成为令特斯拉创始人马斯克头疼的问题。

马斯克曾表示，中国将超越美国成为特斯拉全球最大的市场，贡献三分之一的销量。所以，如果特斯拉想要进军中国市场，上海市无疑是作为投资建厂的一个最好的选择。

上海市政府一直与特斯拉保持着积极的沟通，双方有着共同的目标，即推动中国新能源汽车市场的发展。经过几次的接触，特斯拉和上海市政府将继续进行特斯拉在中国建厂的谈判。

4 上海市政府与特斯拉双方的谈判目标

4.1 上海市政府的谈判目标

上海市政府为了能够引进特斯拉，从土地、税收、贷款、行政审批以及员工引进等五大方面提供巨大的优惠。

第一，关于土地的政策。上海全市共有16个区，上海市各区有不同的产业侧重点。如表18-6：

表18-6 上海市各区产业侧重介绍

徐汇区	长宁区	普陀区	静安区
人工智能、生命健康、文化创意	智能互联网、航空服务、时尚创意	智能软件、研发服务、科技金融	商贸服务、专业服务、大数据
虹口区	杨浦区	黄浦区	嘉定区
航运服务、财富管理、节能环保服务	人工智能及大数据、现代设计、科技金融	金融服务、专业服务、商贸旅游	汽车、智能传感器、医疗装备、机器人
青浦区	松江区	闵行区	崇明区
信息技术、现代物流、会展旅游、北斗导航	智能制造装备、集成电路、生物医药、文化休闲旅游	高端装备及航天、人工智能、健康医疗	现代绿色农业、生态旅游、船舶和海洋工程装备
宝山区	浦东新区	奉贤区	金山区
邮轮、新材料、机器人及智能硬件	金融服务、集成电路、生命健康、航空及高端装备、汽车、航运贸易、文化创意	美丽健康	新材料、信息技术、节能环保及装备、生命健康

本次上海市重点推荐以下三个区作为招商引资的区域，即浦东新区、闵行区和宝山区。浦东新区位于黄浦江东岸，面积1 210平方公里，是中国第一个自贸试验区所在地及对外开放的窗口。其重点产业主要是金融服务、集成电路、生命健康、航空及高端装备、汽车、航运贸易、文化创意。此次浦东新区政府准备给特斯拉提供的场地位于浦东新区临港产业区内，上海临港地区位于浦东新区的南侧，总面积300平方公里。上海市在临港地区设立上海临港新城管理委员会（以下简称管委会），该管委会是市人民政府的派出机构。临港新城在行政管理体制、机制上进行改革和创新，成为新兴产业和新兴行业的综合性试验区。此次提供给特斯拉的面积大约为40万平方米，此地的工业用地价格大约为1 200元每平方米，商业用地楼面价约8 000元每平方米，居民用地价格约为10 000元每平方米，工业土地使用权有50年。

闵行区拥有全球最大的交通枢纽之———虹桥综合交通枢纽，区内交通发达、产业布局清晰、各类政策体系完备、资源载体丰富、创新要素集聚。其重点产业主要是高端装备及航天、人工智能和健康医疗。闵行区此次欲提供的场地位于莘庄工业区内，土地面积约41万平方米。莘庄工业区的工业用地、商业用地和居民用地价格分别为1 900、12 000和8 000元每平方米，工业土地使用权有50年。

宝山区地处长江、黄浦江、东吴淞江三江交汇处，是近代中国自主开埠的发源地、重要的老工业基地。其重点产业主要有邮轮、新材料以及机器人及智能硬件。此次宝山区政府欲提供给特斯拉的土地位于宝山工业园区内，面积大约为38万平方米。宝山区的工业用地、商业用地价格分别约为1 850、14 000元每平方米。另外，宝山区居民用地价格变化较大，有的地块居民用地价格每平方米达到了7万元以上，有的则低至万元以下，工业土地使用权有50年。

第二，税收优惠。上海市政府向特斯拉提供一定的税收激励措施。如果特斯拉在上海市建厂，那么上海市对特斯拉超级工厂子公司授予 15% 的优惠企业所得税税率，低于 25% 法定企业所得税税率。该税收优惠政策持续五年。

第三，贷款优惠。上海政府和金融机构承诺给予特斯拉资金支持。该资金支持包括两个部分，第一部分总共 197.5 亿元，贷款方来自建设银行、农业银行、工商银行、浦发银行、招商银行等旗下支行。该笔金额分四次发放，第一笔，35 亿元；第二笔，50 亿元；第三笔，90 亿元；第四笔，22.5 亿元。具体情况如表 18-7：

表 18-7 上海政府和金融机构承诺给予特斯拉资金支持情况

笔数	额度	贷款性质	期数	利率	追索权
第一笔	35	无担保循环贷	12 个月	不高于央行年基准利率的 90%	无
第二笔	50	无担保循环贷		不高于央行年基准利率的 90%	无
第三笔	90	以上海工厂土地和建筑担保		不高于央行年基准利率的 90%	无
第四笔	22.5	无担保循环贷		不高于央行年基准利率的 90%	无

第二部分是作为对工厂制造设备的投资，由上海政府向特斯拉提供的 8 500 万美元（约合 6.00 亿元人民币）补贴激励。其中 4 600 万美元（约合 3.25 亿元人民币）以现金到账，剩下 3 900 万美元（约合 2.75 亿元人民币）则以资产和服务的形式落地。

第四，行政审批优惠政策。上海市政府对于特斯拉的行政手续非常简便：以工厂的规划，从签约到开工，传统审批时间至少需要 10 个月。上海市政府承诺可以将该时间压缩至 5 个月。上海市政府争取让特斯拉在合同签订第一年实现当年签约、当年取得土地、当年获取施工许可证；第二年实现当年开工、当年投产、当年交付。

第五，上海市政府给予了特斯拉员工一定的优惠政策。比如提供大量的公租房、集体公寓、人才公寓，这样可以大大缩短通勤时间。同时临港新片区也给予了特斯拉人才落户和优先购房的政策，可以帮助特斯拉更好地吸引和留住人才。

俗话说，天上不会掉馅饼，针对这些优惠，上海市政府也有相应的条件。这些条件主要包括股份、投资额度与税收、配件国产化率等条件。

首先，特斯拉需要和中国企业合资建立工厂。考虑到中国政府不允许外资车企在工厂中占据 50% 以上的股份，特斯拉需要和中企合资建新能源汽车厂。上海市政府推荐临港集团、上海电气等优秀的中国企业给特斯拉进行合资建厂，这些企业在中国有着丰富的经验，相信可以帮助特斯拉更快地投产。而且，国际汽车品牌通过合资的形式，与中方合作伙伴分享收益和一些技术，获得生产资质。即使是进入中国市场的日本汽车丰田在国内也不是独资建厂的，而是跟广汽集团和一汽汽车集团合作，成为了一家独立的合资公司。所以，特斯拉需要和中企合资在上海建厂。

第二，投资额度与税收。特斯拉需要在五年内对该厂投资 140.8 亿元，从第五年年底开始，并每年缴纳 22.3 亿元的税金。如果特斯拉无法满足上述协议要求，土地将被收回，而如果在土地租赁、建筑、固定装置方面还有剩余价值，特斯拉则能收到补损。上海市政府相信这个要求对于特斯拉来说可以轻而易举地达到。

第三，配件国产化率。上海市政府希望签订合同的三年之后，特斯拉的配件必须全部国产化。涵盖汽车整车、芯片、自动驾驶系统、内饰、车身、新材料及其他核心零部件。配件国产化对于特斯拉来说有百利而无一害，特斯拉可以大幅降低成本，同时稳步提升产能

该条件和特斯拉的其他国家的超级工厂相比，条件一点都不苛刻。据上海市政府谈判人员了解，特斯拉同意在 Gigafactory 2 雇用 1 460 名员工。如果没有达到这个数字，那么马斯克需要向这些地方机构支付 4 120 万美元的罚款。除此之外，为了能够达到十年期每年 1 美元的租金，特斯拉同意花费 50 亿美元承担纽约州的运营费用和资本。到目前为止，特斯拉在 Gigafactory 2 雇用了 730 名全职员工，还雇用了 43 名合同工，但表示将按计划及时履行其雇用义务，以避免罚款。

由于此次谈判的主要目的就是引进新兴产业促进产业升级，经过对比，上海市政府相信，相比于美国工厂，上海工厂 Model 3 生产线的生产成本（单位产能的资本支出）可以降低 65%。这绝对是一个双赢的合作。事实上，在上海市重大建设项目清单中，还有两个新能源汽车项目，一个是上汽大众 MEB 工厂，另一个是国能新能源。上汽大众的 MEB 工厂，是大众在全球首个专为 MEB 平台车型生产而全新建造的工厂，总投入 170 亿元，规划年产能 30 万辆。如果特斯拉不愿在上海市投资，上海市也有更好的选择。

4.2 特斯拉的谈判目标

特斯拉打算在上海建立超级工厂（Gigafactory Shanghai），以此减少运输和制造成本并消除不利关税的影响，提高特斯拉在中国市场上的客户承受能力。特斯拉表示还将继续增加中国本地化采购，提高制造水平。

特斯拉计划在上海临港建立一个总占地面积达 864 885 m² 的现代化工厂，年产能达到 50 万辆电动汽车，产能占地比达到每平方米 0.58 辆的数据。这个面积并不算大，比如，年产能 20 万辆的奇瑞捷豹路虎工厂，占地却达到 86 万多平方米，和特斯拉上海超级工厂相当，产能占地比却只有每平方米 0.24 辆。还有上汽通用凯迪拉克金桥工厂，规划年产能 16 万辆的，占地也达到了 75 万平方米，产能占地比也只有每平方米 0.21 辆。

特斯拉的上海超级工厂主要生产 Model 3 和 Model Y。Model 3 和 Model Y 的零部件通用率达到 70%。两款车各占一条生产线，完全没有共线生产。Model Y 并不是

Model 3 的掀背版，Model Y 的工艺高于 Model 3，比如，而 Model 3 的后三分之一底盘，即后座到车尾的部分，是由 70 多片零部件焊铆而成，其整体强度还有抗疲劳度，都不能和 Model Y 的压铸式底盘相提并论。Model Y 的后三分之一底盘完全是一体压铸成型的，没有任何焊接、铆接或工业胶水的痕迹。该一体压铸成型工艺堪称是目前最先进的铝车身工艺，由于工艺比较特殊，铝合金的成分配比也是特斯拉自己研发的。

特斯拉的上海超级工厂的一期工程以制造车间为主，包含完整的四大工艺——冲压车间、焊装车间、涂装车间、总装车间，投资额计划约 160 亿元人民币。第一期工程分为两个阶段，第一个阶段特斯拉上海超级工厂计划产能达到每年 25 万辆 Model 3，即每天生产 700 辆 Model 3 的成绩。第二阶段可以达到每年 25 万辆 Model Y 的产能。

特斯拉表示如果前期顺利达标，那么将会建设研发中心和设计中心。从设计、制造到销售所有高附加值的流程都将落户上海。特斯拉为了分散风险，选择分期申请建设，而不是一次性申请全部所需用地。

特斯拉的上海工厂可以提供 1 000 个左右的工作岗位，该工厂不会完全引进弗里蒙特的生产模式。因为弗里蒙特工厂的自动化还不够成熟，效率比人工更慢，无法保证生产线高效运转。而且，一些机器人容易发生故障，从而导致生产线停工，无法保证生产线稳定运转。当然，中国劳动力相比某些机器仍然具有成本优势。为了让上海超级工厂能够高效、稳定，而且便宜地生产汽车，特斯拉短期内仍然需要大量人力的参与。这些工作岗位主要集中在冲压车间、车身车间、喷漆和装配车间、质量检查工作、后勤工作、安全工作的技术人员以及在中国各大城市的销售团队和售后服务团队。

特斯拉在美国的超级工厂获得了相关州政府和地方政府巨大的优惠和帮助，同样，特斯拉希望这次也能获得上海市政府的帮助和优惠的政策。具体的要求包括持股比例、土地、税收减免、补助及其他优惠、投资时间等方面。

第一，关于持股的比例。一直以来，特斯拉都在积极推动在华生产汽车的事宜，但是在与当地政府沟通时遇到了困难，双方的分歧之一就在于工厂的持有权问题上。目前，中国将外资持股比例限制在 50%，而特斯拉首席执行官则希望完全拥有工厂，这也是为了保护该公司的先进技术。而且，在美国中资独资的电动车企业就有 5 家。特斯拉首席执行官马斯克曾在社交媒体上指责中国的外企在华合资股比制度以及进口关税制度。

第二，关于土地的问题。特斯拉希望上海市政府能够以十分之一的价格将上海临港相关的土地卖给特斯拉，也就是能以 9.73 亿元（约合 1.4 亿美元）的价格在中国购买 214 英亩的土地，以建造其上海超级工厂。这个要求并不是毫无先例，信口开河。比如，特斯拉耗资近 1 亿美元在奥斯汀买下了一块土地，该工厂占地约 2 000 英亩。此外，该公司还以约 4 800 万美元的价格在德国购买了一块 740 英亩的土地，以建造其柏林超级工厂。这样算下来，美国是 1 亿美元 2 000 英亩，德国是 4 800 万美元 740 英亩，中国是 1.4 亿美元 214 英亩，这样，即使以十分之一的价格算下来，还是中国的土地最贵。

第三，关于税收减免、补助及其他优惠。特斯拉与得克萨斯州的特拉维斯县达成了一项为期20年的协议。根据这份协议，特斯拉将获得相当于其向特拉维斯县支付的财产税70%—80%的拨款，也就是说，特斯拉在奥斯汀机场附近建厂后，将得到至少1 470万美元的减税优惠。此外，特斯拉还与得克萨斯州的德尔瓦莱独立学区达成了一项为期10年的协议，特斯拉的部分应税额将被限制在一定的范围内。此外，由于特斯拉工厂所在地目前尚为森林空地，还需要伐木平整土地，特斯拉在德国的工厂可能会得到欧盟3亿欧元的补贴。特斯拉在内华达州也享受了减免20年所有销售税、减免10年财产税以及减免10年营业税，还享受到基础设施拨款、岗位培训补贴以及能源补贴。鉴于此，特斯拉希望在上海的工厂也能获得税收减免。

最后，是关于投资的时间。特斯拉认为整个工程可以分为两期，第一期需要三年的时间。

这是因为在上海拿地、审批、奠基、破土动工、封顶、安装生产线，继而进入投产阶段，全部流程都需要三年的时间，而且，为了实现拥有世界上最安全的工厂的目标，特斯拉采取了积极主动的安全方针，要求参与生产的员工在开展工作前必须参加严格的职业培训。正式开展工作后，特斯拉会继续提供在职培训，并记录每日绩效，助力员工成长。在完善的制度保障下，特斯拉的安全率将在产量增加的同时不断提高。

此次谈判假定的时间是2018年初，特斯拉的相关谈判人员来到上海，需要和上海市政府就上述双方关心的问题进行谈判，并结合表18-8、表18-9、表18-10、表18-11和表18-12的内容，完成招商引资协议其他条款的谈判。

表18-8　上海"扩大开放100条"行动方案

2018年7月10日，为贯彻落实国家进一步扩大开放重大举措，加快建立开放型经济新体制，上海制定了"上海扩大开放100条"行动方案。"上海扩大开放100条"聚焦五大领域，即：以更大力度的开放合作提升上海国际金融中心能级、构筑更加开放的现代服务业和先进制造业体系、打造司法保护和行政保护协同的知识产权保护高地、建设服务全国的进口枢纽口岸、营造国际化法治化便利化的营商环境。	
（八）加快实施汽车、飞机、船舶产业对外开放	
41	鼓励外资投资先进制造业，争取外资新能源汽车项目落地
42	以嘉定、临港等汽车产业集聚区为依托，吸引世界知名外资汽车企业建设研发中心及高端整车项目，支持高性能电机、电池、电控等核心部件配套项目落地
43	按照国家部署加快取消汽车制造行业外资股比及整车厂合资数量等的限制
44	支持航空产业对外合作开放，吸引航空发动机总装、机载系统和关键零部件外资项目落地，支持外资来沪发展飞机整机维修和部附件维修业务，加强人才、技术、管理合作交流
45	取消飞机行业外资限制，包括干线飞机、支线飞机、通用飞机、直升机、无人机、浮空器等；取消船舶设计、制造、修理等环节外资限制
46	支持外资发展豪华邮轮等高端船舶制造、船舶设计研发等产业链高端环节，支持外资高端船舶装备、关键零部件项目落地

表 18-9　自由贸易试验区外商投资准入特别管理措施（负面清单）（2017 年版）

《自由贸易试验区外商投资准入特别管理措施（负面清单）（2017 年版）》自 2017 年 7 月 10 日起实施。2015 年 4 月 8 日印发的《自由贸易试验区外商投资准入特别管理措施（负面清单）》同时废止。

国务院办公厅
2017 年 6 月 5 日

三、制造业

（七）	航空制造	12. 干线、支线飞机设计、制造与维修，须由中方控股；6 吨 9 座（含）以上通用飞机设计、制造与维修，限于合资、合作；地面、水面效应飞机制造及无人机、浮空器设计与制造，须由中方控股
（八）	船舶制造	13. 船舶（含分段）修理、设计与制造须由中方控股
（九）	汽车制造	14. 汽车整车、专用汽车制造，中方股比不低于 50%；同一家外商可在国内建立两家以下（含两家）生产同类（乘用车类、商用车类）整车产品的合资企业，如与中方合资伙伴联合兼并国内其他汽车生产企业可不受两家的限制
（十）	通信设备制造	15. 卫星电视广播地面接收设施及关键件生产
（十一）	有色金属冶炼和压延加工及放射性矿产冶炼、加工	16. 钨冶炼。17. 稀土冶炼、分离限于合资、合作。18. 禁止投资放射性矿产冶炼、加工
（十二）	中药饮片加工及中成药生产	19. 禁止投资中药饮片的蒸、炒、炙、煅等炮制技术的应用及中成药保密处方产品的生产
（十三）	核燃料及核辐射加工	20. 核燃料、核材料、铀产品以及相关核技术的生产经营和进出口由具有资质的中央企业实行专营 21. 国有或国有控股企业才可从事放射性固体废物处置活动
（十四）	其他制造业	22. 禁止投资象牙雕刻、虎骨加工、宣纸和墨锭生产等民族传统工艺

表 18-10　自由贸易试验区外商投资准入特别管理措施（负面清单）(2018 年版)

《自由贸易试验区外商投资准入特别管理措施（负面清单）(2018 年版)》已经党中央、国务院同意，现予以发布，自 2018 年 7 月 30 日起施行。2017 年 6 月 5 日国务院办公厅印发的《自由贸易试验区外商投资准入特别管理措施（负面清单）(2017 年版)》同时废止。

三、制造业		
（四）	印刷业	8. 出版物印刷须由中方控股
（五）	中药饮片加工及中成药生产	9. 禁止投资中药饮片的蒸、炒、炙、煅等炮制技术的应用及中成药保密处方产品的生产
（六）	汽车制造业	10. 除专用车、新能源汽车外，汽车整车制造的中方股比不低于50%，同一家外商可在国内建立两家及两家以下生产同类整车产品的合资企业。（2020 年取消商用车制造外资股比限制。2022 年取消乘用车制造外资股比限制以及同一家外商可在国内建立两家及两家以下生产同类整车产品的合资企业的限制）
（七）	通信设备制造	11. 卫星电视广播地面接收设施及关键件生产
（八）	其他制造业	12. 禁止投资宣纸、墨锭生产

表 18-11　普通企业应纳的税费情况

	一般企业	小微企业	税费分配
1 企业所得税	应缴税所得额 ×25%	100 万元以下：应纳税所得额 ×5% 100 万元—300 万元：应纳税所得额 ×10%	中央 60%，地方 40%
2 增值税	月报（0、6%、9%、13%）	季报（季度销售额 30 万以下：免缴；超过 30 万销售额 ×3%）	中央 50%，地方 50%
3 增值税附加税之城建税	增值税 ×7%（5%、1%）	增值税 ×7%（5%、1%）×50%	地方 100%
4 教育费附加	月销售额 ≤ 10 万元，免缴；月销售额 > 10 万元，增值税 ×3%	季销售额 ≤ 30 万元，免缴；季销售额 > 30 万元，增值税 ×3%×50%	地方 100%
5 地方教育费附加	月销售额 ≤ 10 万元，免缴；月销售额 > 10 万元，增值税 ×2%	季销售额 ≤ 30 万元，免缴；季销售额 > 30 万元，增值税 ×2%×50%	地方 100%
6 水利建设基金	月销售额 ≤ 10 万元，免缴；月销售额 > 10 万元，收入 ×1‰	季销售额 ≤ 30 万元，免缴；季销售额 > 30 万元，收入 ×1‰	地方 100%
7 印花税	合同金额 × 对应税率（针对不同类合同，合同类型不同，税率不同）	合同金额 × 对应税率 ×50%	地方 100%
8 残保金	按上一年度职工工资总额 1.5% 的比例缴纳	30 人以下的企业免缴	地方 100%

续 表

9 工会经费	工资总额×2%	工资总额×2%	
10 代扣代缴个人所得税			地方100%
特殊企业额外应纳的税费情况			
11 契税			地方100%
12 房产税			地方100%
13 城镇土地使用税			地方100%
14 土地增值税			地方100%
15 车辆购置税			中央100%
16 车船税			地方100%
17 资源税			地方100%
18 环保税			地方100%
19 耕地占用税			地方100%
20 关税			中央100%
21 消费税			特定消费品
22 烟叶税			
23 文化事业建设费			

表18-12 特斯拉在不同地区建厂的优惠政策和条件

	税收减免	其他优惠	优惠前提条件
内华达州	减免20年合计7.23亿美元所有销售税、减免10年3.32亿美元财产税、减免10年营业税，以及1.95亿美元的可转让税收抵免	基础设施拨款、岗位培训补贴、能源补贴、同意直销	
得克萨斯	特拉维斯县（Travis）的大多数委员投票赞成向特斯拉提供至少1 470万美元的退税		美国得克萨斯州，根据法律要求，汽车制造商只能通过第三方特许经销商才能销售汽车
欧洲德国	欧盟3亿欧元的补贴		审批时间上、流程繁复，乔格·斯坦巴赫说："一般需要一年半到两年的时间。"研发要在德国进行，附加值也必须在德国产生，不能只是延伸的工作台
纽约州	特斯拉购买特定制造设备将获得多年销售税免税	斥资10亿美元用于工厂建设和相关设备的装配	

第十九章 美国地方政府对中国玻璃公司的招商引资谈判

1. 招商引资背景

在全球一体化的今天,竞争愈加激烈,世界各国都使出浑身解数开展了招商引资,美国也不例外。尤其是制造业的招商引资,引起了美国总统的重视。从奥巴马到特朗普,再到拜登,都强烈支持制造业回归,他们要将流向海外的制造业就业机会重新带回美国。与此同时,他们为此制定了各种优惠政策,比如奥巴马政府 2014 年底在国会通过的振兴美国制造业和创新法案,也称 RAMI 法案。特朗普采用的是胡萝卜加大棒的模式,一方面把企业税从 35% 削减到 15% 来吸引企业回流,另一方面设立边境税促使企业回流。拜登则签署行政命令促使制造业回流。在这一系列的政策下,苹果、富士康、三星、LG 以及美国英特尔等龙头企业宣布在美国建厂。

2020 年美国接受外国直接投资额为 1 340 亿美元,仅次于中国的 1 630 亿美元。美国,作为全球第二大 FDI 的投资国,吸引了大量的外国 FDI 投资,究其原因,宏观经济条件好、基础设施完备、科技发达、市场开放程度高等因素是很重要的原因,另外一个重要因素还在于美国政府,尤其是地方政府在招商引资过程中所发挥的重要作用。为了活跃当地的经济、提高当地的就业率,从而让地方政府在选举中保持优势地位,美国地方政府在招商引资中可谓不遗余力。为了吸引到更多的投资,美国各州和城市纷纷向世界上其他国家派出招商引资办事处;美国几乎所有的州都在欧洲设立了办事处,有 30 多个州在日本设立了常驻机构。而且,这些地方政府也利用灵活的税收减免、土地优惠、岗位培训补贴以及基础设施补贴等政策来吸引更多的国外 FDI 投资。

2. 代顿市政府和福耀玻璃基本信息

2.1 美国俄亥俄州代顿市

如果说"加、得、佛三州"是以先进制造和现代服务业为主,那么"铁锈八州"就是美国传统制造业的集聚地。"铁锈地带"喻指美国东北、中西和五大湖地区的传统工业州，包括俄亥俄州、宾夕法尼亚州、密歇根州、伊利诺伊州、威斯康星州等。这些地区代表美国制造业的心脏地带，比如俄亥俄州的钢铁炼油业、聚集了美国76%的汽车研发的密歇根州的汽车工业、宾夕法尼亚州的冶金焦炭业都是美国20世纪80年代的骄傲。1970年后，美国传统制造业逐渐走向衰落，大量人口从"铁锈八州"向"加、得、佛"三州转移。

俄亥俄州（State of Ohio），铁锈八州之一，位于美国中东部，是五大湖地区的组成部分。俄亥俄州的总面积为10.67万 km^2，2019年人口1 168万人左右，城市人口占到73%，白人人口占到了85%。该州地理位置适中，在横贯东西、纵贯南北的客货运输中占有重要地位。俄亥俄河的货运量比巴拿马运河多一倍。铁路总长度居美国第6位。空运发达，是商业航空线的辐辏之地，俄亥俄州有六个机场，分别是辛辛那提－北肯塔基国际机场（CVG）——达美航空转运中心，克里夫兰霍普金斯国际机场（CLE）——大陆航空转运中心，托莱多机场（TOL）——美国国家快递转运中心，哥伦布港国际机场（CMH），代顿国际机场（DAY），扬斯顿－怀恩地区机场（YNG），这六个机场中，有四个是国际机场。俄亥俄州有20多个城市，其中比较著名的有克里夫兰、哥伦布、辛辛那提和代顿。

俄亥俄州是美国汽车生产走廊的重要组成部分，代顿市是俄亥俄州的第六大城市，位于俄亥俄州西南部，濒大迈阿密河畔，总面积约56.50平方英里，也就是约100平方公里，总人口约140 000人。代顿市交通便利，代顿市中心以北14公里处就是代顿国际机场。这个地方以前是汽车制造重地，美国三大汽车巨头之一的通用就曾在代顿市建有工厂，代顿在1950年到2008年之间也成为了全球最大的机床和模具加工中心之一，被美国人亲切地称为"小底特律"。如今，代顿三分之一的人口处于贫困线之下，伴随而来的是人口骤减，商业停滞和毒品泛滥。代顿市的通用工厂离75号洲际公路只有几英里，周边也有不少汽车制造厂，如通用汽车制造厂（FLINT）、通用汽车制造厂（Lake Orion）、通用汽车制造厂（Roanoke）、本田汽车制造厂（印第安纳州）、本田汽车制造厂（East Liberty）、福特汽车制造厂（韦恩）和福特汽车制造厂（路易维尔），且车程基本在3小时左右。

美国南部各州在铁路和高速公路基础设施、临近主要港口，以及劳工和对企业有利的监管环境方面有着巨大的优势，在这种情况下，俄亥俄和密西根等中西部州则可以用减税或以公共资金承担员工培训计划等政策，来抵消上述优势。为此，俄亥俄州制定了一系列的招商引资优惠政策。俄亥俄州在州一级层面和各地区及市一级层面均有大量的优惠税收及土地政策，部分优惠如表19-1：

表 19-1　俄亥俄州海外招商引资优惠政策

优惠名称	优惠具体名称	优惠具体内容
税收减免	就业创造税收抵免（Job Creation Tax Credit）	创造至少10个全职或等效的工作岗位；总计创造至少660 000美元的新增年薪
	企业区计划（Enterprise Zone Program）	物业税减免
	社区再投资计划（Community Reinvestment Areas）	物业税减免
财政资助	研发投资税收抵免（R&D Investment Tax Credit）	研发费用7%可抵税，有效期7年
	研发投资贷款（R&D Investment Loan）	为研发项目提供50万—500万美元的贷款
	企业债券基金（Enterprise Bond Fund）	此基金为购买土地、房屋和房屋的兴建、扩建及整修，以及150万—1 000万美元的商业、工业项目提供融资。基金可提供期限长达20年以上的长期贷款，利率固定
	166直接和区域贷款（166 Direct Loan and Regional Direct Loan）	为购买土地、房屋及房屋的扩建或整修以及购买设备提供贷款
	创新俄亥俄贷款基金（Innovation Ohio Loan Fund）	为俄州现有企业开发下一代技术提供50万—150万美元的贷款
财政拨款	629道路维护拨款（Roadwork Development 629）	
	劳动力培训拨款（Workforce Training Grant）	

2.2　福耀集团信息

2018年美国每百人汽车拥有量超过80辆，欧洲、日本每百人汽车拥有量约50至60辆，而中国每百人汽车拥有量仅约20辆。汽车玻璃无疑是一个巨大的有潜力的市场。在中国，每10片汽车玻璃，有6片来自福耀；在全球，每4片汽车玻璃，就有1片来自福耀。福耀集团，全称福耀玻璃工业集团股份有限公司，1987年成立于中国福州，是专注于汽车安全玻璃的大型跨国集团，于1993年在上海证券交易所主板上市（A股代码：600660），于2015年在香港交易所上市（H股代码：3606），形成兼跨境内外两大资本平台的"A+H"模式。经过三十余年的发展，福耀集团已经形成上海、重庆、长春、福清总部四大汽车玻璃生产基地，产品覆盖全国16个省市，而且福耀集团在美国、俄罗斯、德国、日本、韩国等11个国家和地区建立现代化生产基地和商务机构，并在中、美、德设立6个设计中心，全球雇员约2.7万人。福耀产品得到全球知名汽车制造企业及主要汽车厂商的认证和选用，包括宾利、奔驰、宝马、奥迪、通用、丰田、大众、福特、克莱斯勒等，为其提供全球OEM配套服务和汽车玻璃全套解决方案，并被各大汽车制造企业评为"全球优秀供应商"。在中国每三辆汽车中，有两辆使用福耀玻璃，产品占全球市场约25%。福耀集团的强劲的对手有日本的旭硝子、圣戈班、板硝子。

福耀集团的主营业务是为各种交通运输工具提供安全玻璃和汽车饰件全解决方案，包括汽车级浮法玻璃、汽车玻璃。玻璃主要分为平板玻璃和特种玻璃。平板玻璃又分为三种：引上法平板玻璃（分有槽/无槽两种）、平拉法平板玻璃和浮法玻璃。由于浮法玻璃厚度均匀、上下表面平整平行，再加上劳动生产率高及利于管理等方面的因素影响，浮法玻璃正成为玻璃制造方式的主流。特种玻璃则品种众多，包括磨砂玻璃、喷砂玻璃、压花玻璃、夹丝玻璃、中空玻璃、夹层玻璃、钢化玻璃、防弹玻璃、光伏玻璃。玻璃的等级分为建筑级（GQ）、汽车级（CQ）、制镜级（SQ），品质依次递增。汽车玻璃主要有三类，分别是夹层玻璃，钢化玻璃和区域钢化玻璃，能承受较强的冲击力。汽车玻璃如果按照玻璃所在的位置分为，汽车前挡风玻璃，侧窗玻璃，后挡风玻璃和天窗玻璃四种。福耀集团2018年到2020年的汽车玻璃和浮法玻璃产量如表19-2：

表19-2 福耀集团2018年到2020年汽车玻璃和浮法玻璃的产量

2018年		2019年		2020年	
汽车玻璃	浮法玻璃	汽车玻璃	浮法玻璃	汽车玻璃	浮法玻璃
1.168亿米²	134.5万吨	1.094 6亿米²	143.53万吨	1.044 5亿米²	128.99万吨

除此之外，福耀集团还生产机车玻璃、行李架、车窗饰件相关的设计、生产、销售及服务，公司的经营模式为全球化研发、设计、制造、配送及售后服务，奉行技术领先和快速反应的品牌发展战略，与客户一道同步设计、制造、服务、专注于产业生态链的完善，系统地、专业地、快速地响应客户日新月异的需求，为客户创造价值。福耀集团2018年到2020年的产品收入及占比如表19-3：

表19-3 福耀集团2018年到2020年的产品收入及占比

业务	2018年		2019年		2020年	
	收入（元）	占比（%）	收入（元）	占比（%）	收入（元）	占比（%）
汽车玻璃	19 351 888 769	97.32	18 957 337 043	91.29	17 942 033 181	91.35
浮法玻璃	3 220 524 367	16.20	3 644 797 566	17.55	3 491 541 713	17.78
其他	232 315 572	1.17	1 564 695 603	7.54	1 532 921 992	7.80
减：集团内部抵消	-2 920 889 734	-14.69	-3 401 741 957	-16.38	-3 325 207 614	-16.93
合计	19 883 838 974	100.00	20 765 088 255	100.00	19 641 289 272	100.00

福耀集团目前在国内形成了一整套贯穿东南西北合纵联横的产销网络体系,已在福清、长春、上海、重庆、北京、广州建立了汽车玻璃生产基地,还分别在福建福清、吉林双辽、内蒙古通辽、海南海口等地建立了现代化的浮法玻璃生产基地,除了国内的子公司,也控股和参股了众多的海外公司,如表19-4:

表19-4 福耀集团主要控股参股公司情况

公司	主要产品或服务	营业收入	营业利润	净利润
福建省万达汽车玻璃工业有限公司	汽车玻璃生产和销售	210 373.44 万元	65 387.13 万元	61 473.39 万元
本溪福耀浮法玻璃有限公司	浮法玻璃生产和销售	99 284.92 万元	49 474.26 万元	42 290.79 万元
福耀集团长春有限公司	汽车玻璃生产和销售	191 138.22 万元	39 419.76 万元	34 313.66 万元
天津泓德汽车玻璃有限公司	汽车玻璃及其零配件生产、设计、技术研发、销售	174 962.50 万元	40 185.19 万元	34 735.11 万元
FYSAM汽车饰件有限公司	设计、研发、生产、销售汽车铝饰品	103 420.15 万欧元	−28 936.21 万欧元	−27 986.86 万欧元
福耀玻璃美国有限公司	汽车玻璃生产和销售	325 398.20 万美元	11 395.34 万美元	289.02 万美元

自从2007年以来,福耀集团开始开拓海外市场,足迹遍布美国、韩国、德国、日本、俄罗斯、斯洛伐克和墨西哥。在美国,福耀有6家子公司,三家为商贸企业,三家为生产型企业。福耀北美、美国A资产、美国C资产都属于商贸企业,北美配套100%控股美国A资产,福耀美国100%控股美国C资产和福耀伊利诺伊。FYSAM汽车饰件有限公司100%控股FYSAM汽车饰件(斯洛伐克)有限公司及FYSAM汽车饰件(墨西哥)有限公司。福耀集团的海外足迹如表19-5和表19-6:

表19-5 福耀玻璃海外市场开拓情况

名称	年份	经营地	业务性质
福耀北美	2004	美国南卡罗莱纳州	商务机构
福耀韩国	2007	韩国	商务机构(销售业务)
福耀欧洲	2007	德国	生产性企业
福耀日本	2008	日本	商务机构(销售业务)
北美配套	2010	美国密歇根州	商务机构和汽车玻璃厂

美国 A 资产	2014	美国俄亥俄州	商务机构
福耀俄罗斯	2011	俄罗斯卡卢加州	商务机构、汽车玻璃
福耀美国	2014	美国俄亥俄州	汽车玻璃
福耀 C 资产	2014	美国伊利诺伊州	商贸机构
福耀伊利诺伊	2014	美国伊利诺伊州	浮法玻璃
FYSAM 饰件	2018	德国	生产性企业
SAM 国际	2018	德国	生产性企业
SAM 饰件	2018	德国	生产性企业
FYSAM 斯洛伐克	2019	斯洛伐克	汽车饰件
FYSAM 墨西哥	2019	墨西哥	汽车饰件

表 19-6　福耀集团海外投资情况

名称	投资金额（亿美元）	期数	第一期	业务类型	年产能	就业岗位（个）
福耀俄罗斯	2	两期	第一期 13 万平方米厂房建设	汽车玻璃生产、销售	200 万套	1 000
福耀伊利诺伊	2	两期	第一期 5 600 万美元购买工厂资产	浮法玻璃生产、销售	28 万吨	1 000

福耀集团的海外拓展取得了显著的成果，福耀集团 2019 年和 2020 年的国内市场营业额占比在 51%—54%，国外市场的营业额占比为 46%—49%，这意味着福耀集团已经有接近一半的业务在海外，抗区域市场风险能力增强。福耀集团的国内外营收情况如表 19-7：

表 19-7　福耀集团国内国外营业收入、成本及毛利率

年份	2019			2020		
项目	营业收入（元）	营业成本（元）	毛利率（%）	营业收入（元）	营业成本（元）	毛利率
国内市场	10 577 010 125	6 063 317 367	42.67	10 659 827 809	5 905 294 229	44.60
国外市场	10 188 078 130	6 997 609 517	31.32	8 981 461 463	6 039 587 898	32.75
合计	20 765 088 255	13 060 926 884	73.99	19 641 289 272	11 944 882 127	77.35

3. 谈判动因

20 世纪 50 年代，通用汽车的子公司富及第（Frigidaire）在俄亥俄州代顿市莫雷恩郊区建立了莫雷恩工厂，主要生产冰箱、空调和压缩机等白色家电与关键部件。在 1981 年通用汽车将代顿的莫雷恩工厂改造为汽车组装厂房。从此，该工厂开始生产汽车，后续几乎所有通用汽车的重要车型都在这里生产。截至 2008 年底，通用在这里生产了 600 万辆各型汽车。2008 年金融危机席卷全球，代顿市未能幸免，2008 年 12 月，通用汽车正式关闭了莫雷恩工厂，造成当地 2 400 多名工人失业。不仅如此，上下游的企业也随之撤离代顿市。经历过制造业黄金时代的代顿市，如今工业大衰退，和八州的其他城市一样成为了铁锈地带，深陷困境，整个城市毫无生机。

为了让整个城市重回昔日的繁华，减少失业率，同时，也为了响应奥巴马政府、特朗普政府和拜登政府的政策，即恢复美国制造业大国地位，俄亥俄州政府和其他州政府一样，积极招商引资，希望吸引到来自世界各地的知名企业在俄亥俄州投资。

福耀集团是世界第一的玻璃制造商，其产品主要为浮法玻璃和汽车玻璃，玻璃产品的易碎性，决定了生产地点与装配地点间的距离要近。也就是说，福耀集团的玻璃厂必须紧靠它的大客户通用、福特、克莱斯勒等。

福耀集团的汽车玻璃成本构成主要为浮法玻璃原料、PVB 原料、人工、电力及制造费用，而浮法玻璃成本主要为纯碱原料、天然气燃料、人工、电力及制造费用。受国际大宗商品价格波动、天然气市场供求关系变化、纯碱行业的产能变动及玻璃和氧化铝工业景气度对纯碱需求的变动、人工成本的不断上涨等影响，公司存在着成本波动的风险。通过在欧美地区建厂在当地生产与销售，增强客户黏性与下单信心，并利用其部分材料及天然气、电价的优势来规避成本波动风险。

因此，福耀集团计划在美国建立商务机构，汽车玻璃制造工厂、浮法玻璃制造工厂以及一个研发中心。2013 年，福耀在美国的几个州同时寻找 80 英亩以上的投资项目，并且和俄亥俄、阿拉巴马、田纳西、肯塔基、乔治亚和密歇根等州进行了一定程度的谈判。最终，俄亥俄州政府提出该州代顿市通用汽车废弃的莫雷恩工厂，该工厂占地 116 英亩，完全符合福耀对于工厂面积的要求。最重要的是，2010 年美国通用汽车向福耀提出要求，2016 年之前必须在美国建一个工厂进行配套生产。而且，通用汽车公司在美国有一些废弃的工厂，比如代顿市的莫雷恩工厂就是其中之一，通用汽车也希望有公司能够承接这些工厂，以便回收一部分资金。俄亥俄州政府的热情邀请和通用汽车这个最大客户的需求使得曹德旺和俄亥俄州政府以及代顿市政府决定坐下来，进行进一步的谈判。

4. 俄亥俄州政府与福耀玻璃的谈判目标

4.1 俄亥俄州政府的谈判目标

首先，俄亥俄政府认为对于福耀而言，在美国俄亥俄州建厂是一个明智的选择。这一结论是建立在对比中美两国在能源价格、税负、土地价格以及人工费的基础上。美国的能源价格十分低廉，其天然气价格、油价、工业用电价格都比中国低很多，美国较低的油价以及不收费的高速公路也使得运输费用不到中国的一半。而且，汽车玻璃的长途运输比较复杂，既要考虑玻璃的易碎性，长途运输为避免破碎需重重包装，也要考虑其容易发霉的特征，所以汽车玻璃从中国运到美国的汽车生产企业，各种运费构成了一笔不小的开支，相当于营业额的15%。另外，美国的土地无论是每亩的价格还是使用年限，都相当优惠。然而，美国的人工费远高于中国，美国白领薪资是中国的3倍左右，蓝领薪资更是中国的8倍左右。中国的人工费用不仅低，而且制造业工人的素质高，相比之下，多数美国工人并不擅长制造玻璃。具体数据如表19-8：

表19-8　中美两国企业在能源、土地、人工费以及运输费的对比

	能源			土地		人工费	运输费
	天然气价（元/m³）	油价（元/L）	工业用电价格（元/千瓦时）	价格（元/亩）	使用年限	美元/时	高速公路
美国	0.7	4.8	0.45	1万—2万	永久	20	不收费
中国	2.2	7.99	峰时段1.025 平时段0.725 谷时段0.425	54万	50年	3	0.5元/千米（具体按车的吨位）

税务也是两国企业在竞争时面临的一个实际的问题。美国的税务由美国联邦、州、地方税构成，三个税制相对独立，且比例相对稳定。联邦税收占全国总税收约为66%，州和地方政府占比34%；在州和地方政府中，州占58%，地方占42%。中国的税制由中央税、地方税、中央和地方共享税构成。中国的综合税务比美国高35%，但是，中国制造业的优势也很明显，主要是人工费用低，制造业的工人业务素质、工作效率和服从管理等方面，比美国工人要高。而美国在能源价格、土地价格、人工费用、运输成本、企业税负等方面占据优势。美国联邦还有一个收费项目与中国的五险一金类似，但在美国是按应付工人工资额的11%，而中国是应付工资额的40%。因此这个同类科目美国比中国少50%，相当于营业额的4%。如果把综合人工成本与税、费、能源、土地等其他因素结合起来考虑，福耀集团在中国的工厂与在美国投资工厂，开支基本持平。这样算下来，在中美两地运营一个汽车玻璃制造厂的成本基本相当。中国并不处于优势。

其次，俄亥俄政府开出了相当有诱惑力的招商引资政策。这些优惠政策主要集中在土地、税收减免以及其他优惠政策方面。

关于土地政策，代顿市通用汽车旧址的那块土地，经过代顿市政府及相关机构的评估，认为该土地购置费估计在1 500万美元左右。如果曹德旺的入驻能给当地带来巨大的就业机会，比如雇用美国当地员工1 500人以上则五年内至少补偿1 300万美元，如果达到2 000人以上，则补偿1 500万美元给福耀，雇用人数越多，补偿金额越高。州政府愿意提供最高1 500万美元的补贴，这就相当于免费赠送代顿市的这一土地。

关于税收减免，莫瑞恩当地政府提出免去福耀新建办公楼等设施的产权税总共1 500万美元，除此之外，还可以给福耀集团高管在实际发了工资之后，给予所得税免税免5年的优惠。

关于其他的优惠，比如劳动力培训拨款，俄亥俄州会给福耀200万美元补贴，但只有福耀美国招工了，并且工人经过培训之后才能拿到这200万美元补贴；如果不招工不培训，补贴自然免谈。

莫瑞恩政府甚至提出如果福耀在此地建厂，可以把工厂旁边的一条路，命名为福耀大道。

关于工会，俄亥俄政府和当地政府认为这不是大问题，虽然美国工会给制造业企业带来了不小的法律和时间的应对成本，但是，如今美国政府及相关部门正修建劳资关系正常化的通道。如过去美国规定每个企业必须成立工会，但现在决定权交给了企业员工，由他们自己投票决定是否需要成立工会。所以，福耀集团无需为此担心。

当然，俄亥俄政府与当地政府给出的诸多优惠政策也不是没有条件，该政府希望能够确定福耀集团能够向莫瑞恩地区至少投资8亿美元，建立一个汽车玻璃制造厂，一个研发中心和一个商务机构，最好能把浮法玻璃的工厂也设置在莫瑞恩。

最后，俄亥俄政府和当地政府希望福耀集团能够在两年内分两期完成该投资，以便让当地的居民尽快地回归正常的生活，使这个老工业区尽快地复兴。

4.2 福耀玻璃的谈判目标

中国福耀集团经过种种考虑，决定在俄亥俄州的代顿市进行投资建厂。福耀看重的是位于代顿市郊莫瑞恩的原通用汽车厂房，这块厂址位于Kettering大道与741国道之间的工业园区，交通便利，总占地675亩，厂房约17万平方米，福耀集团打算将之改造并且全面翻新，使这个工厂成为世界上最大的单体汽车玻璃生产厂，工厂将会采用先进的设备，集合世界一流的技术及各种不同的工艺来满足各大汽车厂商的需求。该工厂具有夹层玻璃、钢化玻璃、包边和ARG的生产能力，可达到每年400万套汽车玻璃外加400万片汽车挡风玻璃更换件的生产能力，届时将为美国汽车市场提供1/4的玻璃配套需求。该工厂计划雇用当地员工2 000人，并有望随着生产规模的扩大，未来还会雇用3 000人，而这座城市人口仅仅只有6 000多人，不仅直接创造2 500多个工作岗位，还带动相关产业 3 800 多个就业岗位。除了直接招聘，福耀在代顿的这个全球最大汽车玻璃单体工厂每多创造 1 个直接就业岗位，就能在供应链上间接为当地创造 2 到 3 个工作机会，因为物流公司、建筑商、垃圾处理厂等需要更多人力。整个工厂项目福耀集团计划共投资 6 亿美元。当地社区欢欣鼓舞，人们看到了老工业区复兴的曙光。

这是迄今为止福耀集团海外最大的一次投资，福耀集团希望总项目分为三年两期建成，第一期为期两年，投资 3 亿美元，建立五条汽车玻璃生产线，产能规划 300 万套，主要是翻新和改造原通用汽车厂房以及工人培训等相关事宜。第一期之所以跨越了两年，一是福耀集团需要一个全面的再开发方案并评估其可行性，研究如何以最低成本改造工厂已有的机械、电力、水暖工程系统。而且，建造、工程、施工支持以及设计都需要时间，福耀集团不想仓促而行。二是因为美国工人的效率低，一般的工厂从建成到正式运行要 18—24 个月。而在中国，工人一周工作 7 天，每天 12 个小时的连续作业会让这一时间缩短至 1 年左右。第二期为期一年，投资 3 亿美元，建立五条生产线，投资产能 250 万套。

福耀工厂所在的俄亥俄州代顿市莫瑞恩区政府和俄亥俄州政府都承诺，只要福耀雇用的美国员工超过 1 500 人，政府就每年给福耀发几十万美元的补贴，雇得越多发得越多。企业在当地的工厂用地也会被免去一部分产权税。

福耀玻璃美国公司的新工厂位于俄亥俄州代顿市莫瑞恩郊区，占地 116 英亩。福耀的进入使得这座原为美国通用汽车公司组装车间的工厂重新焕发了生机。是迄今为止中资企业在俄亥俄州的最大投资。

福耀在代顿莫瑞恩的投资会形成协同效应，福耀的成功不仅让中国的其他优秀企业充满信心前来投资，也会带动其他制造业企业回到代顿，福耀集团希望能够通过恢复在美国进行汽车玻璃生产，振兴当地社区以及更广泛的整个汽车制造业，从而让整个莫瑞恩社区逐渐恢复原貌。可以毫不夸张地说，代顿工厂的投资，对代顿市的就业和经济意义重大，2 000 多个家庭的生活将因为福耀的投资决定而得到很好改善，当地的制造业也将因此受益。

此外，福耀还在伊利诺伊州及底特律计划建设浮法玻璃制造基地和汽车包边工厂。曹德旺表示，未来，福耀在美国的整体投资将达到 10 亿美元，提供 5 000 个就业岗位。

福耀集团的董事长曹德旺坚决反对在莫瑞恩工厂建立工会，曹德旺强硬态度的背后，是美国汽车工会 UAW 劣迹斑斑的黑历史。UAW 是美国汽车工人联合会，成立于 1935 年，UAW 通过与公司谈判，或者联合工人们罢工，主要目的是为汽车工人带来高工资和高退休金，随着时间的推移，该组织的影响力越来越大，最后大到可以要求汽车厂必须在本地采购零部件。通用、福特和克莱斯勒关闭一部分工厂就跟这个 UAW 有关。后来去美国建厂的丰田、本田这些日企明确表示不接收 UAW 的人。

美国福耀给工人开出的时薪大约在 16 美元，虽然和过去在通用汽车公司上班的老工人们的时薪是 30 美元相比少了一些,但是比当地平均工资的 13 美元还多出 3 美元。假设当地的美国工人每天工作 8 小时,每周休息两天时间,其每个月的薪水可以达到 3 000 美元,接近 2 万元人民币,这个数字要比国内的福耀工人工资高出三倍之多。除此之外,福耀集团还将设有员工困难帮扶基金,帮助生活上有困难的工人,向符合申请条件的工人提供 500—3 000 美元补贴。除了带来就业机会,福耀集团也会积极为当地社区服务,定期向当地医院、公立学校和救灾组织捐款。

福耀集团在美国建厂选址的过程中,最看重的是当地政府的支持力度和政策。福耀集团希望俄亥俄州政府和代顿市政府能够在税收减免、岗位培训等方面给予一定的优惠,如果没有优惠或者优惠不大,对于福耀集团来说,底特律也是一个不错的选择。密歇根州的底特律是久负盛名的汽车城,那里有美国的三大汽车巨头,通用、福特和克莱斯勒。还有美系车的竞争对手,日系车和欧系车。底特律在 2013 年申请破产,2018 年开始走上复兴之路。汽车仍然是该州的第一大产业,在那里形成了一条完整的汽车上下游产业链,覆盖机器设备、创意设计、实验室、行业专家、后备人才、交通运输以及风投机构,资源齐备,有利创新。而且,密歇根政府正在将该州打造成智能出行的中心,各个公司,科研机构也纷纷加入到这个领域,密歇根大学建立了全球首个无人驾驶试验场。

而且,福耀集团了解到,金龙精密铜管集团股份有限公司在美国阿拉巴马州的威尔科特斯县建立了一个大型精密铜管生产工厂,项目总投资 1.1 亿美元,总用地约 670 亩,设计产能为年产 6 万吨的精密铜管,然而,金龙集团从阿拉巴马州各级政府处争取到总价值达 2 亿美元优惠政策,这 2 亿美元的优惠包括土地、现金优惠、税收减免、岗位培训以及基础设施建设补贴。比如,金龙建厂所占据的 300 亩土地由威尔科特斯县政府免费提供,而且,当地政府还提供 2 000 万美元的现金优惠,还包括相关税收、土地成本的免除和劳工培训补贴等。在劳工培训方面,州政府就出资 300 万美元,将金龙在中国的培训课程转化为美国当地人可以理解的英文,并到新乡拍摄生产现场视频。至于基础设施的建设,当地政府由于建厂所在地有铁路经过,为方便员工上下班,当地政府甚至出资建设了一座通行桥。不仅如此,阿拉巴马州经济及公共事务部(ADECA)为该县提供了 86.6 万美元的拨款以改善当地的供水和下水管道系统,而经济发展局(EDA)又让这一拨款增加到了 180 万美元。此外,阿拉巴马州交通部还特地为该项目建了一条工业路。金龙集团的投资案例让福耀集团在与俄亥俄州政府以及代顿市政府的谈判当中有了足够的底气。

双方将于明天在代顿市政府会议室展开第一轮谈判。当然,双方也需要合理利用表 19-9、表 19-10、表 19-11 和表 19-12 的信息来完成此次谈判。

表19-9　中国招商引资协议的基本内容

中国招商引资协议的基本内容					
1. 项目简介	1.1 项目名称	1.2 投资人	1.3 项目规模：总投资额、项目分几期，每期投资额、什么时候开始投资、几年投资完毕（原则上两年，特殊情况可展期一年）、注册资金		1.4 项目产能设计年产、一期年产能
	1.5 项目建设期（开始、竣工、投产时间）	1.6 建设内容	1.7 税金与就业：全部达产后，年销售收入、年利润、年缴税金、可提供工作岗位		1.8 经营期限
2. 项目地址及土地使用	2.1 项目建设用地面积	2.2 价格	2.3 土地性质及位置		2.4 用地期限
3. 甲方责任与义务					
4. 乙方责任与义务					
5. 乙方享受的优惠政策	5.1 税收优惠	5.2 奖励	5.3 行政事业性收费优惠		5.4 其他
6. 其他条款	6.1 违约条款	6.2 不可抗力	6.3 保密条款	6.4 适用法律	6.5 仲裁（六个月内提起行政诉讼）	6.6 合同的转让	6.7 合同补充和修订	6.8 合同的成立、生效、变更、解除和终止

表19-10　特斯拉和亚马逊在美国的投资情况

名称	年份	地点	投资金额（亿美元）	用途	土地面积	工作岗位	营业收入（亿美元）	税收（亿美元）
特斯拉	2014	内华达	50	锂电池工厂	93万平方米	6 500个工作岗位，3 000个建筑岗位		
亚马逊	2019	弗吉尼亚水晶城	25	第二总部	19.5平方米	2.5万个工作岗位	270	32

表 19-11　特斯拉和亚马逊在美国相关州投资所享受的优惠政策

招商项目	优惠政策	名称或特点	劳动力现金补助的形式发放
内华达州招商特斯拉	税收减免	销售税	减免 20 年所有销售税
		不动产退税	减免 10 年财产税
		企业所得税抵免	减免 10 年营业税
	其他	基础设施拨款	
		岗位培训补贴	
		能源补贴	
		同意直销	
	地租	便宜	
	自然优势	交通	
		人才	
		产业链	
	政府执行能力	强	
弗吉尼亚水晶城招商亚马逊	税收减免	减税 5.7 亿美元	创造 2.5 万个全职工作岗位，拨款 5.5 亿美元。再提供 12 850 个工作岗位，每个岗位再补贴 1.556 4 美元，共计 2 亿美元。岗位平均年薪 15 万美元
		财产税补贴	在总部区域建设现场基础设施和开放空间
		现金补贴	在前 15 年设立 600 万平方英尺的办公空间（约 55.7 万平方米）
纽约长岛招商亚马逊	税		减税 15 亿美元若未来 12 年里为纽约创造的工作岗位数量达标
	其他	基础设施拨款	投资 18 000 万美元，用于修缮长岛的地铁系统
		基础设施拨款	投资近 2.2 亿美元，在阿灵顿水晶城新修地铁站与连接至机场的人行天桥，并按亚马逊的要求建停机坪
	自然优势	交通	阿灵顿的选址距离里根国家机场不到 1 公里
马里兰州蒙哥马利县招商亚马逊	税	85 亿美元减免	
	其他	自然优势	杜勒斯机场需要超过 30 分钟的车程

表 19-12　美国税收构成情况

2018年美国联邦税收构成情况（联邦收入占全国总税收的66%，州和地方占比34%）							
	个人所得税	企业所得税	社会保险税	消费税	遗产与赠与税	关税	杂项收益
占比（%）	50.6	6.1	35.2	2.9	0.7	1.2	3.4
征收方式		征收企业净利润的21%					
征收对象							

2018年美国各州税收1.03万亿美元构成情况（在州和地方政府税收中，州占58%）						
	销售税和总收入税征	个人所得税	公司收益税	牌照税	房产税	遗产和赠与税	采掘税
占比（%）	46.8	38.0	4.7	5.6	1.9	3.0	
征收方式							
征收对象	消费者						

备注：美国有5个州尚未开征州级销售税：阿拉斯加州、特拉华州、蒙大拿州、新罕布什尔州和俄勒冈州，这5个州中阿拉斯加州和蒙大拿州允许地方政府收取地方销售税

2018年美国地方税收7 654亿美元构成情况（在州和地方政府税收中，地方占42%）					
	房地产税	销售税和总收入税	消费税	个人所得税	公司收益税	其他
占比（%）	71.5	11.8	4.7	4.4	1.1	
征收方式						
征收对象						